职业教育电子商务专业教学用书

网络交易实务

陈孟建　陈奕婷　编著

电子工业出版社

Publishing House of Electronics Industry

北京·BEIJING

内 容 简 介

网络交易实务是中等职业技术学校电子商务专业的一门基础课程，主要是为学习和理解"电子商务"与"网络营销"及相关课程奠定基础。本书每章内容用案例引出理论知识、能力训练、课后练习，以阅读材料为结尾。本书收集的内容和案例都是目前较为流行的，在编写上采取理论知识与实际案例相结合，由浅入深、循序渐进、易看懂、易操作的方式，易被广大读者接受。

本书包括网络交易与电子支付、第三方电子支付、电子货币、电子支付安全、移动电子支付与安全、网络银行等内容。

本书可作为中职中专学校电子商务专业、工商管理专业的教材或参考用书，也适合具有中等以上文化程度的读者自学使用。

图书在版编目（CIP）数据

网络交易实务/陈孟建，陈奕婷编著. —北京：电子工业出版社，2016.5
ISBN 978-7-121-28740-4

Ⅰ．①网…　Ⅱ．①陈…　②陈…　Ⅲ．①电子商务－中等专业学校－教材　Ⅳ．①F713.36

中国版本图书馆 CIP 数据核字（2016）第 095238 号

策划编辑：徐　玲
责任编辑：李　蕊
印　　刷：涿州市京南印刷厂
装　　订：涿州市京南印刷厂
出版发行：电子工业出版社
　　　　　北京市海淀区万寿路 173 信箱　邮编　100036
开　　本：787×1 092　1/16　印张：15　字数：384 千字
版　　次：2016 年 5 月第 1 版
印　　次：2016 年 5 月第 1 次印刷
印　　数：3 000 册　定价：32.00 元

凡所购买电子工业出版社图书有缺损问题，请向购买书店调换。若书店售缺，请与本社发行部联系，联系及邮购电话：（010）88254888，88258888。

质量投诉请发邮件至 zlts@phei.com.cn，盗版侵权举报请发邮件至 dbqq@phei.com.cn。

本书咨询联系方式：xuling@phei.com.cn。

前　言

网络交易平台是指为各类电子商务交易提供服务的网站或者网络系统。网络交易平台在电子商务中意义重大，规范、健康、有序和信用良好的网络交易平台服务对于素未谋面甚至相隔遥远的双方或多方交易主体之间的交流与合作起着关键作用，是降低风险、促进电子商务顺利进行不可或缺的因素。

随着电子商务的发展，我国网络交易平台数量急剧增多，一些较为成功和知名的交易平台如易趣、阿里巴巴等都建立了自己的交易模式，制定了自己的管理制度，几个网络交易平台还联合起来制定了一些规范制度。

本教材主要内容包括：网络交易与电子支付、第三方电子支付、电子货币、电子支付安全、移动电子支付与安全、网络银行等。每章内容用案例引出理论知识、能力训练、课后练习，以阅读材料为结尾。本书收集的内容和案例都是目前较为流行的，在编写上采取理论知识与实际案例相结合，由浅入深、循序渐进、易看懂、易操作的方式，易被广大读者接受。

本书的编写特色是：

1. 自始至终贯穿两条主线，即网络交易实务的学科主线和案例主线，其中网络交易实务的学科主线是我们编写的主线，案例主线是学生学习的主线。

2. 在写作上有别于传统教科书，突出中职学校的特点，突出操作性、技能性，强调案例教学、实训教学。

3. 在写作方法上，采用理论知识、案例分析、能力训练、课后练习相结合的方式。通过每章的案例分析让学生增强分析问题和解决问题的能力。

本教材的特点在于观点新颖，论述深入浅出，内容丰富，可读性好，实践性强，特别适合作为中职学校电子商务专业、工商管理等专业的教材，也可以作为电子商务和工商管理领域研究人员和专业技术人员的参考用书。

本书由浙江经贸职业技术学院陈孟建、杭州艺术学校陈奕婷老师共同编写。在编写过程中得到了沈美莉、李锋之、张寅利、邹玉金、袁志刚、熊传光、李华等专家、教授们的帮助，在此表示衷心的感谢！

由于写作时间仓促和作者水平有限，书中不当之处敬请读者批评指正并提出宝贵意见。

编著者

目　　录

第1章

网络交易与电子支付

知识要点

- ❖ 网络交易含义
- ❖ 网络交易对象
- ❖ 网络交易类型
- ❖ 网络交易流程
- ❖ 网络交易模型
- ❖ 电子支付概念
- ❖ 电子支付模型

能力要点

- ❖ 掌握网络交易流程
- ❖ 学会电子支付方式的应用

引例 1——中国内地第一笔网络交易

你知道吗，中国内地第一笔网络交易是什么时间？什么人？什么商店？购买什么商品吗？

中国内地第一笔互联网电子交易的时间是 1998 年 3 月 18 日下午 3 点 30 分。第一位网络交易的支付者是中央电视台播送中心的王轲平先生；第一笔费用支付手段是中国银行长城卡；第一笔支付费用是 100 元；第一笔认购物品是世纪互联通信有限公司的 100 元上网机时。

中国银行开展网上银行服务的最早时间是 1996 年。1997 年年底，王轲平先生发现了这个站点，并填写了申请书。在接到王轲平先生的申请后，世纪互联通信有限公司开始着手进行这次交易的内容，实际时间用了大约 15 天。王轲平先生成为第一个在中国内地互联网上进行网络交易的人。

1.1 网络交易概述

1.1.1 什么是网络交易

1. 网络交易定义

网络交易指发生在互联网中企业之间（Business to Business，简称 B2B）、企业和消费者之间（Business to Consumer，简称 B2C），以及消费者与消费者之间（Consumer to Consumer，简称 C2C）通过网络通信手段缔结交易。

所谓网络交易，其实就是电子商务（Electronic Commerce），利用计算机技术、网络技术和远程通信技术，实现整个商务（买卖）过程中的电子化、数字化和网络化。人们不再是面对面的、看着实实在在的货物，靠纸介质单据（包括现金）进行买卖交易，而是通过网络，通过网上琳琅满目的商品信息、完善的物流配送系统和方便安全的资金结算系统进行交易（买卖）。

2. 网络交易含义

网络交易（电子商务）是利用 Internet 从事商务或活动的。网络交易（电子商务）是在技术、经济高度发达的现代社会里，掌握信息技术和商务规则的人系统化地运用电子工具，高效率、低成本地从事以商品交换为中心的各种活动的总称。

这个含义突出了网络交易（电子商务）的前提、中心、重点、目的和标准，指出它应达到的水平和效果，它是对网络交易更严格和体现时代要求的定义，它从系统的观点出发，强调人在系统中的中心地位，将环境与人、人与工具、人与劳动对象有机地联系起来，用系统的目标、系统的组成来定义网络交易，从而使它具有生产力的性质。

3．网络交易实质

网络交易的实质是：

（1）网络交易是一种采用最先进信息技术的买卖方式；

（2）网络交易实质上形成了一个虚拟的市场交换场所；

（3）网络交易是"现代信息技术"和"商务"的集合；

（4）网络交易不能简单理解成"商务电子化"。

4．网络交易对象

网络交易对象有以下几种。

1）企业对企业的电子商务（B2B）

B2B 是电子商务应用最广泛和最受企业重视的形式，即企业与企业之间通过 Internet 进行产品、服务及信息的交换。通俗的说法是指进行电子商务交易的供需双方都是企业、公司或商家，他们使用了 Internet 的技术或各种商务网络平台完成商务交易的过程。这些过程包括：发布供求信息，订货及确认订货，支付过程及票据的签发、传送和接收，确定配送方案并监控配送过程等。

B2B 的典型有中国供应商、阿里巴巴、中国制造网、敦煌网、慧聪网、瀛商网等。B2B 按服务对象可分为外贸 B2B 及内贸 B2B，按行业性质可分为综合 B2B 和垂直 B2B。如图 1-1 所示为慧聪网主页。

图 1-1 慧聪网主页

2）企业对政府机构的电子商务（B2G）

B2G 是企业与政府机构间的电子商务，即企业与政府之间通过网络所进行的交易活动的运作模式，如电子通关、电子报税等。

企业对政府之间的电子商务涵盖了政府与企业间的各项事务，包括政府采购、税收、商检、管理条例发布及法规政策颁布等。一方面，政府作为消费者可以通过 Internet 发布自己的采购清单，公开、透明、高效、廉洁地完成所需物品的采购；另一方面，政府针对企业的

各种宏观调控、指导规范及监督管理的职能借助网络以电子方式更能充分、及时地发挥。

3）企业对消费者的电子商务（B2C）

B2C 是利用网络直接参与经济活动的形式，属于商业电子化的零售商业。通过网上商店购买的商品可以是实体化也可以是数字化，还能提供各种服务。

B2C 模式是我国最早产生的电子商务模式，以 8848 网上商城正式运营为标志。B2C 即企业通过 Internet 为消费者提供一个新型的购物环境——网上商店，消费者通过网络在网上购物、在网上支付。这种模式节省了客户和企业的时间和空间，大大提高了交易效率。B2C 的典型有卓当网、当当网、卓越网、京东、国美等。如图 1-2 所示为国美在线主页。

图 1-2　国美在线主页

4）消费者对消费者的电子商务（C2C）

C2C 是通过网络为买卖双方提供一个在线交易平台，使卖方可以主动提供商品上网拍卖。这种应用系统主要体现在网上商店的建立，现在已经有很多的在线交易平台，如淘宝网、易趣网等。这些交易平台为很多消费者提供了在网上开店的机会，使得越来越多的人进入这些平台。

具调查表明：截止到 2016 年 1 月，淘宝网注册会员达 8.2 亿人，每天有超过 1.2 亿的固定访客，每天的在线商品数已经超过了 8.5 亿件，平均每分钟售出 5.2 万件商品。2015 年 11 月 12 日零点，阿里巴巴公布了"双 11"的最终战绩：交易额突破 921.17 亿元，其中无线交易额为 626 亿元，无线占 68.7%；参与交易国家和地区多达 232 个，物流总订单量达 4.67 亿元。据统计，"最败家"省份前 5 名为广东、浙江、江苏、上海、北京。与 2014 年的 571 亿元相比，2015 年天猫交易额同比增加 59.72%，超出了 860 亿元的预期，如图 1-3 所示。

5）消费者对企业的电子商务（C2B）

C2B 是消费者对企业的电子商务模式，重点虽然还是在企业与消费者之间，但其进行的方向与传统的贩卖商品及服务行为不同。传统的购物行为，或称为"推（push）"式的贩卖方式，是由企业将其生产的产品卖（推）给消费者，企业有较多的自主权；而 C2B 的模式则是由消费者要企业生产符合消费者需求的产品，再由消费者购买，也就是购物行为由传统的

"推"转为"拉（pull）"，消费者握有较多的自主权。简单地说，C2B 的模式可算是消费者导向的营销方式。美国的 Priceline 集团公司，其网址为 www.priceline.com，就是属于此类电子商务模式。

图 1-3　2015 年"双 11"淘宝网一天的交易额

Priceline 集团公司是一个向全球用户提供酒店、机票等旅游产品在线预订服务的核心服务商。该集团公司通过 booking.com、agoda.com、priceline.com、rentalcars.com、kayaka.com 等网站向消费者提供服务。如图 1-4 所示为 priceline.com 主页。

图 1-4　美国 priceline.com 主页

打开 Priceline 的网站，最直观的可选项目就是"机票"、"酒店"、"租车"、"旅游保险"。Priceline 属于典型的网络经纪，它为买卖双方提供一个信息平台以便交易，同时提取一定佣

金。对于希望按照某一种住宿条件或者某一指定品牌入住的客人，Priceline 也提供传统的酒店预订服务，消费者可以根据图片、说明、地图和客户评论来选择他们想要的酒店，并且按照公布的价格付款。但是 Priceline 所创立的 "Name Your Own Price"（客户自我定价系统）十几年来一直是独树一帜，被认为是网络时代营销模式的一场变革，而 Priceline 公司则在发明并运用这一模式的过程中迅速成长。

6）消费者对政府机构的电子商务（C2G）

C2G 是消费者对政府机构的电子商务，即消费者与政府之间进行的电子商务或事务合作活动，包含政府面向个人消费者的电子政务。

这类电子商务活动目前还没有真正形成。然而，在个别发达国家，如在澳大利亚，政府的税务机构已经通过指定私营税务，或财务会计事务所用电子方式来为个人报税。这类活动虽然还没有达到真正的报税电子化，但是它已经具备了消费者对行政机构电子商务的雏形。随着商业机构对消费者、商业机构对行政机构的电子商务的发展，政府将会对社会中的个人实施更为全面的电子方式的服务。政府各部门向社会纳税人提供的各种服务，如社会福利金的支付等，将来都会在网上进行。

政府作为国家管理部门，上网开展电子政务有助于政府管理的现代化。我国政府部门的职能正从管理型转向管理服务型，承担着大量的公众事务的管理和服务职能，更应及时上网，以适应未来信息网络化社会对政府的需要，提高工作效率和政务透明度，建立政府与人民群众直接沟通的渠道，为社会提供更广泛、更便捷的信息与服务，实现政府办公电子化、自动化、网络化。通过互联网这种快捷、廉价的通信手段，政府可以让公众迅速了解政府机构的组成、职能和办事章程，以及各项政策法规，增加办事执法的透明度，并自觉接受公众的监督。同时，政府也可以在网上与公众进行信息交流，听取公众的意见与心声，在网上建立起政府与公众之间相互交流的桥梁，为公众与政府部门打交道提供方便，并从网上行使对政府的民主监督权利。

在电子政务中，政府机关的各种数据、文件、档案、社会经济数据都以数字形式存储在网络服务器中，可通过计算机检索机制快速查询、即用即调。经济和社会信息数据是花费了大量的人力、财力收集的宝贵资源，如果以纸质存储，其利用率极低；若以数据库文件存储于计算机中，则可以从中挖掘出许多有用的知识和信息。

7）企业对职业经理人的电子商务（B2M）

B2M 是企业对职业经理人的电子商务，这种模式目前正在逐步完善之中，特别是对交易方式的细节问题。

B2M 与传统电子商务相比有了巨大的改进，除了面对的用户群体有着本质的区别外，B2M 具有一个更大的优势，即电子商务的线下发展。传统电子商务的特点是接受服务的买家和卖家都只能是网民，而 B2M 能将网络上的商品和服务信息完全走到线下，企业发布信息，经理人获得商业信息，并且将商品或者服务提供给所有的消费者，不论是线上还是线下。以中国市场为例，传统电子商务网站面对的是 6.23 亿网民，而 B2M 面对的则是 14 亿的中国公民，潜力是巨大的。

8）线上企业对线下消费者的电子商务（O2O）

O2O 电子商务即 Online 线上网店 Offline 线下消费，商家通过免费开网店将商家信息、商品信息等展现给消费者，消费者通过线上筛选服务，线下比较、体验后有选择地消费，在线下进行支付。这样能够极大地满足消费者个性化的需求，也节省了费用。

商家通过网店使信息传播得更快、更远、更广，可以瞬间聚集强大的消费能力。该模式的主要特点是商家和消费者都通过 O2O 电子商务满足双方需要的。

O2O 电子商务主要面向第三产业——服务业。"十二五"中国经济结构战略性调整，由出口走向内需，扩大内需的最大产业支撑是服务业。服务业中的绝大部分属于实体经济，也是最大的就业容纳器和创新驱动器。在积极发展高技术产业和先进制造业的同时，推动服务业大发展成为产业结构调整的战略重点。

9）O2O 的模式分类

O2O 的模式分类有以下几种。

（1）团购。团购是从电商市场细分出来的，由于其主要经营本地生活类服务，且团购模式日渐成熟稳定，所以被认为是 O2O 代表性模式。团购行业已经基本覆盖本地生活类服务市场的方方面面，主要可分为餐饮类、服务类、娱乐类这三大类。

（2）优惠券。手机优惠券是结合了移动互联网的最基础的 O2O 模式，用户只需在就餐时向商家出示手机上的优惠券即可，商家利用优惠券做营销吸引消费者光顾。这种形式非常实用，用户使用方便，商家也很受益，但对于优惠券平台运营商来讲，优惠券实际带来的效果难以评估，盈利模式不好把握。

（3）微信（CRM）。不知不觉中微信与 O2O 之间形成了密切联系，媒体界、零售界都对微信 O2O 寄予厚望。微信即将拥有 3 亿用户，对于提供本地生活类服务的商家来讲，这 3 亿用户就是巨大的潜在市场。商家希望通过微信建立 CRM，使本地生活类服务市场形成与网络零售市场相同的数据化管理方式。这样一来，第一，商家便于对客户关系进行管理；第二，将会形成精准可持续的营销渠道；第三，可对自身的经营状况进行数据化分析，进而提高资源利用情况，提升服务质量。

（4）移动支付。媒体界、零售界除了非常关注微信 O2O 之外，还对移动支付 O2O 给予厚望，尤其是支付宝。在未来的移动互联网时代，O2O 将会成为又一种主要的消费形式，O2O 代表了本地生活类服务市场的发展方向，移动互联网又是 O2O 模式的主要载体，本地生活类服务将会与移动互联网紧密结合，移动支付则担负着结合后的资金流通重任。

（5）双线零售。有线上零售渠道和线下零售渠道的品牌商、零售商都可以通称为 O2O。

1.1.2 网络交易平台

1. 网络交易平台定义

网络交易平台是一个第三方的交易安全保障平台，主要作用是为了保障交易双方在网上进行交易的安全、诚信等问题。交易双方可以将线下谈好的交易，搬到网上通过第三方的交易平台在网上进行交易；而网络交易更多的是客户通过交易平台找到自己所需要的产品，从

而进行交易。

（1）从通信角度来看，网络交易平台是在信息网络上传递信息、产品、服务或进行电子支付。

（2）从服务角度来看，网络交易平台是一种工具，它能满足企业、管理者、消费者的愿望，即在提高产品质量和加快产品服务交付速度的同时，降低服务成本。

（3）从过程角度来看，电子商务是在计算机与通信网络的基础上，利用电子工具实现商业交换和行政作业的全过程。

2．网络交易平台按类型分类

网络交易平台按类型分类可以分成以下几种。

1）信息服务型

信息服务型网站的设计目的在于提供各种产品信息，例如，产品名称、产品类型、产品价格等，或信息获得方式。

2）广告型

广告型网站的所有技术和信息内容全部针对广告收入。此时，消费者的注意力就成为衡量网站优劣的关键标准，广告商可以对一个网站进行评估，并为其广告定价。

3）交易型

交易型网站的基本功能在于提供网上交易的功能，如网上商城、交易平台网站等。

4）管理型

管理型网站是企业、公司和行政教育等机构将传统业务迁移到网络的应用界面，如公司、机构的办公系统。

5）综合型

综合型网站将上述类型网站的功能综合集成在一起。

3．网络交易平台按平台分类

网络交易平台按平台分类可以分成以下几种。

1）B2C 平台

B2C 平台仍然是很多企业选择网上销售平台的第一目标，天猫、京东、一号店……在资金到位的情况下，一般能够进驻的平台都不会放弃，毕竟不同的入口受众不一样，用户规模是最重要的。

2）独立商城

独立商城就是凭借商城系统打造含有顶级域名的独立网店。开独立网店的好处莫过于顶级域名、自有品牌、企业形象、节约成本、自主管理、不受约束。

3）CPS平台

CPS平台是基于门户级网络的媒体，通过全站充分、连续地展示某商品，促使用户认识并购买的一种创新推广方式，是目前电商较主流的推广方式之一，费用通过CPS模式推广产生的有效订单进行比例分成。CPS模式成为主流推广模式的很大原因就是零风险，投广告很有可能花了大价钱而造成很低的转化率，竞价、直通车可能没有产生订单，但是CPS是产生了销售额才会有佣金。

4）银行网上商城

初期，许多银行开设网上商城是为了使用信用卡的用户分期付款而设立的。随着电子商务的普及、用户需求的增强、技术手段的提升，银行网上商城也逐步成熟起来。银行网上商城为用户提供了全方位的服务，包括积分换购、分期付款等，也覆盖支付、融资、担保等，最为显著的是给很多商家提供了展示、销售产品的平台和机会。倘若这一平台运营好，将带来不菲的业绩。

5）运营商平台

现阶段各运营商——中国移动、中国联通、中国电信，都有属于自己的网上商城平台。由于通信业务的硬性需求，运营商平台的用户始终具有一定的依赖性和黏性，所以提前抢占这些平台具有很大的战略意义，"跑马圈地"正是此道理。

网络交易平台实质上就是所有电子商务的网站，如网上商城、购物中心、各大行业网站等。

1.2 网络交易流程

1.2.1 B2C网络交易流程

1. B2C网络交易流程图

B2C网络交易流程如图1-5所示。

2. B2C网络交易过程

从图1-5中可知，B2C网络交易过程如下。

（1）客户通过浏览器查看B2C网络交易平台产品库（商场产品库）中的产品信息，选择订购产品并将其放入购物车内，然后继续选择他所需要的全部商品并确认订购。

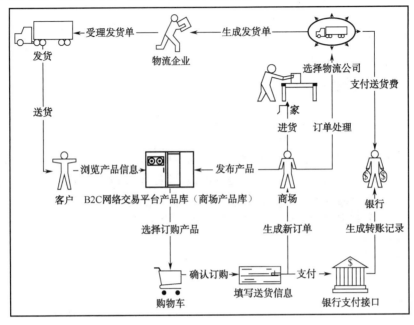

图 1-5　B2C 网络交易流程图

（2）填写相关信息，如送货地址、送货时间、联系人、联系电话等。

（3）商家收到客户的相关信息后，生成新的订单并处理订单，选择物流公司。

（4）银行通过银行支付接口收到客户的电子支付信息后，生成转账记录并从客户的银行卡中扣除商品费用和送货费用。

（5）物流公司收到银行的送货费和商家的订单后生成发货单，发货并将商品直接送达客户手中。

（6）商家处理完客户的订单后查看商场产品库中的信息，及时去供应商那补充产品并发布产品信息进入 B2C 网络交易平台产品库。

1.2.2　五大知名 B2C 网站

1．亚马逊中国

1）网站主页

打开亚马逊中国的网址 www.amazon.cn，出现如图 1-6 所示的主页。

2）公司简介

亚马逊中国是全球最大的电子商务公司亚马逊在中国的网站。作为中国电子商务领袖，亚马逊中国为消费者提供图书、音乐、影视、手机数码、家电、家居、玩具、健康、美容化妆、钟表首饰、服饰箱包、鞋靴、运动、食品、母婴、运动、户外和休闲等 28 大类、超过 260 万种的产品，通过"购物免运费"服务及"货到付款"等多种支付方式，为中国消费者提供便利、快捷的网购体验。

图 1-6 亚马逊中国的主页

企业分布：亚马逊中国拥有业界最大、最先进的运营网络，目前有 10 个运营中心，分别位于北京（2 个）、苏州、广州、成都、武汉、沈阳、西安、厦门、昆山，总运营面积超过 40 万平方米，主要负责厂商收货、仓储、库存管理、订单发货、调拨发货、客户退货、返厂、商品质量安全等。同时，亚马逊中国还拥有自己的配送队伍和客服中心，为消费者提供便捷的配送及售后服务。

3）公司特色

承诺体验策略，诚信是构建电子商务的基础，亚马逊中国在诚信建设方面也始终努力让消费者信任自己的品牌，从而放心地在亚马逊中国进行网络购物。除了"天天低价，正品保证"的承诺外，它还推出了一系列措施，如"假一罚二"、"15 天无条件退换货"等。

2．凡客诚品

1）网站主页

打开凡客诚品的网址 www.vancl.com，出现如图 1-7 所示的主页。

2）公司简介

VANCL（凡客诚品），由卓越网创始人陈年创办于 2007 年，产品覆盖男装、女装、童装、鞋、家居、配饰、化妆品七大类，支持全国 1100 城市货到付款、当面试穿、30 天无条件退换货。创立八年多来，凭借极具性价比的服装服饰和完善的客户体验，凡客诚品已经成为网民购买服装服饰的一个主要选择对象。

3）公司特色

（1）凡客诚品（VANCL），互联网快时尚品牌；

（2）高性价比的自有品牌；

（3）全球时尚的无限选择；

（4）最好的用户体验。

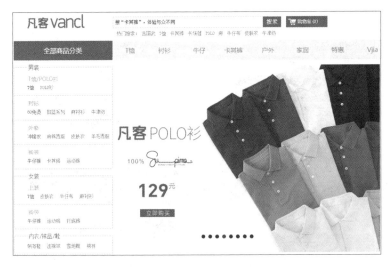

图 1-7　凡客诚品的主页

3．当当网

1）网站主页

打开当当网的网址 www.dangdang.com，出现如图 1-8 所示的主页。

图 1-8　当当网的主页

2）公司简介

　　当当网于 1999 年 11 月开通，目前是全球最大的中文网上图书音像商城，面向全世界中文读者提供近 30 多万种中文图书和音像商品。2010 年 12 月 8 日，当当网首次登录美国股市。公司主要以销售图书、音像制品为主，兼具发展小家电、玩具、网络游戏点卡等其他多种商品的销售，总部设在北京。

当当网作为全球最大的综合性中文网，由国内著名出版机构科文公司、美国老虎基金、美国 IDG 集团、卢森堡剑桥集团、亚洲创业投资基金（原名软银中国创业基金）共同投资成立。目前，当当网在北京、上海、广州、成都、武汉、郑州 6 地建有库房，无锡和沈阳的仓储即将投入运营，其总库房面积超过 24 万平方米。当当网有意同国美网上商城合作谋划战略联盟。当当网将在平台战略上向前迈进一大步，欢迎更大的 B2C 网站进驻，主要以垂直 B2C 为主。

3）公司特色

当当网的服务承诺是：

（1）当当承诺全部商品均为正品。

（2）全国超过 2700 个城市可实现"货到付款"。

（3）自签收商品之日起 7 日内可以申请退货，15 日内可以申请换货。

（4）具有自动智能比价系统，保证所售商品价格物超所值。

4．京东商城

1）网站主页

打开京东商城的网址 www.jd.com，出现如图 1-9 所示的主页。

图 1-9　京东商城的主页

2）公司简介

京东是目前中国最大的自营式电商企业，2015 年第一季度在中国自营式 B2C 电商市场的占有率为 56.3%。目前，京东集团旗下设有京东商城、京东金融、拍拍网、京东智能、O2O 及海外事业部。2014 年 5 月，京东在美国纳斯达克证券交易所正式挂牌上市，是中国第一个成功赴美上市的大型、综合型电商平台，与腾讯、百度等中国互联网巨头共同跻身全球前十大互联网公司排行榜。2014 年，京东市场交易额达到 2602 亿元，净收入达到 1150 亿元。

京东致力于为消费者提供愉悦的在线购物体验。通过内容丰富、人性化的网站和移动客户端，京东以富有竞争力的价格，提供具有丰富品类及卓越品质的商品和服务，以快速可靠的方式送达消费者，并且提供灵活多样的支付方式。另外，京东还为第三方卖家提供在线销售平台和物流等一系列增值服务。

京东提供丰富优质的商品，品类包括：计算机、手机及其他数码产品、家电、汽车配件、服装与鞋类、奢侈品（如手提包、手表与珠宝）、家居与家庭用品、化妆品与其他个人护理用品、食品与营养品、书籍、电子图书、音乐、电影与其他媒体产品、母婴用品与玩具、体育与健身器材及虚拟商品（如国内机票、酒店预订等）。

京东拥有中国电商行业最大的仓储设施。截至 2015 年 3 月 31 日，京东在全国拥有 7 大物流中心，在全国 43 座城市运营 143 个大型仓库，拥有 3539 个配送站和自提点，覆盖全国 1961 个区县。京东专业的配送队伍能够为消费者提供一系列专业服务，如 211 限时达、次日达、夜间配和三小时极速达，GIS 包裹实时追踪、售后 100 分、快速退换货及家电上门安装等服务，保障用户享受到卓越、全面的物流配送和完整的"端对端"购物体验。

京东是一家技术驱动的公司，从成立伊始就投入巨资开发完善可靠、能够不断升级、以电商应用服务为核心的自有技术平台。

3）公司特色

（1）使命是，让生活变得简单快乐。

（2）愿景是，成为全球最值得信赖的企业。

（3）价值观是，客户优先。

（4）诚信，正直坦诚，勇于担当，信守承诺。

（5）团队，以人为本，互信合作，大局为重。

（6）创新，不断改进，持续学习，包容失败。

（7）激情，只做第一，享受工作，永不放弃。

5．麦包包

1）网站主页

打开麦包包的网址 www.mbaobao.com，出现如图 1-10 所示的主页。

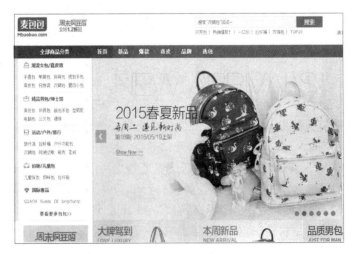

图 1-10　麦包包的主页

2）公司简介

麦包包诞生于 2007 年 9 月，由意大利近百年历史的箱包家族集团 VISCONTI DIFFUSIONE SNC 提供天使基金设立而成。致力于打造箱包快速时尚新模式，为中国的消费者提供高性价比的多品牌时尚箱包产品。

在新经济浪潮的影响下，中国时尚产业高速发展，但箱包领域始终缺失领军品牌。在这种大背景下，意大利百年时尚箱包集团 VISCONTI 将国际时尚引入中国，投资成立"麦包包"，全名嘉兴市麦包包皮具有限公司。并联手联想集团、美国 DCM 的资本共同推动中国时尚箱包行业的发展。麦包包总部在浙江嘉兴，麦包包的研发机构已遍及意大利威尼斯、中国的香港、广州、上海和浙江等地。

3）公司特色

麦包包的企业文化载体是"农庄文化"，以"快乐、时尚、阳光"的生活态度，坚守"五谷丰登"核心价值观，秉承"有成长，有未来"的文化理念，肩负让麦包包成为"最具价值箱包企业"的历史使命，实现"让中国引领世界箱包时尚"的伟大愿景。

（1）愿景是，让中国引领世界箱包时尚"智"造包包，让中国设计赢得世界喝彩，让中国设计引领世界潮流。

（2）核心价值观是，五谷丰登、诚信、责任分享、拥抱变化、创造价值。

（3）使命是，成为最具价值箱包企业，以包为本，包罗万象，专注核心竞争力，承担更多社会责任。

（4）宗旨是，快乐工作、时尚生活、阳光态度。

（5）理想是，自身成长与公司成长结合，在发展中赢得未来。

1.2.3　C2C 网络交易流程

1．C2C 网络交易流程图

C2C 网络交易流程如图 1-11 所示。

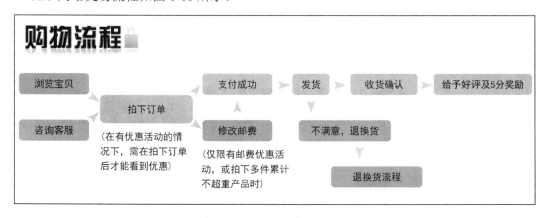

图 1-11　C2C 网络交易流程图

2. C2C 网络交易过程

从图 1-11 所知，C2C 网络交易过程如下：

（1）在 www.taobao.com 注册成为淘宝网会员，有邮箱即可，然后去邮箱激活账号。

（2）在阿里巴巴旗下支付宝网站 www.alipay.com 注册开通支付宝账号，进入支付宝管理账户。用户要提供一张银行卡，并且银行卡已开通网上电子银行功能，然后就可以通过银行卡的验证。

（3）支付宝会往用户所提供的银行卡里打钱，1 分到 1 角之间，用户要去查下账，这一步也就是支付宝认证。如果看到银行卡中有支付宝公司给打入的开通确认款，则说明银行卡已绑定支付宝，可以正常使用了。

（4）现在可以去购买商品了。选好自己喜欢的商品后跟卖家联系，问好质量、价格、邮费等。

（5）确定选购该商品后单击商品页面上"立即购买"按钮。选择邮寄方式，填写收货地址、名字、电话。

（6）下面可以付款了。这里付款后卖家是不能直接收到钱的，用户的钱是打到支付宝那里的。

（7）接下来等待卖家发货，用户会在"我的淘宝"下"买到的宝贝"里面看到买到的商品，里面状态是已经发货。

（8）收到商品后再签收。

（9）看看商品是不是和卖家说的符合，满意的话就在网上确认收货并付款。

（10）最后给卖家评价，同时用户自己也会得到一个来自卖家的评价。评价是可以累计的，是别人衡量自己信誉度的标准。

（11）如果商品有问题或不符合，则向卖家提出退款。如果卖家不退，则可以跟支付宝举报。支付宝会合理处理，把钱还给买家。

（12）如果需要退换货，则可以按图 1-12 的退货流程进行。

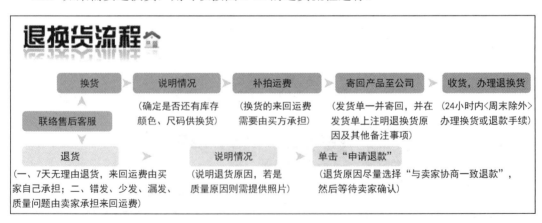

图 1-12　C2C 通换货流程图

1.2.4　两大知名 C2C 网站

1. 淘宝网

1）网站主页

打开淘宝网的网址 www.taobao.com，出现如图 1-13 所示的主页。

图 1-13　淘宝网的主页

2）公司简介

淘宝网是亚太地区较大的网络零售商圈，由阿里巴巴集团在 2003 年 5 月 10 日投资创立。淘宝网现在的业务跨越 C2C、B2C 两大部分。

截至 2016 年 1 月，淘宝网注册会员超 8.2 亿人。2015 年 12 月 24 日，阿里巴巴集团与国家认证认可监督管理委员会信息中心正式签署合作框架协议，双方共同推出"云桥"数据共享机制，阿里巴巴成为首家直接接入国家 CCC 认证信息数据库的电商平台。阿里巴巴旗下天猫、淘宝、1688 等电商平台将导入 CCC 认证信息数据库实现自动校验和标注，从而避免无证及假冒认证产品。2016 年 1 月 27 日，"成交记录"模块被正式隐藏，但原先销量、评价等信息不会消失，仍正常累积。阿里巴巴公关部吴铭欣说，"取消（成交记录）后，将会减少不法分子通过成交记录进行诈骗的情形。"同时，如果消费者想要了解销量，只需将鼠标放到"交易成功"上，就可看到近 30 天的已出售数量。

3）公司特色

淘宝网的店小二文化，店小二是用来指为网站服务的员工，这个词表现出员工对自己的定位，就是为顾客服务的人。店大欺客的情况绝对不会在淘宝中出现。

在淘宝社区中可以找到这样的帖子。

（1）淘宝是大家的淘宝，每一位淘宝人都是淘宝的主人。

（2）淘宝人坚信人性向善。

（3）坚信人性诚信的一面必须通过规范成熟的社区制度做出良性引导。

（4）互利互惠、温暖、合理地追寻物质财富并注重精神收获与个人素质修养的提高。

（5）诚信与尊严是人生最珍贵的财富。

（6）淘宝社区盈利必须建立在社区成员盈利的基础之上。

（7）在公平、公正、公开的前提下充分尊重社区成员的隐私权。

（8）对未来充满理想主义，喜欢描绘未来远景，做事当机立断并且充满激情。

（9）在淘宝网的理念中，中国人做生意是讲感觉的，谈成了朋友也就谈成了生意。在网上做买卖，相互是看不到的，沟通显得更加重要。

2．易趣网

1）网站主页

打开易趣网的网址 www.eachnet.com，出现如图 1-14 所示的主页。

图 1-14　易趣网主页

2）公司简介

1999 年 8 月，易趣网在上海由邵亦波及谭海音创立，主营电子商务。他们两人同为上海人，毕业于美国哈佛商学院。2000 年 2 月，在全国首创 24 小时无间断热线服务，2000 年 3 月至 5 月，与新浪结成战略联盟，并于 2000 年 5 月并购 5291 手机直销网，开展网上手机销售，使该业务成为易趣网的特色之一。易趣网目前有 350 万注册用户。2002 年，易趣网与 eBay 结盟，更名为 eBay 易趣，并迅速发展成国内最大的在线交易社区。秉承帮助几乎任何人在任何地方能实现任何交易的宗旨，不仅为卖家提供了一个网上创业、实现自我价值的舞台，以及品种繁多、价廉物美的商品资源，也给广大买家带来了全新的购物体验。

2006 年 12 月，eBay 与 TOM 在线合作。通过整合双方优势，凭借 eBay 在中国的子公司 eBay 易趣在电子商务领域的全球经验，以及国内活跃的庞大交易社区与 TOM 在线对本地市场的深刻理解，2007 年，两家公司推出为中国市场定制的在线交易平台。新的交易平台给国内买家和卖家带来了更多的在线与移动商机，促进 eBay 在中国市场的纵深发展。

3）公司特色

（1）交易主体以自然人为主，目前易趣的用户主要是个人、个体工商户或小型工商企业。为便于交易，这些个体工商户或小型工商企业通常也以自然人的身份进行注册登记。

（2）交易的商品主要为生活消费品，易趣网上商品的分类从初期的只有 300 多个细分类发展到 15 大分类，150 多个二级分类，500 多个三级的商品子类，其产品涵盖居家生活、电脑网络、通信器材、体育用品、服装服饰、办公文教、旅游休闲、爱好收藏、书籍音像等多个商品流通领域，其中生活消费品占主要地位，包括二手商品和新商品。

（3）日常交易量大，但单笔交易平均金额小，平均每笔交易额仅几百元人民币。这充分体现了其服务于普通中小用户的特点。

（4）交易覆盖面广，易趣总部设在上海，其交易平台却覆盖了全国三十多个省市，且跨省市异地交易已占到 80%。此外，电子商务业务跨越国境，部分用户已通过该平台从事跨国出口交易。

（5）跨国交易出口已占一定比例，易趣网的网上交易已延伸到全球，目前易趣网跨国交易主要集中在收藏品、服装与配件、居家用品（软装饰）与玩具、民族特色商品等。成交后，商品主要通过客户携带出境，或由客户自行办理国际包裹邮寄及其他出口手续。

（6）定价方式多种多样，为满足不同人群的需求，提供给用户多种服务选择，易趣网推出了一系列全新的定价方式，包括无底价竞标、有底价竞标、定价出售、一口价成交等 5 种方式。

网络交易流程分为 B2B 交易与 B2C 交易，五大中国 B2C 知名网站是亚马逊中国、凡客诚品、当当网、京东商城和麦包包。两大中国 C2C 知名网站是淘宝网和易趣网。

1.3　网络交易模型

1.3.1　B2C 直销模型

1. B2C 直销模型流程图

网络商品直销是指生产者和消费者，或者是供应方和需求方直接利用网络形式所开展的买卖活动。这种买卖交易的最大特点是供需直接见面、环节少、速度快、费用低。其流程如图 1-15 所示。

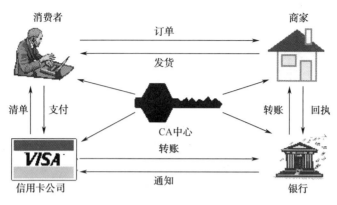

图 1-15　B2C 直销流程

2．B2C 直销过程分析

网络商品直销过程可以分为以下 6 个步骤。

（1）消费者进入 Internet，查看企业和商家的主页。

（2）消费者通过购物对话框填写姓名、地址、商品品种、规格、数量、价格。

（3）消费者选择支付方式，如信用卡，也可选用借记卡、电子货币或电子支票等。

（4）企业或商家的客户服务器检查支付方服务器，确认汇款额是否认可。

（5）企业或商家的客户服务器确认消费者付款后，通知销售部门送货上门。

（6）消费者的开户银行将支付款项传递到消费者的信用卡公司，信用卡公司负责发给消费者收费单。

在整个过程中，需要第三方证书授权（CA），以确认 Internet 上经商者的真实身份。所有这些过程均在 SET 协议下进行，应用在安全电子商务交易的 4 个环节中，即从消费者、商家、支付网关到认证中心。

网络商品直销的诱人之处在于它能够有效地减少交易环节，大幅度地降低交易成本，从而降低消费者所得到的商品的最终价格。在传统的商业模式中，企业和商家不得不拿出很大一部分资金用于开拓分销渠道。分销渠道的扩展，虽然扩大了企业的分销范围，加大了商品的销售量，但同时也意味着更多的分销商参与进来了。无疑，企业不得不出让很大一部分的利润给分销商，消费者也不得不承担高昂的最终价格。这是企业和消费者都不愿看到的。电子交易的网络直销可以很好地解决这个问题。消费者只需访问企业的主页即可清楚地了解所需商品的品种、规格、价格等情况，而且，主页上的价格最接近出厂价，这样就有可能达到出厂价格和最终价格的统一，从而使企业的销售利润大幅度提高，竞争能力不断增强。这方面做得最好的应该是 Dell，读者可以去 www.dell.com.cn 看看 Dell 的笔记本电脑网上直销方式。

从另一方面讲，网络商品直销还能够有效减少售后服务的技术支持费用。许多使用中经常出现的问题，消费者都可以通过查阅企业的主页来找到答案，或者通过 E-mail 与企业的技术人员直接交流。这样可以大大减少技术服务人员的数量，减少技术服务人员出差的频率，从而降低了企业的经营成本。

3．B2C 直销的缺点

网络商品直销的不足之处主要表现在两个方面。

（1）消费者只能从网络广告上判断商品的型号、性能、样式和质量，对实物没有直接的感知，在很多情况下可能产生错误的判断。而某些企业也可能利用网络广告对自己的产品进行不实的宣传，甚至可能打出虚假广告欺骗消费者。

（2）消费者利用信用卡进行电子交易，不可避免地要将自己的密码输入计算机，由于新技术的不断涌现，犯罪分子可能利用各种高新科技的作案手段窃取密码，进而盗窃消费者的钱款。这种情况不论是在国外还是在国内均有发生。

1.3.2　B2B 直销模型

1．B2B 直销模型流程图

对于企业来说，企业和企业之间的业务占其业务比重的很大一部分。早在因特网技术被大量采用之前，一些企业就已经采用了电子方式进行数据、表格等信息的交换，如广为流行的电子数据交换（EDI）和电子资金传送（EFT）。不过，早期的解决方式多是建立在大量功能单一的、专用的软硬件设施基础上的，因此价格极为昂贵，只有大型企业才会利用。像基于专用网（VAN）的 EDI 始终是一种为满足大企业需要而发展起来的先进技术手段，必须遵照统一的标准，租用专线费用很高，中小企业只能望而兴叹，它与普通公众也是无缘的。因特网技术的成熟、个人计算机互联性的增强和能力的提高，可以为 EDI 技术提供一个较为廉价的服务环境，以满足大量中、小企业对 EDI 的需求。其流程如图 1-16 所示。

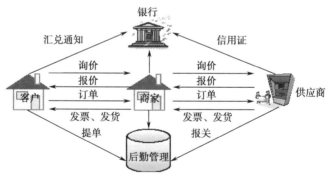

图 1-16　B2B 直销流程

2．B2B 直销过程分析

企业间电子交易通用交易过程可以分为以下 4 个阶段。

1）交易前的准备
这一阶段主要是指买卖双方和参加交易各方在签约前的准备活动。

（1）买方根据自己要买的商品，准备购货款、制订购货计划，进行货源市场调查和市场分析，反复进行市场查询，了解各个卖方国家的贸易政策，反复修改购货计划和进货计划，

确定和审批购货计划。再按计划确定购买商品的种类、数量、规格、价格、购货地点和交易方式等，尤其要利用 Internet 和各种电子交易网络寻找自己满意的商品和商家。

（2）卖方根据自己所销售的商品，召开商品新闻发布会，制作广告进行宣传，全面进行市场调查和市场分析，制定各种销售策略和销售方式，了解各个买方国家的贸易政策，利用 Internet 和各种电子交易网络发布商品广告，寻找贸易伙伴和交易机会，扩大贸易范围和商品所占市场的份额。其他参加交易的各方，如中介、银行金融机构、信用卡公司、海关系统、商检系统、保险公司、税务系统、运输公司也都为进行电子交易做好准备。

2）交易谈判和签订合同

这一阶段主要指买卖双方对所有交易细节进行谈判，将双方磋商的结果以文件的形式确定下来，即以书面文件的形式和电子文件的形式签订贸易合同。电子交易的特点是可以签订电子交易贸易合同，交易双方可以利用现代电子通信设备和通信方法，经过认真谈判和磋商后，将双方在交易中的权利，所承担的义务，对所购买商品的种类、数量、价格、交货地点、交货期、交易方式和运输方式，以及违约和索赔等合同条款，全部以电子交易合同做出全面详细的规定，合同双方可以利用电子数据交换（EDI）进行签约，可以通过数字签名等方式签名。

3）办理交易进行前的手续

这一阶段主要是指买卖双方签订合同后到合同开始履行之前办理各种手续的过程，也是双方交易前的准备过程。交易中要涉及的有关各方，即可能涉及中介、银行金融机构、信用卡公司、海关系统、商检系统、保险公司、税务系统、运输公司等，买卖双方要利用 EDI 与有关各方进行各种电子票据和电子单证的交换，直到办理完可以将所购商品从卖方按合同规定开始向买方发货的一切手续为止。

4）交易合同的履行和索赔

这一阶段是从买卖双方办完所有各种手续之后开始，卖方要备货、组货，同时进行报关、保险、取证、发信用证等，卖方将所购商品交付给运输公司包装、起运、发货。买卖双方可以通过电子交易服务器跟踪发出的货物，银行和金融机构也按照合同，处理双方收付款，进行结算，出具相应的银行单据等，直到买方收到自己所购商品，完成整个交易过程。索赔是在买卖双方交易过程中出现违约时，需要进行违约处理的工作，受损方要向违约方索赔。

3．B2B 直销过程基本程序

参加交易的买卖双方在做好交易前的准备之后，通常都是根据电子交易标准的规定开展电子交易活动的，电子交易标准规定了电子交易应遵循的基本程序，简述如下。

（1）买方向卖方提出商品报价请求，说明想购买的商品信息。

（2）卖方向买方回答该商品的报价，说明该商品的价格信息。

（3）买方向卖方提出商品订购单，说明初步确定购买的商品信息。

（4）卖方对买方提出的商品订购单进行应答，说明有无此商品及规格型号、品种、质量等信息。

（5）买方根据应答提出是否对订购单有变更请求，说明最后确定购买商品的信息。

（6）买方向卖方提出商品运输说明，说明运输工具、交货地点等信息。

（7）卖方向买方发出发货通知，说明运输公司、发货地点、运输设备、包装等信息。

（8）买方向卖方发回收货通知，报告收货信息。

（9）交易双方收发汇款通知，买方发出汇款通知，卖方报告收款信息。

（10）卖方向买方发送电子发票。买方收到商品，卖方收到货款并出具电子发票，完成全部交易。

1.3.3　网络商品中介交易模型

1. 网络商品中介交易意义

网络商品中介交易有以下几个意义。

1）网络商品中介为买卖双方展现了一个巨大的世界市场

以中国商品交易中心（www.ccec.com.cn）为例，这个中心控制着从中心到各省分中心、各市交易分部及各县交易所的所有计算机系统，构成了覆盖全国范围的"无形市场"。这个系统能够存储中国乃至全世界几千万个品种的商品信息资料，可联系千万家企业和商贸单位。每一个参加者都能够充分地宣传自己的产品，及时地沟通交易信息，最大限度地完成产品交易。这样的网络商品中介机构还通过网络彼此连接起来，进而形成全球性的大市场。这个市场是由全球 1 亿多的拥有计算机、电话和调制解调器的 Internet 用户，即国际消费者组成，而且其数目仍在以每年 70%的速度递增。

2）网络商品中介可以有效地减少交易中的纠纷

在买卖双方签订合同前，网络商品中介可以协助买方对商品进行检验，只有符合质量标准的产品才可入网。这就杜绝了商品"假冒伪劣"问题，使买卖双方不会因质量问题而产生纠纷。合同签订后便被输入网络系统，网络商品中介的工作人员开始对合同进行监控，监督合同的履行情况。如果出现一方违约现象，系统将自动报警，合同的执行就会被终止，使买方或卖方避免受到经济损失。如果合同履行顺利，货物到达后，网络商品中介的交割员将协助买方共同验收。买方在验货合格后，在 24 小时内将货款转到卖方账户后方可提货，卖方也不用再担心"货款拖欠"的现象了。

3）网络商品中介结算方便

在结算方式上，网络商品中介一般采用统一集中的结算模式，即在指定的商业银行开设统一的结算账户，对结算资金实行统一管理，有效地避免了多形式、多层次的资金截留、占用和挪用，提高了资金风险防范能力。这种指定委托代理清算业务的承办银行大都以招标形式选择，有商业信誉的大商业银行常常成为中标者。

2. 网络商品中介交易过程

网络商品中介交易是通过网络商品交易中心，即虚拟的网络市场进行的商品交易。在这种交易过程中，网络商品交易中心以 Internet 为基础，利用先进的通信技术和计算机软件技术，将商品供应商、采购商和银行紧密地联系起来，为客户提供市场信息、商品交易、仓储配送、货款结算等全方位的服务。其运作过程如图1-17所示。

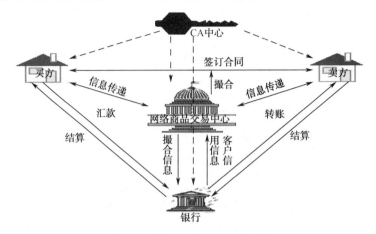

图1-17 网络商品中介交易过程

网络商品中介交易的流程可分为以下几个步骤。

（1）买卖双方将各自的需求和供应信息通过网络告诉给网络商品交易中心，网络商品交易中心通过信息发布服务向参与者提供大量的、详细的、准确的交易数据和市场信息。

（2）买卖双方根据网络商品交易中心提供的信息，选择自己的贸易伙伴。网络商品交易中心从中撮合，促使买卖双方签订合同。

（3）买方在网络商品交易中心指定的银行办理转账付款手续。

（4）网络商品交易中心在各地的配送部门将卖方货物送交买方。

网络交易模型有 B2C 直销模型、B2B 直销模型和网络商品中介交易模型三种。

1.4 电子支付概述

1.4.1 什么是电子支付

1. 传统支付方式

传统支付方式有以下几种。

（1）物物交换，这是最原始的交易方式。在原始社会，人们使用以物易物的方式，交换自己所需要的物资，如一头羊换一把石斧。

但是有时候受到用于交换的物资种类的限制，不得不寻找一种能够为交换双方都接受的

物品。这种物品就是最原始的货币。牲畜、盐、稀有的贝壳、珍稀鸟类羽毛、宝石、沙金、石头等不容易大量获取的物品都曾经作为货币使用过。

（2）现金支付（一手交钱，一手交货）。现金支付是交易中最简单的支付方式。某公司的股东一旦收到对其所拥有的股份支付的现金，就不再拥有对该公司的所有权及其所派生出来的一切其他权利。

国际上现金支付的付款方式有即时支付和递延支付两种。递延支付通常要借助投资银行，可以由投资银行代收购公司发行某种形式的票据，作为对目标公司股东的支付。收购公司可以利用目标公司带来的现金收入逐步偿还票据。

（3）票据支付。票据是由出票人签发的、约定自己或委托付款人在见票时或在指定的日期收款人或持票人无条件支付的定金额的有价证券。票据的特征是，票据权利与票据不可分离。如果持票人一旦丧失所持的票据，那么虽说他仍是该票据的真实权利人，却既不能行使票据权利，也不能转让票据。票据可分为汇票、本票、支票。

① 汇票是出票人签发的、委托付款人在见票时或者在指定日期无条件支付确定的金额给收款人或者持票人的票据。按照出票人的不同分为银行汇票和商业汇票。由银行签发的汇票为银行汇票，由银行以外的企业、单位等签发的汇票为商业汇票。

② 本票是出票人签发的，承诺自己在见票时无条件支付确定的金额给收款人或者持票人的票据。银行本票是申请人将款项交存银行，由银行签发的承诺自己在见票时无条件支付确定的金额给收款人或者持票人的票据（要求在同一票据交换区域内）。它适用于同城范围内的商品交易、劳务供应及其他款项的结算。本票的基本当事人有两个，即出票人和收款人。目前，在我国流通并使用的本票只有银行本票一种。

③ 支票用于同城转账结算，异地不能使用；出票人不能签发空头支票；现金支票不能背书转让；支票的有效期限为10天。支票的种类有：现金支票，只能用于支取现金，印"现金"字样；转账支票，只能用于转账，印"转账"字样；普通支票，既可取现，又可转账，未印"转账"、"现金"字样。

（4）银行卡支付，银行卡是由银行发行的、供客户办理存取款和转账支付服务的工具的总称。优点是高效率、便捷，减少现金流量，简化收款手续，提高结算效率。缺点是容易失效，交易费用较高，安全性低。

（5）资金汇兑是指支付一方委托银行将其款项支付给收款一方的结算方式，分为信汇和电汇。优点是避免了支票支付不能兑换的可能性。

2．电子支付方式

电子支付是指从事网络交易的当事人，包括消费者、商家和金融机构，以商用电子化设备和各类交易卡为媒介，以计算机技术和通信技术为手段，以二进制为存储形式，通过计算机网络系统，使用安全的信息传输手段，采用数字化方式进行的货币支付或资金流转。

电子支付方式有以下几种。

（1）网络支付。网络支付是电子支付的一种形式。广义地讲，网络支付是以互联网为基础，利用银行所支持的某种数字金融工具，发生在消费者和商家之间的金融交换，实现从消费者到金融机构、商家之间的在线货币支付、现金流转、资金清算、查询统计等过程，由此

电子商务服务和其他服务提供金融支持。

（2）电话支付。电话支付是电子支付的一种线下实现形式，是指消费者使用电话（固定电话、手机）或其他类似电话的终端设备，通过银行系统从个人银行账户里直接完成付款的方式。

（3）移动支付。移动支付是使用移动设备通过无线方式完成支付行为的一种新型的支付方式。移动支付所使用的移动终端可以是手机、PDA、移动 PC 等。

（4）手机银行卡支付。手机银行卡支付是一项崭新的业务。它以手机为工具，以银行卡为依托，尽享个人理财方便。手机银行卡支付是中国移动通信有限责任公司与中国银联股份有限公司，联合各大商业银行推出的移动支付服务。

1.4.2　电子支付的发展与特征

1. 电子支付的发展经历

电子支付方式的发展经历了以下 5 个阶段。

（1）第 1 阶段，银行利用计算机及网络处理银行之间的业务，办理结算。

（2）第 2 阶段，银行计算机与其他机构计算机之间资金的结算，如代发工资等业务。

（3）第 3 阶段，利用网络终端向客户提供各项银行服务，如为客户在自动柜员机（ATM）上提供的取存款服务等。

（4）第 4 阶段，利用银行销售点终端（POS）向客户提供自动的划账服务，这是现阶段电子支付的主要方式。

（5）第 5 阶段，通过因特网进行直接转账结算，这是电子支付发展的最新阶段。

2. 电子支付的特征

与传统的支付方式相比，电子支付具有以下特点。

（1）电子支付是在开放的网络系统中以先进的信息技术来完成信息传输的，其各种支付方式都是采用数字化的方式进行款项支付，而传统的交易支付方式则以传统的通信媒介通过现金流转、票据转让和银行的汇兑等物理实体来完成款项的支付。

（2）电子支付的工作环境是基于一个开放的系统平台（互联网），而传统支付则是在较为封闭的系统中运作。

（3）电子支付对软、硬件设施的要求很高，一般要求有联网的微机、相关的软件及一些配套设施，而传统的交易支付方式对实施没有特殊的要求。

（4）电子支付具有方便、快捷、高效、经济的优势，消费者只要拥有一台联网的计算机，便可足不出户，在很短的时间内完成整个支付过程。支付费用仅相当于传统支付方法的几十分之一，甚至几百分之一。

（5）由于电子支付工具、支付过程具有无形化的特征，它将传统支付方式中面对面的信用关系虚拟化。如对支付工具的安全管理不是依靠普通的防伪技术，而是通过密码，软/硬件加、解密系统及路由器等网络设备的安全保护功能来实现的；为保证支付工具的通用性，需制定一系列标准。

1.4.3 电子支付模型

1. 支付系统无安全措施的模型

1）流程

消费者从商家订货，并把信用卡信息通知商家。信用卡信息的传递方法有两种，一种是通过电话、传真等非网上手段。另一种是通过网络传送，但没有安全措施。信用卡信息的合法性检查是在商家和银行之间进行的，其运作流程如图1-18所示。

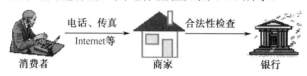

图1-18 支付系统无安全措施模型的运作流程

2）特点

（1）风险由商家承担。

（2）商家完全掌握消费者的信用卡信息。

（3）信用卡信息的传递无安全保障。

3）不足

这种模式至少有以下两大弱点。

（1）商家得到了消费者的信用卡信息，这样商家就有义务妥善保护消费者的这些信息，否则消费者的隐私权很容易遭到侵犯。事实上，有些商家并未履行这个义务，而是为了商业利益把信息透露给第三方。

（2）信用卡信息的传递没有安全保障，很容易被人截获或篡改。由此可以看出，这种模型是很不安全的。

2. 通过第三方经纪人支付的模型

消费者在第三方付费系统服务器上开一个账户，使用这个账户付款。这种方法交易成本很低，对小额交易很适用。

1）流程

消费者在网上经纪人处开立一个账户，网上经纪人持有消费者的账户和信用卡卡号。消费者用这个账户向商家订货，商家将消费者账户提供给经纪人，经纪人验证商家身份，给消费者发送电子邮件，要求消费者确认购买和支付后，将信用卡信息传给银行，完成支付过程。其运作流程如图1-19所示。

2）特点

（1）消费者账户的开设不通过网络。

（2）信用卡信息不在开放的网络上传送。

（3）通过电子邮件来确认消费者身份。

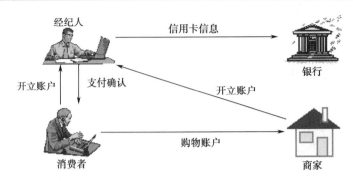

图 1-19　通过第三方经纪人支付模型的运作流程

（4）商家自由度大，风险小。

（5）支付是通过双方都信任的第三方（经纪人）完成的。

这种方式的关键在于第三方，交易双方都对它有较高的信任度，风险主要由它承担，保密等功能也由它实现。

3. 数字现金支付模型

消费者在现金服务器（一般是银行）账户中预先存入现金，就可以得到相应的数字现金，并可以在电子商业领域中进行流通。数字现金的主要优点是匿名性和不可追踪性，缺点是需要一个大型数据库存储消费者的交易情况和数字现金的序列号，以防止重复消费。这种模式适用于小额交易。

1）流程

消费者在银行开立数字现金账户，购买兑换数字现金。然后使用个人计算机数字现金终端软件从银行账户取出一定数量的数字现金存在硬盘上。消费者从同意接收数字现金的商家订货，使用数字现金支付所购商品的费用。接收数字现金的商家与消费者银行之间进行清算，消费者银行将其购买商品的钱支付给商家。其运作流程如图 1-20 所示。

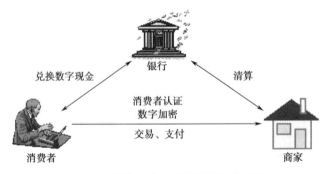

图 1-20　数字现金支付模型的运作流程

2）特点

（1）银行和商家之间应有协议和授权关系。

（2）消费者、商家和数字现金的发行都需要使用数字现金软件。

（3）适用于小额交易。

（4）身份验证是由数字现金本身完成的。数字现金的发行在发放数字现金时使用数字签名。商家在每次交易中将数字现金传送给银行，由银行验证数字现金的有效性。

（5）数字现金的发行负责消费者和商家之间实际资金的转移。

（6）数字现金与普通现金一样，可以存取和转让。

4．简单加密支付系统模型

这是现在比较常用的一种支付模式，消费者只需在银行开立一个普通信用卡账户即可。在支付时，消费者提供信用卡卡号，但传输时要进行加密。采用的加密技术有 SHTTP、SSL 等。这种加密的信息只有业务提供商或第三方付费处理系统能够识别。消费者进行网上购物时只需提供信用卡卡号，这种付费方式带给消费者很多方便。但是，一系列的加密、授权、认证及相关信息传送，使交易成本提高，所以这种方式不适用于小额交易。

1）流程

消费者在银行开立一个信用卡账户，并获得信用卡卡号。消费者向商家订货后，把信用卡信息加密后传给商家服务器。商家服务器验证接收到的信息的有效性和完整性后，将消费者加密的信用卡信息传给业务服务器，商家服务器无法看到消费者的信用卡信息。业务服务器验证商家身份后，将消费者加密的信用卡信息转移到安全的地方解密，然后将消费者信用卡信息通过安全专用网传送到商家银行。商家银行通过普通电子通道与消费者信用卡发生联系，确认信用卡信息的有效性。得到证实后，将结果传送给业务服务器，业务服务器通知商家服务器交易完成或拒绝，商家再通知消费者。整个过程只要经历很短的时间。交易过程的每一步都需要交易方以数字签名来确认身份，消费者和商家都必须使用支持此种业务的软件。数字签名是消费者、商家在注册系统时产生的，不能修改。消费者信用卡加密后的信息一般都存储在消费者的家用计算机上。其运作流程如图 1-21 所示。

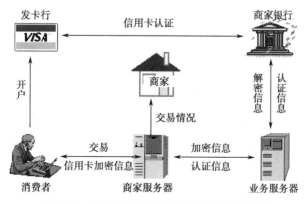

图 1-21　简单加密支付系统模型的运作流程

2）特点

（1）信用卡等关键信息需要加密。

（2）使用对称和非对称加密技术。

（3）可能要启用身份认证系统。

（4）以数字签名确认信息的真实性。

（5）需要业务服务器和服务软件的支持。

这种模型的关键在于业务服务器，保证业务服务器和专用网络的安全就可以使整个系统处于比较安全的状态。由于商家不知道消费者信用卡的信息，因此杜绝了商家泄露消费者隐私的可能性。

5．SET（Security Electronic Transaction）模型

"安全电子交易"简称 SET，是一个在开放的因特网上实现安全电子交易的一个国际协议和标准。SET 最初是由 VisaCard 和 MasterCard 合作开发完成的，其他合作开发伙伴还包括 GTE、IBM、Microsoft、Netscape、SAIC、Terisa、Verisign 等。

（1）SET 是以信用卡支付为基础的网上电子支付系统规范，为了满足消费者、银行和软件厂商的多方需求，它必须实现以下目标：

① 信息在因特网上安全传输，不能被窃听或篡改。

② 消费者资料要妥善保护，商家只能看到订货信息，看不到消费者的账户信息。

③ 持卡人和商家相互认证，以确定对方身份。

④ 软件遵循相同的协议和消息格式，具有兼容性和互操作性。

（2）SET 标准的内容。

① 加密算法。

② 证书信息及格式。

③ 购买信息及格式。

④ 认可信息及格式。

⑤ 划账信息及格式。

⑥ 实体之间消息的传输协议。

（3）流程。

SET 协议的运作流程与实际购物流程非常接近，但一切操作都是通过 Internet 完成的。消费者在银行开立信用卡账户，获得信用卡。消费者在商家的 Web 主页上查看商品目录选择所需商品，填写订单并通过网络传递给商家，同时附上付款指令。订单和付款指令要有消费者的数字签名并加密，使商家无法看到消费者的账户信息。商家收到订单后，向发卡行请求支付确认。发卡行确认后，批准交易，并向商家返回确认信息。商家发送订单确认信息给消费者并发货。然后，商家请求银行支付货款，银行将货款由消费者的账户转移到商家的账户。其运作流程如图 1-22 所示。

（4）SET 协议的安全措施。

① 加密技术：同时使用私钥与公钥加密法。

② 数字签名技术。

③ 电子认证：在电子交易过程中必须确认消费者、商家及其他相关机构身份的合法性，这要求建立专门的电子认证机构（CA）。关于电子认证机构在安全性一节已进行了讨论，这里不再详述。

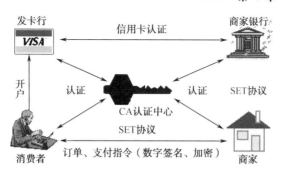

图 1-22　SET 模型的运作流程

④ 电子信封：为了保证信息传输的安全性，交易所使用的密钥必须经常更换，SET 使用电子信封的方式更换密钥。方法是，由发送方自动生成专用密钥，用它加密明文，再将生成的密文同密钥本身一起用公钥密钥的手段加密传出去。收信人用公钥方法解密后，得到专用密钥，再次解密。

SET 提供对交易参与者的认证，确保交易数据的安全性、完整性和交易的不可抵赖性，特别是保证了不会将持卡人的账户信息泄露给商家，这些都保证了 SET 协议的安全性。再加上多家大公司的支持，相信 SET 协议在未来几年的应用前景会比较乐观。

电子支付模型通常有：支付系统无安全措施的模型、通过第三方经纪人支付的模型、数字现金支付模型、简单加密支付系统模型、SET（Security Electronic Transaction）模型等。

1. 你在网上登录什么网店购物呢？

2. 你购物时是使用什么方式支付的？

3. 网店卖家的服务态度酷吗？

能力训练 1 调查网站业务及支付方式

一、能力训练前的准备

（1）查看本地计算机是否已与 Internet 连接成功。

（2）查看本地计算机的浏览器是否是最新版本的。

（3）建立自己的子目录以备后用，以后可以将 Internet 上搜索到的资料下载到该子目录中。建议最好将自己的子目录创建在除 C 盘以外的硬盘中，待用完后再将其相应的资料内容复制到自己的软磁盘中或优盘中。

二、能力训练目的要求

通过调查使学生了解知名 B2B 和 C2C 网站的各项业务，了解网站所提供的支付结算方式，掌握电子支付的基本过程和流程。

三、能力训练内容

去知名 C2C 网站淘宝网、易趣网和知名 B2B 网站亚马逊中国、当当网、凡客诚品网站。

（1）了解这些网站的业务，并通过表格的形式分析。

（2）比较网络交易的支付方式，并以表格形式列出。

（3）查询这几个网站网上结算方式的种类，有哪些支付方式？（如货到付款、邮局汇款、银行卡支付、直接付费、银行电汇等）。

四、能力训练报告

能力训练报告的格式如下。

1．训练过程

目的要求：
训练内容：
训练步骤：

2．训练结果

训练结果分析：
可以使用表格方式，也可以使用文字方式。

3．总结

通过能力训练，总结自己掌握的程度，分析出错原因，提出改进措施。

表 1-1　网站业务调查表

项　目	淘　宝　网	易　趣　网	亚马逊中国	当　当　网
网站业务功能				
网上支付方式				
客户服务				
企业承诺				
安全措施				
企业文化				
战略目标				
目标用户				
5 年的业绩				

表 1-2　网站支付方式的比较

项　目	淘　宝　网	易　趣　网	亚马逊中国	凡 客 诚 品	当　当　网
货到付款					
邮局汇款					
银行转账					
安付通余额支付					
支付宝支付					
分期付款					
公司转账					
信用卡支付					
网上银行支付					
特色支付方式					

习题 1

一、填空题

1. 网络交易指发生在_____中_____之间、企业和_____之间，以及消费者与消费者之间，通过_____手段缔结交易。

2. 网络交易的实质是：_____方式；实质上形成了一个_____场所；是_____的集合。

3. 网络交易对象有：B2B_____的电子商务；B2G_____的电子商务；C2B_____的电子商务；B2M_____的电子商务；O2O_____的电子商务。

4. 网络交易平台是一个_____交易_____平台，主要作用是为了保障交易双方在网上进行_____，_____等问题。交易双方可以将线下谈好的交易，搬到网上通过_____交易平台在_____进行交易。

5. 网络交易平台按类型分类可以分成：_____型、_____型、_____型、_____型、_____型。

6. 网络商品直销是指_____和_____，或者是_____和需求方直接利用_____所开展的_____活动。这种买卖交易的最大特点是供需直接见面、_____、_____、费用低。

7. 电子支付是指_____交易的当事人，包括_____、厂商和_____，以_____设备和各类_____为媒介，以_____和通信技术为手段，以_____存储形式，通过计算机网络系统，使用_____传输手段，采用_____方式进行的货币支付或资金流转。

8. 电子支付方式有_____支付、_____支付、_____支付、_____支付。

二、判断题

1. 所谓的网络交易，其实就是电子商务（Electronic Commerce）。（   ）

2. 消费者对政府机构的电子商务是 B2M。（   ）

3. 从服务角度来看，网络交易平台是一种工具，它能满足企业、管理者、消费者的愿望。（   ）

4. 参加交易的买卖双方在做好交易前的准备之后，通常都是根据网站规定开展电子交易活动的。（   ）

5. 物物交换是最原始的交易方式。在原始社会，人们使用以物易物的方式，交换自己所需要的物资。（   ）

6. 现金支付是交易中最原始的价款支付方式。（   ）

7. 银行卡支付，银行卡是由银行发行的、供客户办理存取款和转账支付服务工具的总称。（   ）

8. VANCL（凡客诚品），由卓越网创始人陈年创办于 2007 年。（   ）

三、简答题

1. 简述网络交易的实质。

2. 简述 B2G 的含义。

3. 简述 O2O 的含义。

4. 简述网络交易平台的含义。

5. 简述京东商城的特色。

6. 简述电子支付的定义。

7. 简述电子支付的发展。

8. 简述电子支付的特征。

阅读材料1——快钱电子支付模式案例分析

（http://wenku.baidu.com/view/33bbf05777232f60ddcca1dd.html）

快钱是国内领先的信息化金融服务机构，致力于运用信息技术和颠覆式创新思维降低金融服务门槛，提高金融服务效率。

1. 快钱的电子支付模式类型

快钱是国内领先的独立第三方支付企业，旨在为各类企业及个人提供安全、便捷和保密的综合电子支付服务。目前，快钱是支付产品最丰富、覆盖人群最广泛的电子支付企业，其推出的支付产品包括但不限于人民币支付、外卡支付、神州行卡支付、联通充值卡支付、VPOS支付等众多支付产品，支持互联网、手机、电话和 POS 等多种终端，满足各类企业和个人的不同支付需求。

2. 快钱的支付流程

在进入支付页面时，单击"快钱支付"图标即可进入快钱的支付页面。

（1）进入快钱的支付页面，选择银行卡支付方式并选择相应银行，填写支付邮箱，单击"到银行页面付款"按钮。

（2）进入网银付款。

（3）确定在网银的预留信息，并单击"确定"按钮。

（4）确定支付信息并提交。

（5）核对"您的数据签名信息"，并单击"确定"按钮。

（6）支付成功后，单击"查看订单明细"按钮即可看到已经进入了"汇款确认、审核"状态。

3. 产品优势

（1）多种支付方式满足不同消费者的需求。

消费者可以根据自己的情况选择银行卡、快钱账户、电话银行、邮局汇款、银行汇款等多种方式支付款项。多种支付方式覆盖最广泛的消费者群，会带来更多的潜在客户和交易量。

（2）6 重安全保障、严密可靠。

快钱独有 6 重安全保障：系统安全、注册安全、登录安全、支付安全、技术安全、监控安全。快钱对全部消费者信息、账户信息、交易信息、签名、信息传输等皆进行 128 位 SSL 加密，并具有 VeriSign 签发的全球安全证书，快钱同时也是国内唯一一家已被 HACKER SAFE

认证的安全网站。领先的技术、严密的流程，给客户在线交易以有力的安全保障。

（3）快钱账户支付速度快、无限额。

消费者通过快钱账户支付，更安全、更快捷且无支付限额，对单笔交易金额高的商家最有帮助。

（4）高支付成功率，零掉单。

快钱电子支付平台自动实时补单机制、人工补单系统的双重保障，确保快钱的高支付成功率，实现真正零掉单。

（5）支付+营销。

接入快钱人民币支付，使客户不仅拥有了一个综合的电子收付款平台，更是拥有了一个灵活高效的营销平台。快钱提供了"电子优惠券"等多种营销工具，并可根据客户自身的特点提供有针对性的市场营销方案，帮助客户更好地开展市场推广工作。

（6）7×24客户服务。

快钱提供 7×24 小时客户服务，商家和消费者都可以实时拨打电话和上网，获得快钱的支持和帮助：

7×24 小时客服电话 025-68526799。

7×24 小时 "实时答疑" 在线客服 www.99bill.com。

4. 快钱盾的安全防护措施

（1）动态密码。

快钱盾每30秒自动产生一个新密码，避免了因静态密码被盗导致的账户安全风险。

（2）一次性密码。

产生的动态密码只能被用户使用一次，无法重复使用。一次性密码增强了安全性。

（3）随机性。

动态密码是随机生成、无规律的。即使本次密码被窃取，也难以由此猜出下次的密码。

（4）不可拆解。

为了防止非法持有者通过改动快钱盾内部零件窃取密码，快钱盾不能拆解，一旦强行拆解，快钱盾将会自动报废，包括它的电池，都是一次性使用，快钱盾的电池正常使用寿命为5年以上，节约使用可达 8～10 年。

第**2**章
第三方电子支付

引例 2——2014 年第三方支付总交易量近 23 万亿元

> 你知道吗，中国电子商务出现第三方支付方式了，你可以放心大胆地去购物了，商家也不用担心收不到钱了。

以互联网支付、手机支付、预付费卡、POS 收单等为首的第三方支付业近年来在国内蓬勃发展，2014 年总交易量预计约 23 万亿元。但与此同时，接连出现的安全事件、监管风暴及支付机构倒闭等现象，也引发社会关注。

专家认为，第三方支付已成为中国多层次金融服务体系的重要组成部分，线上线下融合、跨境支付、互联网金融等有望成为第三方支付业未来的新"蓝海"。

一、第三方支付蓬勃发展，年交易量约 23 万亿

在 2014 年，微信红包、手机打车软件、手机购物等的兴起，使国内许多消费者对手机支付不再陌生。据快的打车公布的数据显示，在一年时间内仅快的打车在线支付车费总交易额高达 128 亿元。

手机支付只是当前第三方支付业爆发式增长的一个缩影。所谓第三方支付，指独立于商户和银行，为商户和消费者提供支付结算服务的机构。根据《非金融机构支付服务管理办法》，非金融机构支付服务包括网络支付、预付卡发行与受理、银行卡收单及其他方式的支付服务等。

近年来中国第三方支付交易量一直快速攀升。为规范国内第三方支付行业，央行规定第三方支付企业必须获得支付牌照后才能进行商业运营。自 2011 年至今，央行一共发布了 5 批第三方支付牌照，持牌单位共计 269 家。

第三方支付企业汇付天下总裁周晔称："中国的互联网支付，从 1998 年开始，经过 16 年的成长与创新，目前支付的各类玩法、产品种类及客户群都已处于世界领先地位，在收单商户、个人用户、交易量上都远超美国。"

易观智库认为，中国第三方支付行业的快速发展，主要源于几方面因素：电子商务市场交易规模继续增大；更多传统行业随着信息化和互联网化程度的加深，逐渐成为第三方支付企业的应用市场；第三方支付行业线上线下一体化业务布局，线下银行卡收单市场交易规模增长迅速，成为继互联网支付市场后一个快速增长的领域等。

二、拓展支付场景打造新"钱途"

2014 年年底，万达宣布战略投资快钱，双方欲打造最大的 O2O 企业。并购完成之后，万达旗下所有业务板块均将使用快钱支付平台。此次收购也掀开了国内第三方支付行业新一轮洗牌序幕。业界预测，在经过多年的宽松准入之后，国内第三方支付业将迎来整合兼并期。

第三方支付业异军突起，摆脱了原有单纯为银行提供支付渠道的角色，发展壮大成为中

国多层次金融服务体系的重要组成部分。除了与传统企业结合外，未来，第三方支付与传统金融业的深度合作，将会爆发出更强的增长潜力。

互联网金融正成为第三方支付机构的新"金矿"。随着越来越多的消费者习惯于网络交易行为，通过融合各类第三方金融理财服务，第三方支付行业被认为将迎来增值服务创新模式的迅速增长。

2014 年年初，第三方机构跨境人民币支付在上海自由贸易试验区率先进行试点。跨境人民币支付也将成为第三方机构新的增长点和争夺点。

专家认为，未来决定第三方支付行业竞争格局的因素将不仅局限于技术的变革，而且还取决于商业模式的创新。如何抓住机遇，推动支付规则、组织、技术与产品的变革，决定着第三方支付行业的发展前景。

三、安全事件频发敲响行业警钟

第三方支付机构在快速发展的同时，也暴露出资金安全性、信息安全性、内控机制等方面的诸多问题。日前，央行上海总部一纸声明让第三方支付机构"畅购"资金链危机暴露在阳光下。人民银行发现该公司存在严重经营违规造成的资金周转问题。"畅购"资金链断裂，引发社会对预付卡挪用、超发、不入账等违规问题的关注。

2014 年央行曾连出重拳对第三方支付行业的一些违规现象进行整治：3 月份暂停支付宝、腾讯的虚拟信用卡产品和二维码支付等面对面支付服务；叫停 8 家支付机构的收单业务；12月份，下发"史上最严"的《银联卡受理市场违规约束实施细则》等。

业内人士指出，一些第三方支付机构推出更为简单、便捷的支付工具，但在简化用户操作界面和支付流程的同时，交易安全控制上的风险漏洞也逐步暴露出来。

混业经营带来的安全风险同样值得警惕。越来越多的支付机构开始拓展电子商务服务商、金融产品交易经纪人、信用评估、担保咨询等方面的职能，在这一过程中谨防产生道德风险、关联风险和监管套利风险。

此外，分业监管带来的监管越位和缺失问题带来的风险也不容忽视。第三方支付机构不断向结算服务、证券基金、保险销售领域延伸，现有的分业监管模式很难跟上行业发展的步伐。

烨公司副总裁兼风控负责人顾卿华表示，风险伴随着层出不穷的支付创新。目前移动设备的安全风险日益凸显，无卡支付交易风险显著上升，数据安全仍然面临严峻挑战，电子犯罪行为呈现集团化、复杂化、技术化趋势，这都要求支付企业必须把风险管理置于首要地位。

2.1　第三方支付概述

2.1.1　什么是第三方支付

1. 概述

随着电子支付的发展，一些非银行企业从事电子支付业务已成为电子支付发展不可逆转的趋势，这主要是由于网上支付业务具有很强的国际性和技术性，银行凭借自身力量已有些力不从心。第三方支付平台的出现符合电子商务发展的需要，也是网上支付业务创新的具体

表现形式之一。第三方支付平台本身依附于大型的门户网站，且以与其合作的银行的信用作为其信用依托，因此第三方支付平台能够较好地突破网上交易中的信用问题，有利于推动电子商务的快速发展。第三方支付将成为引导网络消费走入健康发展的轨道，促进中国网上支付完善和发展的主要途径和必然趋势。第三方支付服务也将成为解脱诚信困扰，迈向下一个里程碑的重要环节之一，成为电子商务发展的助推器。

第三方担当中介保管及监督的职能，并不承担什么风险，所以确切地说，这是一种支付托管行为，通过支付托管实现支付保证。第三方机构与各个主要银行之间签订有关协议，使得第三方机构与银行可以进行某种形式的数据交换和相关信息确认。这样第三方机构就能实现在持卡人或消费者与各个银行，以及最终的收款人或者是商家之间建立一个支付的流程。在通过第三方支付平台的交易中，买方选购商品后，使用第三方支付平台提供的账户进行货款支付，由对方通知卖家货款到达、进行发货；买方检验物品后，就可以通知付款给卖家。第三方支付平台的出现，从理论上讲，彻底杜绝了电子交易中的欺诈行为。

2．定义

所谓第三方支付，就是一些和产品所在国家及国外各大银行签约、并具备一定实力和信誉保障的第三方独立机构提供的交易支持平台。

在通过第三方支付平台的交易中，买方选购商品后，使用第三方平台提供的账户进行货款支付，由第三方通知卖家货款到达、进行发货；买方检验物品后，就可以通知付款给卖家，第三方再将款项转至卖家账户。

3．产生的原因

传统的支付方式往往是简单的即时性直接付转，一步支付。其中，钞票结算和票据结算适合当面现货交易，可实现同步交换；汇转结算中的电汇及网上直转也是一步支付，适合隔面现货交易，但若无信用保障或法律支持，容易导致异步交换引发的非等价交换风险。现实中买方先付款后不能按时按质按量收获标的，卖方先交货后不能按时如数收到价款，被拖延、折扣或拒付等引发经济纠纷的事件时有发生。

在现实的有形市场，异步交换可以附加信用保障或法律支持来进行；而在虚拟的无形市场，交易双方互不认识，不知根底，因此支付问题曾经成为电子商务发展的瓶颈之一，卖家不愿先发货，怕货发出后不能收回货款；买家不愿先支付，担心支付后拿不到商品或商品质量得不到保证。博弈的结果是双方都不愿意先冒险，网上购物无法进行。

为迎合同步交换的市场需求，第三方支付应运而生。支付宝是国内领先的第三方支付平台，由阿里巴巴集团前 CEO 马云先生创立。马云进入 C2C 领域后，发现支付是 C2C 中需要解决的核心问题，因此就想出了支付宝这个工具，支付宝最初仅作为淘宝网为解决网络交易安全所设的一个功能，该功能为首先使用的"第三方担保交易模式"，由买家将货款打到支付宝账户，由支付宝向卖家通知发货，买家收到商品确认后指令支付宝将货款放于卖家，至此完成一笔网络交易。2004 年 12 月，支付宝独立为浙江支付宝网络技术有限公司。在 2005 年瑞士达沃斯世界经济论坛上，马云首先提出了第三方支付平台。

第三方是买卖双方在缺乏信用保障或法律支持的情况下的资金支付"中间平台"，买方将货款付给买卖双方之外的第三方，第三方提供安全交易服务，其运作实质是在收付款人之间设立中间过渡账户，使汇转款项实现可控性停顿，只有双方意见达成一致才能决定资金去向。第三方担当中介保管及监督的职能，并不承担什么风险，所以确切地说，这是一种支付托管行为，通过支付托管实现支付保证。

4．特点

第三方支付平台具有以下几个特点。

（1）第三方支付平台提供一系列的应用接口程序，将多种银行卡支付方式整合到一个界面上，负责交易结算中与银行的对接，使网上购物更加快捷、便利。

消费者和商家不需要在不同的银行开设不同的账户，可以帮助消费者降低网上购物的成本，帮助商家降低运营成本；同时，还可以帮助银行节省网关开发费用，并为银行带来一定的潜在利润。

（2）较之 SSL、SET 等支付协议，利用第三方支付平台进行支付操作更加简单且易于接受。SSL 是现在应用比较广泛的安全协议，在 SSL 中只需要验证商家的身份即可。SET 协议是目前发展的基于信用卡支付系统的比较成熟的技术。

但在 SET 中，各方的身份都需要通过 CA 进行认证，程序复杂，手续繁多，速度慢且实现成本高。有了第三方支付平台，商家和客户之间的交涉由第三方来完成，使网上交易变得更加简单。

（3）第三方支付平台本身依附于大型的门户网站，且以与其合作的银行的信用作为信用依托，因此第三方支付平台能够较好地突破网上交易中的信用问题，有利于推动电子商务的快速发展。

2.1.2　第三方支付分类

1．按《非金融机构支付服务管理办法》分类

1）网络支付

所谓网络支付，是指依托公共网络或专用网络在收、付款人之间转移货币资金的行为，包括货币汇兑、互联网支付、移动电话支付、固定电话支付、数字电视支付等。

网络支付以第三方支付机构为支付服务提供主体，以互联网等开放网络为支付渠道，通过第三方支付机构与各商业银行之间的支付接口，在商家、消费者与银行之间形成一个完整的支付服务流程，其基本流程如图 2-1 所示。

根据网络支付服务具体业务流程的不同，网络支付，尤其是其中的互联网支付中主要存在两种模式——支付网关模式和虚拟账户模式。其中，虚拟账户模式还可以细分为信用中介型虚拟账户模式和直付型虚拟账户模式两种。

2）预付卡发行与受理

预付卡是以先付费后消费为支付模式，以盈利为目的而发行的，可购买商品或服务的有预付价值的卡，包括磁条、芯片等卡片形式。与银行卡相比，预付卡不与持卡人的银行账户

直接关联。预付卡的支付流程如图 2-2 所示。

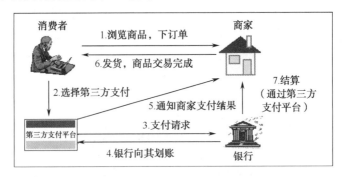

图 2-1　网络支付基本流程

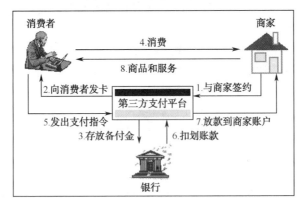

图 2-2　预付卡的支付流程

目前市场上流通的预付卡主要可分成两大类，一类是单用途预付卡，企业通过购买、委托等方式获得制卡技术并发售预付卡，该卡只能在发卡机构内消费使用，主要由电信、商场、餐饮、健身、美容美发等领域的企业发行并受理；另一类是多用途预付卡，主要由第三方支付机构发行，该机构与众多商家签订协议，发放受理 POS 终端机，消费者可以凭该卡到众多的联盟商家刷卡进行跨行业消费，典型的多用途卡有斯玛特卡、得仕卡等。

3）银行卡收单

银行卡收单业务是指收单机构通过银行卡受理终端为银行卡特约商家代收货币资金的行为。其中，受理终端是指通过银行卡信息读入装置生成银行卡交易指令要素的各类支付终端，包括销售点（POS）终端、转账 POS、电话 POS、多用途金融 IC 卡支付终端、非接触式接受银行卡信息终端、有线电视刷卡终端、自助终端等类型。

收单机构是指与特约商家签订银行卡受理协议并向该商家承诺付款，以及承担核心业务主体责任的银行业金融机构和非金融机构。本书所指的银行卡收单特指当第三方支付机构作为收单机构，通过受理终端为特约商家代收货币资金的支付结算服务。银行卡收单模式如图 2-3 所示。

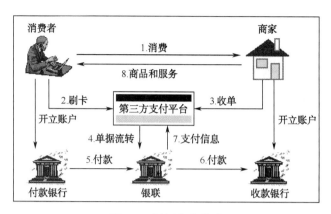

图 2-3　银行收单模式

2. 按第三方支付机构主体分类

1）按照支付机构本身是否具有独立性分类

① 独立的第三方支付机构：本身没有电子商务交易平台也不参与商品销售环节，只专注于支付服务。

② 非独立的第三方支付机构：支付机构与某个电子商务平台属于集团联盟或者战略联盟关系，主要为该电子商务平台提供支付服务。

2）按注册资本性质分类

① 国有控股第三方支付机构：指国有资本占控制权的第三方支付机构，典型代表是银联商务。

② 国有参股第三方支付机构：指在企业股权结构中有国有资本，但国有资本不占控制权，典型代表是通联支付。

③ 民营第三方支付机构：指全部资本由境内投资者投资的企业。

④ 外商独资第三方支付机构：在中国境内设立的全部资本由外国投资者投资的企业。

⑤ 中外合资第三方支付机构：指外国投资者和中国境内投资者共同出资的企业。

3）按支付机构的业务范围分类

① 单一业务支付机构：只从事某一类别支付业务的支付机构，如只从事银行卡收单的杉德，只从事预付卡的资和信等。

② 综合业务支付机构：指从事多样化支付业务的支付机构。

3. 按第三方支付业务属性分类

1）按支付指令传输通道分类

是指按支付指令传输所依托的信息网络通道进行分类。《非金融机构支付服务管理办法》（以下简称《办法》）对网络支付的分类就是按照这种方式进行的。主要包括：互联网支付、移动网络支付、固话网络支付、数字电视网络支付。

2）按支付终端进行分类

即根据支付指令发起方式进行分类，《电子支付指引（第一号）》（中国人民银行公告〔2005〕第 23 号）采用的是这种分类方法。主要包括：POS 支付、PC 支付、移动电话支付、固定电话支付、机顶盒支付、ATM 机支付。

3）按货币资金存储方式分类

① 卡基支付：以银行卡（包括信用卡和借记卡）和预付卡为主要支付工具载体实现的各种支付服务。

② 网基支付：通过互联网、电话、手机等通信终端实现基于账户（银行账户、第三方虚拟账户）的无卡支付，这种类型的支付通常不是读取卡片信息，而是通过密码来验证支付指令的。卡基支付和网基支付现已成为我国个人使用最为广泛的非现金支付工具，对于便于居民日常收付，拓展个性化理财服务，促进旅游、消费，扩大税基，推动电子商务的发展具有重要的意义。

4）按是否具有信用中介功能分类

① 有信用中介功能的支付：第三方支付机构充当了信用中介的角色，在买方确认收到商品前，替买卖双方暂时监管货款的支付方式。

② 无信用中介功能的支付：第三方支付机构只作为单纯的支付服务中介，不承担信用中介职能。

2.1.3 第三方支付平台

1. 支付宝

1）支付宝简介

浙江支付宝网络技术有限公司（原名支付宝（中国）网络技术有限公司）是国内领先的独立的第三方支付平台，是由阿里巴巴集团前 CEO 马云先生在 2004 年 12 月创立的第三方支付平台，致力于为中国电子商务提供“简单、安全、快速”的在线支付服务，拥有独立的账户体系，可以在网上直接进行付款。

截至目前，支付宝实名用户超过 6 亿，支付宝钱包活跃用户超过 2.7 亿，单日手机支付量超过 4500 万笔。支付宝稳健的作风、先进的技术、敏锐的市场预见能力及极大的社会责任感，赢得了银行等合作伙伴的广泛认同。目前，支付宝已经跟国内外 180 多家银行，以及 VISA、Master Card 国际组织等机构建立了深入的战略合作关系，成为金融机构在电子支付领域最为信任的合作伙伴。如图 2-4 所示为个人支付宝主页。

2）支付宝的特点

支付宝的特点归纳起来主要表现为三个方面：安全、简单、快捷。

（1）安全，使用买家收到货物满意后卖家才能收到钱的支付规则，因而保证整个交易过程的顺利完成。

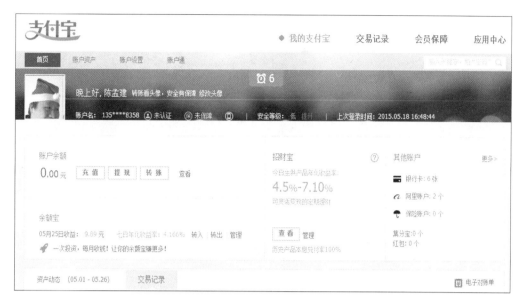

图 2-4　支付宝主页

（2）简单，支付宝和国内外主要的银行都建立了合作关系。只要有一张各大银行的银行卡，就可以利用支付宝实现支付。

（3）快捷，支付宝可以把商品信息发布到各个网站、论坛等，以便能找到更多的买家；还可以把支付宝加进自己的网站之中，使得用户使用更加方便。

2．财付通

1）财付通简介

财付通（Tenpay）是腾讯公司于 2005 年 9 月正式推出的专业在线支付平台，其核心业务是帮助在互联网上进行交易的双方完成支付和收款。致力于为互联网消费者和企业提供安全、便捷、专业的在线支付服务。财付通构建全新的综合支付平台，业务覆盖 B2B、B2C 和 C2C 各领域，提供卓越的网上支付及清算服务。针对个人消费者，财付通提供了包括在线充值、提现、支付、交易管理等丰富功能；针对企业，财付通提供了安全可靠的支付清算服务和极富特色的 QQ 营销资源支持。

个人消费者注册财付通后，即可在 20 多万家购物网站轻松进行购物。财付通支持全国各大银行的网银支付，消费者也可以先充值到财付通，享受更加便捷的财付通余额支付体验。

财付通与腾讯 QQ 有着很好的融合，按交易额来算，财付通排名第二，份额为 20%，仅次于支付宝。如图 2-5 所示为财付通主页。

2）财付通的特点

财付通具有以下几个特点。

（1）一站式链接：一站式链接国内多家商业银行和金融机构，实现跨银行、跨地区的在线实时支付。

（2）银行覆盖面广：支持国内众多商业银行发行的借记卡及信用卡。

图 2-5　财付通主页

（3）资金清算快捷：每天为商户清算前一天的成功交易款项。

（4）交易成功率高：独特的单边账处理技术，可使支付交易成功率达到 99.99%。

（5）个性化特色服务：针对不同的业务模式，可设计不同的支付结算方案，适用于电子商务支付业务。

（6）安装开发简单：提供支付接入插件，商户安装与开发及其简单。

（7）财务对账方便：提供财务对账控台，可自定义查询并下载交易明细及对账报表，方便商户财务对账。

（8）系统安全可靠：交易系统灾难备份，SSL 128 位加密通道。

（9）严密的三重监控体系：首先，事前风险评估；其次，事中交易在线全程跟踪监控，异常报警处理；最后，事后资金警戒风险、客户消费行为分析，提升运营安全。

（10）完善的业务管理办法及内控制度：财付通后台对账规范；业务操作手册；商户结算管理办法；资金管理办法；内部稽核、审计制度；系统安全管理办法。

3. 易宝支付

1）易宝支付简介

易宝（YeePay.com）是中国行业支付的开创者和领导者。易宝于 2003 年 8 月成立，总部位于北京，现有上千名员工，在北京、上海、广东、天津、四川、山东、江苏、浙江、福建、陕西等设有 32 家分公司。自公司成立以来，易宝秉承诚信、尽责、激情、创新、分享的核心价值观，以交易服务改变生活为使命，致力成为世界一流的交易服务平台。2015 年，易宝发布了"支付+金融+营销+数据"的战略，领跑电子支付、移动互联和互联网金融。

成立十几年来，易宝服务的商家超过 100 万，其中包括百度、京东、美团网、乐蜂网、乐视网、360、完美世界、中国联通、中国移动、联想、中粮、中国国际航空公司、中国南方航空公司、中国东方航空公司、携程网、途牛旅游网、中国人民财产保险、阳光保险、嘉实基金等知名企业和机构，并长期与中国工商银行、中国农业银行、中国银行、中国建设银行、中国银联、VISA、Master Card 等近百家金融机构达成战略合作关系，年交易规模达 1 万亿元。易宝在业界树立了良好的口碑，先后获得包括网民最信赖的支付品牌、最佳电子支付平台、中国互联网 100 强、互联网公益创新奖、最具投资价值企业等奖项，中国互联网金融新锐企业 50 强，互联网金融消费者权益保护创新企业奖等多项奖项。2015 年，作为北京市网贷行业协会的创始会员，易宝成为网贷协会的监事长单位，得到政府和社会各界的一致认可。如图 2-6 所示为易宝支付登录页面。

图 2-6 易宝支付登录页面

2）易宝支付的特点

易宝支付具有以下几个特点。

（1）易宝支付账户基于 E-mail 地址，可以随时登入商户后台查看（可以捆绑手机号），不仅注册简单，而且管理方便。

（2）易宝支付具有网上充值、网上结算、网上付款、网上催款、账户管理等基本功能。

（3）适用范围广，随时随地收、付款，提高了交易信用度，适用于 B2B 交易。

（4）支持的交易客户类型广泛，面向广大的个人、商家及企业级用户。

（5）方便快速，只需要输入对方支付账号即可，交易账目和明细可即时更新。

（6）安全性，相对于传统输入用户名，银行卡账号的付款方式更安全便捷，也不用担心会泄露个人的隐私信息。

（7）资金安全，易宝同各大银行合作，将用户支付资金安全存放于银行保密账户内。任何非认证或信用不足的用户结算操作，都将进行严格的人工审核流程，从而保证用户支付资金的安全可靠性。

（8）网上支付安全，易宝同各大银行合作，实现同银行直连的网上支付流程，并且所有通信都经过数字认证，不经任何第三方连接。

（9）资金有效管理，瞬间到账，结算灵活、快速、资金双向性流动。

（10）使用门槛低，无起始费用，无特殊技术需求，易宝在线支付平台是以安全为核心，具有很多商家工具和增值服务的收、付费平台。

4．快钱支付

1）快钱支付简介

快钱成立于 2004 年，在上海、北京、广州、深圳、南京等地设有公司，现有员工 1000 余人。快钱是国内领先的独立第三方支付企业，旨在为各类企业及个人提供安全、便捷和保密的综合电子支付服务。快钱是支付产品最丰富、覆盖人群最广泛的电子支付企业，其推出的支付产品包括但不限于人民币支付、外卡支付、神州行支付、代缴/收费业务、VPOS 服务、集团账户管理等众多支付产品，支持互联网、手机、电话和 POS 等多种终端，满足各类企业和个人的不同支付需求。截至 2010 年 4 月 30 日，快钱已拥有 6200 万注册用户和逾 45 万商业合作伙伴，并荣获中国信息安全产品测评认证中心颁发的"支付清算系统安全技术保障级一级"认证证书和国际 PCI 安全认证。

快钱总部位于上海，在北京、广州等地设有分公司。公司拥有由互联网行业资深创业者、优秀金融界人士和顶尖技术人员所组成的国际化管理团队，在产品开发、技术创新、市场开拓、企业管理和资本运作等方面都具有丰富的经验。出众的执行力和快速的发展使得快钱获得了硅谷大型风险投资基金的风险投资，并于 2006 年荣获第三届中国国际金融论坛十佳中国成长金融机构殊荣。如图 2-7 所示为快钱支付主页。

图 2-7　快钱支付主页

2）快钱支付的特点

快钱支付具有以下几个特点。

（1）快钱是国内第一家提供基于 E-mail 和手机号码的网上收、付费平台，致力于为用户提供安全、便捷的支付服务。用户可以轻松地在网上消费、收款、付款，而无须去银行邮局汇款，并且交易情况也可以随时轻松获得。

（2）与支付宝、财付通不同，作为独立的第三方支付企业，快钱没有自己的商业交易平台，它采取的发展方式是与各类行业、各种企业联合，以推广自己的支付工具。目前快钱已有 2000 万注册用户，其商业用户已超过 10 万；2007 年第三季度交易额达到 14 亿元。

（3）可以在线通过银行卡或者线下汇款方式先为快钱账户充值，再用账户进行网上交易。

（4）使用快钱账户支付货款，可以累积快钱积分，快钱积分可用来兑换各种精美礼品。用快钱账户支付货款，可以经常享受到各种优惠，包括各个商家发行的优惠券，举行的优惠活动等，还可以在快钱社区享受购物返现的优惠惊喜。

5．安付通

1）安付通简介

安付通是易趣网上购物提供的第三方支付系统，是由易趣联合中国工商银行、中国建设银行、招商银行和银联电子支付服务有限公司提供的一种促进网上安全交易的支付手段。买家通过安付通付钱给网络卖家，易趣在交易过程中自始至终充当第三方并且控制付款流程。买家收到物品后决定是否将货款支付给卖家，而易趣会严格遵照买家意愿和安付通的流程规定实施放款。

2）安付通的特点

安付通具有以下几个特点。

（1）安付通对买家来说，安全——验货之后再放款，购物安全有保障；便捷——安付通与 14 家网银全整合，无须额外再注册；免费——通过安付通付款，汇款手续全免费。

（2）安付通对卖家来说，方便——再多交易都可以轻松管理，卖家省心；保障——安付通首创无上限卖家保障金，卖家可以安心、放心、省心；得益——消除买家疑虑，带来更多商机，卖家倾心。

第三方支付平台有：支付宝、财付通、易宝、快钱和安付通等。

2.2　第三方支付结算流程

2.2.1　支付宝支付结算流程

1．支付宝交易流程图

支付宝交易流程图如图 2-8 所示。

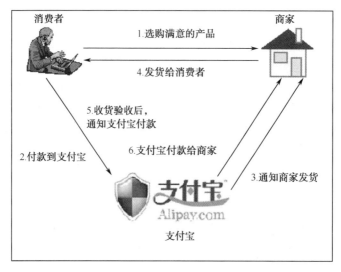

图 2-8　支付宝交易流程图

（1）消费者在电子商务网站上选购商品，最后决定购买，买卖双方可以通过旺旺软件进行沟通，并在网上达成交易意向。

（2）消费者选择利用支付宝作为第三方交易中介，消费者将货款划到支付宝账户。

（3）支付宝平台将消费者已经付款的消息通知商家，并要求商家在规定时间内发货。

（4）商家收到通知后按照订单发货。

（5）消费者收到货物并验证后通知支付宝付款。

（6）支付宝将其账户上的货款划入商家账户中，交易完成。

2．支付宝的支付结算模式

1）外币支付结算

国内的支付宝用户可以在国外的购物网站上进行购物，并通过支付宝解决支付问题，使用支付宝的购物网站，需要支付交易额的 4%及每月 10 美金的外币兑换服务费，并规定消费者的购物限额为每天 3 万元人民币，全年 5 万美金。

2）支付宝将为基金公司和投资者提供基金第三方支付结算

随着电子商务的普及，不少投资者开始通过电子商务渠道购买基金，"基金支付牌照的发放将改写基金销售方式"。据基金行业人士透露，基金第三方支付是指投资者在申购、认购基金时通过第三方支付平台而非银行支付款项。

3）二维码支付结算

商家可把账户、价格等交易信息编码成支付宝二维码，并印刷在各种报纸、杂志、广告、图书等载体上发布；消费者使用手机扫描支付宝二维码，便可实现与商家支付宝账户的支付结算，方便快捷。

2.2.2　财付通支付结算流程

1．财付通交易流程图

财付通交易流程图如图 2-9 所示。

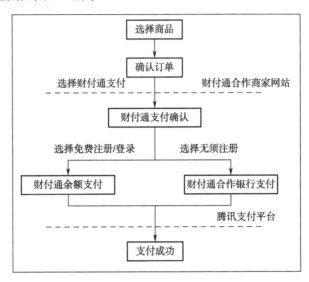

图 2-9　财付通交易流程图

（1）消费者选择所需要的商品，在订单生成页面单击"立即使用财付通支付"按钮。

（2）进入确认消费者的银行及要付款的金额。

（3）可以选择免费注册/登录进行财付通余额支付。

（4）也可以选择无须注册进行财付通合作银行支付。

（5）如果是需要物流的商品，请等待商家发货给消费者；如果是无须物流的商品，如游戏点卡，在直接支付成功的同时给出商品或获取提示信息。

（6）支付成功。

2．财付通的支付方式

（1）即时到账付款；

（2）余额支付；

（3）手机支付功能；

（4）企业付款功能；

（5）信用卡支付；

（6）B2B 线上支付；

（7）委托扣款业务；

（8）阳光储值卡，适合人群：①无银行卡或者不愿意开通网银，又希望能够在网上消费的人群；②希望购买腾讯业务的人群；③企业发放员工福利；④有礼品馈赠需求的人群。

2.2.3 快钱支付结算流程

1. 快钱综合支付解决方案

快钱综合支付解决方案如图 2-10 所示。

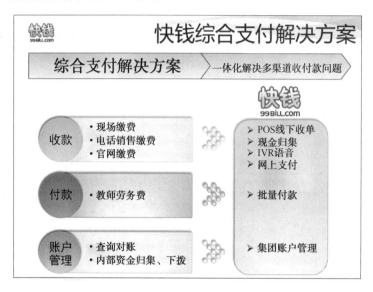

图 2-10 快钱综合支付解决方案

快钱综合支付解决方案可以一体化解决多渠道收、付款问题，包括 POS 线下收单、现金归集、IVR 语音、网上支付、批量付款、集团账户管理等。

（1）收款：现场缴费、电话销售缴费、官网缴费。

（2）付款：教师劳务费。

（3）账户管理：查询对账、内部资金归集、下拨等。

2. 快钱电话销售流程

快钱电话销售流程如图 2-11 所示。

（1）确定下单并提供语音支付信息；

（2）录入或系统对接传输语音支付信息；

（3）快钱将订单传递至银行；

（4）银行对消费者发起呼叫；

（5）消费者确认支付；

（6）银行向快钱返回订单支付结果；

（7）快钱向商家返回订单支付结果。

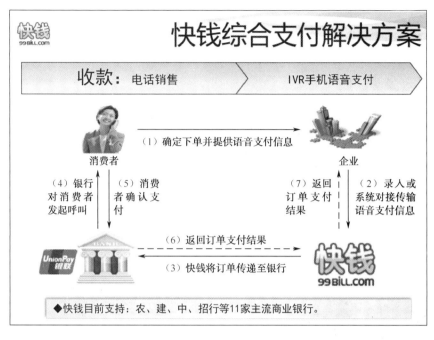

图 2-11 快钱电话销售流程

3．快钱综合支付解决方案的优点

1）一体化解决收、付款问题

提供全方位的支付解决方案，满足线上、线下多种渠道消费者的支付需求，帮助企业增加收入；跨地区跨银行的资金归集，提高资金回笼效率，同时降低归集成本。

2）提高企业管理水平

整合信息流和资金流，提高企业整体管理水平；完善的集团账户资金归集、下拨功能，加强总部资金管控能力。

3）降低企业管理复杂度

一站式接入，交易查询及对账清晰，降低企业管理复杂度。

支付宝有外币支付结算、二维码支付结算功能；财付通有即时到账、手机支付功能。

2.3　支付宝支付结算实务

2.3.1　支付宝免费注册

支付宝注册有以下几个步骤：

创建账户→设置身份信息→设置支付方式→注册成功。

1．创建账户

（1）进入支付宝网站 https://www.alipay.com，如图 2-12 所示。

图 2-12　支付宝网站主页

（2）单击"注册"按钮，出现提示窗口。可以用手机作为账号进行注册，也可以使用邮箱作为账号进行注册。本例利用邮箱作为账号进行注册。

（3）输入国籍/地区为中国大陆。

（4）输入电子邮箱为 cmj@zjiet.edu.cn。

（5）输入验证码：mqtq。

（6）单击"下一步"按钮即可，如图 2-13 所示。

（7）验证手机，绑定手机，用于保护账户和资金安全，此项服务是免费的。输入手机号码并单击"发送校验码"按钮，输入手机收到的校验码后单击"下一步"按钮，如图 2-14 所示。

（8）验证邮件已发送到刚注册的邮箱，请在 24 小时内单击邮箱中的链接继续注册。

图 2-13　创建账户

图 2-14　验证手机

2．设置身份信息

（1）进入邮箱，如图 2-15 所示。可以看到"支付宝"发来的一封信"请激活你的支付宝账户"。

图 2-15　验证邮件

（2）单击该邮件后，出现如图 2-16 所示的窗口。

图 2-16　设置身份信息

（3）按屏幕要求输入登录密码、支付密码、真实姓名、身份证号码等。

3. 设置支付方式

（1）单击"确定"按钮，出现如图 2-17 所示的设置支付方式窗口。

图 2-17　设置支付方式

（2）输入银行卡号，如中国工商银行卡号 6228*************125。

（3）填写完成后，单击"同意协议并确定"按钮，即可完成注册。

（4）激活成功，支付宝注册成功，即可体验网上安全交易的乐趣。

4．注意事项

（1）输入注册信息，请按照页面中的要求如实填写，否则会导致支付宝账户无法正常使用。

（2）支付宝账户分为个人和公司两种类型，请根据自己的需要慎重选择账户类型。

（3）公司类型的支付宝账户一定要有公司银行账户与之匹配。

2.3.2　支付宝账户设置

账户设置有：基本信息、支付宝钱包设置、安全设置、付款方式和额度、应用授权和代扣、消息提醒等功能，如图 2-18 所示。

图 2-18　账户设置

1．基本信息

基本信息设置：真实姓名（需通过认证）、添加邮箱户名；手机、淘宝会员名、登录密码、支付密码、注册时间、实名账户（可查看你名下的支付宝账户）、银行卡、收货地址（最多可添加 5 个地址）、会员保障等信息。

2．支付宝客户端设置

（1）小额免密支付，当付款金额小于自定义额度时，无须输入支付密码。

（2）NFC（近距离无线通信技术），可以使用配置有 NFC 模块的手机进行交通卡充值、支付等更多操作。

3．安全设置

（1）登录密码。登录支付宝账户时需要输入的密码。

（2）支付密码。在账户资金变动，修改账户信息时需要输入的密码。

（3）安全保护问题。可以设置若干个安全保护的问题，如生日、年龄等。

（4）账户安全险。保障支付宝快捷支付、余额宝、理财资金安全等。支付宝账户安全险是无限次全额理赔，最高可赔 100 万。

4．付款方式与额度

（1）账户支付功能。支付宝账户支付、余额宝支付、快捷支付（可绑定快捷支付时的银行卡）、网上银行支付（支持使用各大银行）、国际信用卡支付等。

（2）快捷支付（含卡通）限额。使用快捷支付付款时，每笔、每日、每月的限额。

（3）网上银行限额。使用网上银行付款时，每笔、每日、每月的限额。

（4）充值限额。对支付宝账户充值时，每笔、每日、每月的限额。

（5）提现限额。申请将支付宝账户资金提取到银行卡内，每笔、每日的限额。

（6）转账到银行卡额度。使用转账到银行时，每笔、每日、每月的限额。

（7）信用卡还款额度。使用信用卡还款时，每笔、每日、每月的限额。

2.3.3 支付宝安全中心

打开网址 https://110.alipay.com/sc/index.htm，进入支付宝安全中心主页，如图 2-19 所示。支付宝的安全中心具有安全管家、安全工具、安全联盟、安全学堂、应急服务五大模块。

图 2-19 支付宝安全中心主页

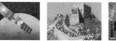

1．安全管家

（1）支付密码。付款或修改账户时需要输入的密码，这个密码可以在此处重置。

（2）余额支付。通过"余额支付功能"的开启和关闭，设置支付宝账户余额及快捷支付卡内资金是否可以用于支付，以保护资金安全。提醒：余额支付功能关闭后，如果已绑定快捷支付卡，将会同时关闭该卡的支付功能，需要开通后才能继续支付。

（3）无线支付。可通过支付宝客户端或手机回复短信方式来付款。

（4）支付宝风险监控。能实时监控账户和交易异常，一旦发现异常会及时通知。

（5）数字证书。数字证书为智能安全防护系统，保护你的账户安全。

（6）支付盾。保证用户在网上信息传递时的保密性、唯一性、真实性和完整性，时刻保护用户的资金和账户安全。

（7）宝令。每分钟生成一个新的"宝令动态密码"，付款时输入可保护资金安全。

2．安全工具

（1）申请数字证书（免费）后，只能在安装数字证书的计算机上支付。

① 支持的操作系统：Windows XP/Vista/7，Mac OS X 10.7 及以上版本。

② 支持的浏览器：对于 Windows，32 位浏览器（暂不支持 64 位浏览器）；对于 Mac OS X，Safari、Chrome、Firefox 浏览器。

（2）开通短信校验服务后，当用户在计算机上使用余额（含余额宝）和快捷支付时，支付宝会向用户发送手机校验码（当用户使用手机客户端付款时无须校验），不受计算机、操作系统和浏览器版本的限制。开通后，仅收取 0.6 元/月的服务费。

（3）支付盾（58 元）。将支付盾插入计算机、绑定支付宝账户后，即可安心支付。

① 支持的操作系统：Windows XP/7/Vista。

② 支持浏览器：IE 内核浏览器。

（4）宝令（33 元）。宝令每分钟生成一个新的动态密码，在进行付款等操作时需要输入验证，确保账户资金安全。不受计算机、操作系统和浏览器版本的限制。

（5）安装安全控件后，安全控件会实时保护用户的密码及账号不被窃取，并及时发现交易风险，有效制止仿冒网站的交易欺诈。

3．安全联盟

（1）合作的浏览器 1：建议使用 Internet Explorer 10 浏览器访问支付宝。

① 分不清真假钓鱼网站？SmartScreen 筛选器会为用户过滤掉。

② InPrivate 隐私浏览会即时清除上网记录，保护个人隐私。

③ 默认开启的"请勿跟踪"拒绝网站的跟踪行为。

（2）合作的浏览器 2：UC 浏览器。

① 用淘宝网的账号登录浏览器后，免登淘宝网、支付宝网站。

② 通过购物单按钮，一键查看淘宝网的订单状态，随时查物流。

③ 如意淘比价，宝贝降价，店铺促销信息让购物更理性。

④ 实时更新淘宝网钓鱼网站列表，第一时间拦截钓鱼网站。

⑤ 网址安全认证功能，帮助用户识别网站的真伪。

（3）合作的杀毒厂商：阿里钱盾、NOD32、江民杀毒、腾讯电脑管家、瑞星杀毒、诺顿、360 安全卫士、金山毒霸、卡巴斯基等厂商。

4．安全学堂

在安全学堂可以轻松掌握各种安全知识。

1）网络兼职需谨慎

小美在网上看到了一则招聘启事"网络兼职，每天工作 3～4 小时，月薪 8000 加提成"。正在发愁找工作的小美就抱着试试看的心理投了简历，没想到很快就收到回复。

工作很简单，就是在一个网站刷移动手机充值卡购买量拿提成，每单 100 元，1 单返还 5 元。小美一开始不相信，但后来看到对方经常在空间晒发给兼职者的工资单，就将信将疑地刷了 3 单，真的返还了 15 元。

小美又相继刷了 5 单，在等返利的时候，对方说有 1 单因网络延迟不能返还本金加佣金，需要再买 1 遍来激活订单。为了拿到本金和佣金，小美就又刷了 5 单，结果对方还是以同样的理由来搪塞，就是不返钱，小美才意识到被骗，如图 2-20 所示。

图 2-20　网络兼职需谨慎

支付宝提醒您：

除了上述兼职不返佣金的情况外，骗子还会通过发钓鱼链接、传送木马、骗取个人隐私信息等方法，盗用账户资金。请勿泄露身份证号、银行卡号、短信校验码等个人隐私。

2）付款之前擦亮眼

李女士是一家公司的职员，有空就会打开淘宝网"逛街"。一天，她看到一件自己非常喜欢的衣服，而且价格相对其他店铺便宜很多，于是通过旺旺咨询卖家。

发送旺旺后得到了自动回复："掌柜现在外出，不在计算机前，如有需要可以联系 QQ：2382***823"。于是李女士通过 QQ 联系上了卖家，询问商品质量和价格后，卖家发送了一个链接让李女士支付。

李女士立即单击链接支付，事后却发现不是担保交易，再去找卖家，发现已经被拉黑了，淘宝网那家店铺也被查封了，这才知道自己受骗上当，如图 2-21 所示。

图 2-21　付款之前擦亮眼

支付宝提醒您：

该骗子窃取他人淘宝网店铺发布低价宝贝，通过发送链接让买家直接用支付宝付款，避开担保交易，从而获利。常见特征是旺旺联系转 QQ，要求即时到账。请大家在付款的时候一定看清楚交易模式。

3）小心你的"领导"

小王是一名公务员。某天他正在工作，突然电话铃声响了。"小王，明天早上 10 点到我办公室来一下。"小王一听，心里嘀咕，谁啊？但一听要去办公室，猜测好像是某个领导，但又听不出是谁，也不好意思问，就答应了。

第二天早上 9 点，小王接到了"领导"的第二个电话。"小王啊，很不巧，本来下午要过来的两个老领导，今天早上突然过来了。没给我通知，我啥也没准备。你赶紧帮我找 2 个信封，每个信封装 5000 元，等送走领导我还你。"小王听后觉得深信不疑，甚至觉得在职位调动的紧要关口，能帮领导办事机不可失。就在他准备取现金的时候，"领导"又来电了，"小王，老领导要走了，办公室现在人多，送现金万一被人看到不好。我把卡号给你，你现在立刻打款到这个卡号，千万记得汇款之后要拿小票凭证，一会上班直接问办公室主任报销"。然后告知小王卡号，小王按照卡号就打款了。10 点，小王兴冲冲感到办公室，领导很诧异，这才发现自己上当，如图 2-22 所示。

图 2-22　小心你的"领导"

支付宝提醒您：

遇到陌生来电请留心，主动进行旁证核实，不要相信任何人在电话里提出的汇款请求。平时要保护好自己的个人隐私信息，不要让非法分子有机可乘。

5．应急服务

（1）手机丢失：如果手机设置了密码，支付宝钱包有手势密码，资金很难被盗。进入淘宝网使用"快速挂失"按钮，即可进行账户挂失。

（2）账户风险：如果有资金损失，可拨打 95188 进行报警。

（3）解除挂失：在确保账户安全后可以进行解除挂失操作。①手机号码无法找回请解除挂失后更换绑定手机；②账户有风险，解除挂失后请重置登录密码和支付密码。

2.3.4　支付盾设置

打开支付宝账户进入"安全中心"模块，选择"安全工具"中的"支付盾"功能即可。激活支付盾后，只有在插入支付盾的情况下才能进行付款、确认收货、提现等涉及金额支出的操作。

1．支付盾介绍

支付盾是支付宝公司推出的安全解决方案。支付盾（天威）是联合第三方权威机构天威诚信一起推出的安全产品，它将电子认证服务机构为客户提供的数字证书保存在 USBkey 中，合称为硬证书。它是具有电子签名和数字认证的工具，保证了用户在网上信息传递时的保密性、唯一性、真实性和完整性。支付盾酷似一面盾牌，时刻保护用户在支付宝上操作的资金和账户安全。

2．支付盾与其他证书的区别

支付盾是提升支付宝安全的移动证书；农业银行 K 宝、工商银行 U 盾等是提升银行账户安全的银行证书。支付盾与数字证书都是支付宝推出的安全产品。数字证书安装相对方便，支付盾必须随身携带，可根据自己的需求来选择。在申请证书过程中，若页面提示安装"支付宝天威诚信数字证书助手"，可以按照页面提示正确安装使用。该软件属于证书控件，不会影响计算机的正常使用。

3．支付盾的特点

1）安全性

在支付宝网站处理任何资金业务时，无须担心木马、钓鱼网站、黑客等各种安全风险，支付盾可以保障用户在网上交易资金和支付宝账户的安全。支付盾是一个类似于 U 盘的实体安全工具，它内置的微型智能卡处理器能阻挡各种风险，使账户始终处于安全的环境下。

2）唯一性

支付盾是和支付宝账户对应绑定的关系，从而保障了支付宝资金安全。申请使用支付盾后，如果在没有插入支付盾的情况下登录支付宝，只能进行查询账户操作，而不能进行其他任何对于资金变动的操作，只有插入匹配账户的支付盾才能进行操作。这相当于支付盾就是用户拥有的一把"钥匙"，增强账户使用安全。

3）方便性

① 可以在任何计算机上进行操作，免除了数字证书的备份烦恼。
② 拥有了支付盾，用户将可以拥有更高的支付额度来进行资金交易。
③ 不需要用户掌握任何数字证书相关知识，也能轻松操作。

4．申请支付盾的前提条件

（1）通过支付宝个人实名认证并已上传身份证件验证通过的账户。
（2）通过支付宝商家实名认证的支付宝账户。
（3）支持的操作系统：Windows 2000/XP/Vista/7 版本的操作系统，不支持 Windows 8、Mac 等其他系统。
（4）支持的浏览器：Windows 所有非 64 位 IE 内核浏览器。
（5）数字证书用户在已安装证书的计算机上可以直接激活支付盾，但激活成功后自动注销原有数字证书。

5．支付盾激活流程

（1）单击"购买支付盾"，到天威网站购买。
（2）购买并收到支付盾后，登录支付宝，插入支付盾进行激活。
（3）填写身份信息及手机校验码（绑定手机时会校验）。

（4）激活成功。

支付宝注册是免费的，支付宝安全中心有安全管家、安全工具、安全联盟、安全学堂、应急服务五大模块。

1. 你知道第三方支付平台有哪些吗？

2. 你知道支付宝安全中心的内容吗？

3. 你在购物中使用快钱支付了吗？

能力训练 2　免费注册支付宝账户

一、能力训练前的准备

（1）查看本地计算机是否已与 Internet 连接成功。

（2）查看本地计算机的浏览器是否是最新版本的。

（3）建立自己的子目录以备后用，以后可以将 Internet 上搜索到的资料下载到该子目录中。建议最好将自己的子目录创建在除 C 盘以外的硬盘中，待用完后再将其相应的资料内容复制到自己的软磁盘中或 U 盘中。

二、能力训练目的要求

通过免费注册支付宝使学生了解支付宝的基本功能和安全设置，掌握支付宝注册的全过程，学会设置自己的账户并提升账户的安全级别。

三、能力训练内容

（1）打开网址 https://www.alipay.com 进入支付宝主页。

（2）单击"免费注册"按钮。

（3）使用手机号码进行注册。

（4）填写相关信息。

（5）设置自己账户的以下信息：

① 支付密码；

② 登录密码；

③ 下载数字证书；

④ 短信校验服务。

四、能力训练报告

能力训练报告的格式如下。

1. 训练过程

目的要求：

训练内容：

训练步骤：

2. 训练结果

训练结果分析：

可以使用表格方式，也可以使用文字方式。

3. 总结

通过能力训练，总结自己掌握的程度，分析出错原因，提出改进措施。

习题 2

一、填空题

1. 所谓第三方支付，就是一些和_____所在国家，以及国外_____签约、并具备_____和_____的第三方独立机构提供的_____平台。

2. 在通过第三方支付平台的交易中，买方_____后，使用_____提供的账户进行_____支付，由第三方通知_____货款到达、_____；买方检验物品后，就可以通知_____给卖家，第三方再将款项转至_____账户。

3. 所谓网络支付，是指依托_____或专用网络在_____人之间转移货币资金的行为，包括_____、_____、固定电话支付、_____等。

4. 浙江支付宝网络技术有限公司，原名_____，是国内领先的_____第三方支付平台，是由阿里巴巴集团前 CEO 马云先

生在＿＿＿年＿＿＿月创立的第三方支付平台，致力于为中国电子商务提供＿＿＿＿＿＿＿＿、

＿＿＿＿＿＿＿＿、＿＿＿＿＿＿＿＿的在线支付服务。拥有＿＿＿＿＿＿＿＿账户体

系，可以在＿＿＿＿＿＿＿＿进行付款。

5. 财付通（Tenpay）是＿＿＿＿＿＿公司于＿＿＿年＿＿＿月正式推出的＿＿＿＿＿＿

支付平台，其核心业务是帮助在＿＿＿＿＿＿＿＿进行交易的双方完成＿＿＿＿＿＿＿＿和

＿＿＿＿＿＿＿＿。致力于为互联网用户和企业提供安全、便捷、专业的＿＿＿＿＿＿＿＿

服务。

6. 易宝支付（YeePay.com）是中国行业支付的＿＿＿＿＿＿＿＿和＿＿＿＿＿＿＿＿，也是

互联网金融和＿＿＿＿＿＿＿＿领军企业。易宝于＿＿＿年＿＿＿月成立，总部位

于＿＿＿＿＿＿＿，现有员工逾千人。2013 年，公司成立十周年之际，易宝发布了＿＿＿＿＿＿＿＿＋

＿＿＿＿＿＿＿＿＋＿＿＿＿＿＿＿＿的升级战略，以领跑电子支付、＿＿＿＿＿＿＿＿和

＿＿＿＿＿＿＿＿大潮。

7. 支付宝的安全中心具有：＿＿＿＿＿＿＿＿、＿＿＿＿＿＿＿＿、＿＿＿＿＿＿＿＿、

安全学堂、＿＿＿＿＿＿＿＿五大模块。

8. 支付宝合作的浏览器是＿＿＿＿＿＿＿＿＿＿＿＿、＿＿＿＿＿＿＿＿；合作杀毒厂商

有＿＿＿＿＿＿＿＿、＿＿＿＿＿＿＿＿、＿＿＿＿＿＿＿＿、腾讯电脑管

家、＿＿＿＿＿＿＿＿、＿＿＿＿＿＿＿＿、卡巴斯基等厂商。

二、判断题

1. 银行卡收单业务是指收单机构通过银行卡受理终端为银行卡特约商户代收货币资金
的行为。（　　　）

2. 非独立的第三方支付机构是指本身没有电子商务交易平台也不参与商品销售环节，
只专注于支付服务的机构。（　　　）

3. 民营第三方支付机构是指全部资本由境内投资者投资的企业。（　　　）

4. 中外合资第三方支付机构是指由外国投资者和中国境内投资者共同出资的企业。
（　　　）

5. 按支付终端进行分类是指按支付指令传输所依托的信息网络通道分类。（　　　）

6. 国内的支付宝用户可以在美国的购物网站上进行购物，并通过支付宝解决支付问题。
（　　　）

7. 支付宝为基金公司和投资者提供基金第三方支付结算服务。（　　　）

8. 财付通支持手机支付功能购买商品。（　　　）

三、简答题

1. 简述第三方支付的特点。

2. 简述按照支付机构本身是否具有独立性分类。

3. 简述按支付机构的业务范围分类。

4. 简述支付宝公司。

5. 简述财付通公司。

6. 简述易宝公司。

7. 简述快钱公司。

8. 简述支付宝二维码支付结算模式。

 阅读材料 2——支付宝十年营销案例解析

（http://news.pedaily.cn/201504/20150404380802.shtml）

2014 年，支付宝十周年了，于此同时，支付宝"十年账单"也终于正式推出了。这份账单面向所有支付宝用户，不仅记录了这个十年用户的收支情况，还为用户预测了下一个十年的财富值。

　　蚂蚁金服品牌与公众沟通部资深总监陈亮在虎嗅 WOW 新媒体营销大会上分享了"支付宝十年账单"营销案例。他称，"十年"不是用来感恩回馈大减价的，作为工具类产品的支付宝需要找到一个与用户产生情感共鸣的连接，"账单"就成了最佳选择，但难点是如何建立用户"十年"与"账单"之间的连接。那支付宝又是如何做到的呢？

　　2014 年是支付宝十周年，对于今天很多在座的创业公司来说，支付宝已经是个很老的品牌了，因为在互联网的世界里十年已经是个非常长的时间了。所以当时我们想，十周年这个事情很重要吗？谁关心你几岁啊？用户才不会管你是多少年。

　　1. "十年"能做什么？得从用户关心的问题出发

　　十周年能够帮支付宝拉来更多用户吗？我们也认为不能，因为一样的道理，这个事情对用户来说没有特别大的意义。所以，当我们决定做十周年的时候，首先想的是不能把它变成一个生日聚会。就像阿里、淘宝十周年那样，在杭州的华龙体育场做一个很大的晚会，我们的用户、客户、合作伙伴还有员工，大家欢聚一堂。但我们决定不这样做，不想做感恩回馈大减价，因为支付宝是一个纯支付工具，也没法做。

　　十周年不能解决我们面临的所有问题，那我们要做什么？其实我们访问了很多用户，用户给了我们很多启发，最初我们一直认为支付宝只是个纯粹的工具，因为我在 2008 年来这家公司的时候，当时的情况是没有人知道支付宝是家独立的公司，也没有人知道支付宝除了用在淘宝购物以外还能干什么，大家只知道支付宝是个支付工具而已。

　　用户反馈，如果它只是工具，我跟你不会有感情。所以对我们来说，十周年就是要搞关系，跟谁搞关系？跟我们的用户搞关系。

　　请问大家会关注谁？反正我只会关注我自己。因为人首先关注的是自己，所以我们借鉴了易达的广告。谁的十年？用户的十年。我们也收集了大量用户的反馈和建议，这里面很多都是真实的东西。

2. "账单"连接十年的记忆，触达用户内心情感

我们为什么要做账单？因为"账单"是我们唯一一个持续了十年的产品，账单承载了用户过去十年发生的所有故事。比如，买了什么东西，给谁缴了电话费，甚至过去的邮箱账号、过去的密码、过去的很多东西，点点滴滴的回忆会浮上心头，所以我们有个广告。

我相信很多人有可能看过这样的广告，有很多用户还说看哭了。不知不觉，很多人从20岁或者20几岁到了30岁、30多岁，应该说这十年是很多人一生中最美好的青春。其实我们想说，这十年不是支付宝的十年，希望通过这样的事情唤起大家对青春的回忆。

其实这个MV讲的也是光阴的故事，经过十年后再回头看我们自己。我们还采访了很多真实用户，请他们讲述自己的故事，也很感动。接下来就是关键了，十年的账单。

当时为什么要做十年的账单，并且想了那么多维度，就是让大家看到过去自己发生了什么。很多时候，其实如果没有这样的东西只靠回忆，很多都会遗忘，让我自己回忆五年前的事情可能都不会记得。

对于支付宝这样一个工具来说，一个星期两千多万的真实用户，跟微博、微信都不一样，因为这都是需要登录的。营销跟业务怎样结合？这就是结合，因为很多时候我们说营销纯粹是为了营销，那怎样才能够带动业绩呢？

3. 写在十周年最后的几句话

（1）永远是内容大于形式，而不是形式大于内容。

今天谈新媒体营销，我们会谈各种各样的渠道和玩法，但在我们看来永远是内容大于形式。如果没有真正好的内容，不管用什么形式都没办法火。

（2）理解人性才能理解你所面对的世界。

我们内部对于品牌有自己的一些想法、理念，因为我不是科班出身，吴声老师知道我原来是做公关的。品牌在我们内部理解会分成三个层次：第一个层次就是性格，性格就是这个企业的性格。第二个层次是你如何跟这个世界相处。第三个层次是你如何影响这个世界。你只有理解人性，才能理解所面对的世界，不只是用户本身，企业也是，了解企业的人性才能面对这个世界。

（3）用做一个好产品的方式去推广。

账单，如果按照广义来说，就属于营销团队或者品牌团队或者公众团队做的产品，我们把这个产品做得越来越高，用一个做产品的方式推广。不管我们做MV还是什么，都是我们自己做的，通过打造产品的方式去打造所有的一切。

（4）感情不是无病呻吟，而是基于功能的沉淀。

今天很多人会说情感、情怀，我们也知道一个品牌跟用户之间的连接不可能简单的只是功能，但我们要知道情感或者情怀不能无病呻吟，如果空谈情感不会有特别大的意义，所以它一定是基于我们在产品功能基础上的沉淀，这种情感是来源用户发自内心的认同。为什么用户能认同账单？这是基于它过往功能的沉淀。

（5）品牌就是一个人。

我们经常会谈到各种各样的营销手段和方式，比如吴声老师会经常说魅力人格，但在我

们看来，品牌就是一个人。

我们认为，支付宝就是一个人，我们所有的官方微博和微信，所有的东西，不会出现小宝、小编，因为所有的人称都是第一人称，就是"我"，我怎样怎样，我就是支付宝、支付宝就是我。

第 3 章

电子货币

知识要点

- ❖ 传统货币概念
- ❖ 商品概念
- ❖ 货币的起源
- ❖ 电子货币概念
- ❖ 银行卡概念
- ❖ 电子钱包概念
- ❖ 微信电子钱包实务

能力要点

- ❖ 掌握银行卡实务
- ❖ 学会微信电子钱包应用

引例3——中外银行卡的产生及作用

随着货币形式的发展,电子货币也必将取代传统货币成为网络时代的新型货币。电子货币是货币发展史上的又一次重大变革。它为人们从事交易活动提供了更大的便利,必将取代纸币成为人类历史上的新一代货币。

信用卡作为电子货币的主要形式,在20世纪初起源于美国。它最早是由商家发行的。商家们为了推销商品的需要,刺激购买,有选择地向一些讲信誉的客户发放了一种信用筹码,客户可以凭借这种筹码,先赊购商品,然后再用现金或通过银行存款转账等来支付款项。后来这种筹码被演变成为小小的塑料卡片,有了现代信用卡的雏形。由此看来,信用卡不过是一种赊购商品的许可证,最后完成交易,还是需要使用支付现金或银行存款转账等实质付款形式。

1950年,美国商人弗兰·麦克纳马拉与他的好友施奈德合作投资1万美元,在纽约创立了"大莱俱乐部",这家俱乐部后来成为了著名的大莱信用卡公司。俱乐部向会员发放一种能够证明身份的特殊卡片,会员可以凭卡片记账,一定时期后再统一结账。这时的信用卡已经有了清楚的现代形式了。由于信用卡使用方便,一经创新出来,就广受社会关注。1952年,美国加州的富兰克林国民银行率先发行了银行信用卡。随后,许多银行都加入进来,信用卡迅速在美国流行开来。1985年,中国银行珠江分行发行了第一张"中行卡",开创了中国信用卡发行的先河。

由于受我国商业信用发展的限制,同时受社会信用体系还不健全的影响,除了几家银行发行的国际卡之外,在国内使用的完全赊账性质的信用卡直到20世纪90年代末才开始发行,而且大量的信用卡是不具有"信用特色的"。我国最先发行的信用卡称为"借记卡"。它的特点是在银行发卡给客户之前,客户必须先存足一笔钱,记录在卡中,客户消费支付时,不得超过这笔钱的数额。这种卡相当于"存款卡"或"储蓄卡",目前,我国这种卡的数量还不少,有的就直接取名"储蓄卡"。随后发行的有"准贷记卡"。它的特点是,在银行发卡给客户之前,客户同样必须存一笔钱,但在消费时,可以有限制地透支一些额度。如果客户存入3000元,而消费时,可以达到4500元,这样客户就可以有1500元的透支。不过,透支通常必须支付相当高的利息,许多客户在透支之后,一般都尽快到银行将透支的钱补上,免得负担太多。

现在我们有了真正能够赊账用的,而且是以人民币记账,在国内使用的信用卡,它被称为"贷记卡"。客户不需要存入任何钱,银行凭据客户的信誉而发卡。当然,卡是有级别的,在一定时间内,并不是花多少钱,就可以透支多少钱,有一个花钱的限制。而且在一定时期内,客户花了钱是不用支付利息的,只有超过了期限之后,才负担正常的利息。

商家实际上收到的钱，并不是从信用卡里收到的，而是从银行收到的。这就告诉人们，使用信用卡消费，在没有最后结算之前，其实并没有真正地花钱，但却真正地享受了商品。这也表示有的人完全可以先享受而最后不付钱。那么，银行为什么会发卡给客户呢？这就是客户的信用了。信用卡的最根本之处也就在这里。银行根据客户的信用来发卡，信用越好，就能够得到级别越高的信用卡，如所谓的"金卡"等，客户可以在没有付钱之前，消费到很大数额的钱。如果有一次赖账不付，那么以后就会有不良记录，就再也别想得到信用卡了。在现代经济社会中，银行尤其是大银行的信誉通常是很高的，它所发行的信用卡使商家们能放心来"刷"，因为银行不会赖账。

案例评析：

（1）货币是人们普遍接受的交换媒介。在各个时代，人们所认定的货币形式是不同的。原始社会的人把贝壳等实物作为货币，重商主义时代的人只认金银为货币，而 21 世纪的人在用电子货币。有内在价值的东西作为货币，是商品货币；没有内在价值而由政府法令所确定的货币称为法定货币，纸币就是法定货币。货币发展到今天，已经是一个非常大的家族了；我们目前处在完全的纸币流通时代，并在向着电子货币时代进军。在现实经济生活中，商品交易或消费所使用的货币中介，主要是国别纸币、银行支票和信用卡等。随着现代信用制度和电子技术的发展，货币的形式从有形发展到无形，逐步产生了电子货币。电子货币的主要形式为信用卡，它存储了持卡人的姓名、银行账号等信息，放入装有电子计算机系统的终端机后，会自动记账、转账或换取现金。电子货币是一种纯粹观念性的货币，它不需要任何物质性的货币材料。存储于银行电子计算机中的存款货币使一切交易活动和结账都通过银行计算机网络完成，既迅速又方便，可以节省银行处理大量票据的费用。电子货币已经成为一些发达的市场经济国家货币流通的主要形式，在经济生活中起着越来越大的作用。

（2）银行进入信用卡的发行行列，并没有改变信用卡的基本性质，它仍然还是为商家赊购商品而提供的一种身份证明和支付能力的证明。只不过，银行发行的信用卡将商家和客户之间的交易关系分为三个过程：一是商品的买卖过程，即持卡人到商店"刷卡"，然后拿走商品；二是商家和银行的结算过程，即商家会根据"刷卡"记录下来的金额，到银行去索取款项；三是信用卡持有人向银行付钱的过程，他会在购买商品一定时间后，向银行补齐买货的钱款。信用卡的存在虽然使商家与客户之间的买卖过程复杂了，但由此形成的经济拉动和商品销售增长，以及建立良好的信用联系和支付体系，特别是方便客户方面，有了长足的进步。从我国信用卡的发展过程中也能了解到，信用卡是依据信用基础而来的。没有基本的信用，就不可能有信用卡的存在和发展；而信用卡的使用反过来又有助于社会建立良好的信用关系，形成信用意识。总之，信用卡不是货币，当然也不是信用货币，但它离不开信用。人们在使用信用卡时，虽然没有将卡交给商家，但已经将发卡银行的信用和自己的信用交出去了。

（3）信用卡作为一种电子货币，习惯上通常被人们称为"信用货币"（实质上不是信用货币，信用货币是从事物表面现象看问题的一种提法），而一种"信用货币"的信用力量的大小，也就是人们是不是乐意接受的普遍程度，取决于货币背后确定的经济价值支持力度的大小。如果哪一天，某种信用货币得不到制度支持了，再精美的信用卡、再快速的电子数字，也不是货币。

3.1　传统货币概述

3.1.1　商品的基本概念

1．什么是商品

商品是用于交换的劳动产品。它具有以下两个特征：①是劳动的产品；②用于交换。二者缺一不可。如图 3-1 所示的商品具有什么共同的特征？

图 3-1　不同的商品

如图 3-1 所示的所有商品都是用于交换的劳动产品，如图 3-2 所示。

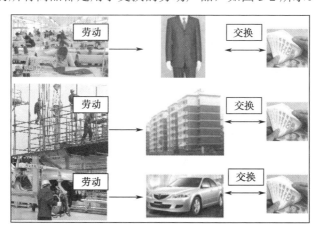

图 3-2　商品是用于交换的劳动产品

2．商品的定义

商品主要有以下三种不同的定义：

（1）商品是为交换而产生（或用于交换）的对他人或社会有用的劳动产品。

（2）商品是满足人们某种需要的，用来交换的劳动产品。

（3）商品是经过交换且非进入使用过程的劳动产品。

3．商品的广义定义

广义的商品除了可以是有形的产品外，还可以是无形的服务，如"保险产品"、"金融产品"、"软件"、"劳务"、"信息"等。

4．商品的狭义定义

狭义的商品仅指符合定义的有形产品。在商标法事务中，适用于狭义的商品的有关规定，也同样适用于服务。

5．商品的基本属性

商品的基本属性是使用价值和商品本身的价值。

1）商品的使用价值

商品能够满足人的某种需要，经济学家把商品的这个属性称为商品的使用价值。使用价值是一切商品都具有的共同属性之一。任何物品要想成为商品都必须具有可供人类使用的价值；反之，毫无使用价值的物品是不会成为商品的。使用价值是物品的自然属性。马克思主义政治经济学认为，使用价值是由具体劳动创造的，并且具有质的不可比较性。例如，人们不能说橡胶和香蕉哪一个使用价值更大。使用价值是价值的物质基础，和价值一起构成了商品二重性。

2）商品本身的价值

商品交换实质上是商品生产者之间的劳动交换。商品中凝结了无差别的人类劳动，即生产商品所耗费的人的体力和脑力，经济学家把商品的这个属性称为商品的价值。

具有不同使用价值的商品之所以能按一定的比例相互交换，是因为它们之间存在着某种共同的可以比较的东西。这种共同的可以比较的东西就是商品生产中的无差别的人类抽象劳动力。无差别的人类抽象劳动凝结在商品中，就形成了商品的价值。而商品的价值是由生产该商品的社会必要劳动时间决定的。

3.1.2 货币的起源

1．货币的发展过程

货币产生发展的过程包括偶然的物物交换、扩大的物物交换、以一般等价物为媒介的商品交换、以货币为媒介的商品交换四个阶段。

1）偶然的物物交换（第一阶段）

偶然的物物交换形式是指不同生产者之间物质产品的直接交换，以满足不同生产者不同的需要。这是交换行为最初的原始形式，出现在原始社会后期。当时，随着生产力的发展，引起了社会的分工，产品所有者用自己的剩余产品去交换自己所需的其他产品，这种交换就是直接的以物换物，无任何中间媒介，因而也是最简单的交换方式。通过交换，产品变成商品，实现其价值和使用价值。这里，商品的价值是以另一种商品的实体来体现的，其使用价值也是最直接明了的。由于是物对物的直接交换，其最大的弊端在于很少能一次实现产品所有者的交换目的，而是需要多次交换才能实现，这无形中增加了流通过程的时间，增大了流通环节的复杂性，因而造成流通过程中的诸多不便与不合理，但在当时的生产力水平下，这种交换的出现无疑也是经济发展的一大进步。如图 3-3 所示为偶然的物物交换。

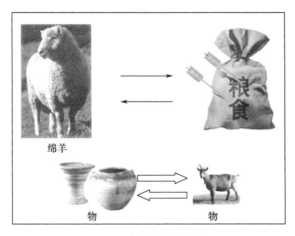

图 3-3　偶然的物物交换

2）扩大的物物交换（第二阶段）

扩大的物物交换与偶然的物物交换的区别是，交换不再是一一对应交换。例如，有牛奶的人需要食盐；有食盐的人需要矛；有矛的人需要咖啡；有咖啡的人需要珍珠，如图 3-4 所示。

3）以一般等价物为媒介的商品交换（第三阶段）

一般等价物是从商品中分离出来的，可以直接和其他一切商品相交换并表现其他一切商品价值的商品，如图 3-5 所示。

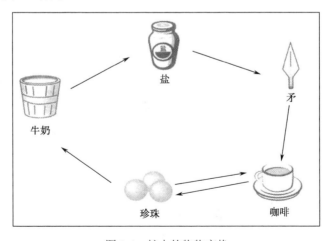

图 3-4　扩大的物物交换

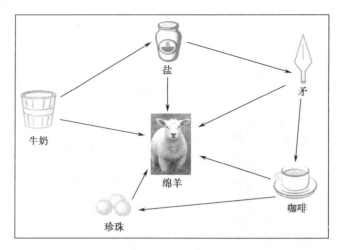

图 3-5　以一般等价物为媒介的商品交换

一般等价物出现以后，商品交换的特征是：①商品交换分成了两步，即商品→一般等价物→商品；②商品交换有了新的媒介，即一般等价物。

历史上充当一般等价物的商品有很多，早期的有牲畜、布匹、贝壳等，如图 3-6 所示。

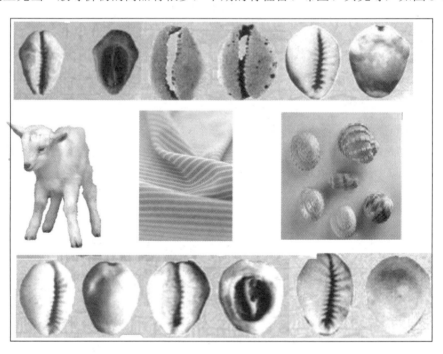

图 3-6　充当过一般等价物的商品

4）以货币为媒介的商品交换（第四阶段）

一般等价物的缺陷：价值小、体积大、不便携带、不易保存、质地不均、不易分割等。由此产生货币，货币从商品中分离出来，固定地充当一般等价物，如图 3-7 所示。

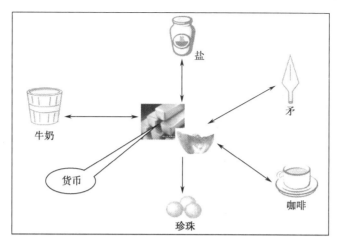

图3-7 以货币为媒介的商品交换

2．货币的含义和本质

1）货币的含义

货币的含义：①货币是商品，有使用价值和价值；②货币是一般等价物；③货币固定地充当一般等价物。

2）货币的本质

货币的本质就是一般等价物。①从货币的含义来看，货币充当一般等价物；②从货币的作用来看，它可以直接和其他一切商品相交换并表现其他一切商品的价值；③货币是一种商品，有使用价值和价值，但又与其他商品不同，最大的区别在于货币的使用价值能够衡量其他一切商品价值的大小，表现其他商品的价值。

3．货币的职能

货币的职能是货币本质的体现，是指货币在人民的经济生活中所起的作用。

1）货币具有价值尺度的基本职能

价值尺度是指货币充当衡量商品所包含价值量大小的社会尺度。货币之所以能执行价值尺度职能，是因为货币本身也具有价值，因而能以自身价值作为尺度来衡量其他商品所包含的价值量。

要注意的是：货币本身是商品，具有价值。当货币充当价值尺度职能时，不需要现实的货币，只需要观念上的货币。

2）货币具有流通手段的基本职能

流通手段的职能是货币作为商品交换的媒介，即购买手段的职能。其主要特点是在商品买卖中，商品的让渡和货币的让渡在同一时间内完成，通俗地说就是一手交钱、一手交货。

要注意的是：货币充当流通手段职能时，只能用现实的货币，不能是观念上的货币；流通中实际需要的货币量是受一定规律支配的。

3）货币具有支付手段的基本职能

支付手段是随着商品赊账买卖的产生而出现的。在赊销赊购中，货币被用来支付债务。后来，它又被用来支付地租、利息、税款、工资等。

4）货币具有储藏手段的基本职能

货币退出流通领域作为社会财富的一般代表被保存起来的职能。货币作为储藏手段能够自发地调节流通中的货币量。当流通中需要的货币量减少时，多余的货币就退出流通；当流通中需要的货币量增加时，部分被储藏的货币就进入流通。

5）货币具有世界货币的基本职能

世界货币是随着商品生产和交换的发展而产生和发展的。当商品交换超出国家界限而发展为国际贸易时，商品在世界范围内普遍展现自己的价值，作为它的价值表现形态的货币，也就成为世界范围的商品的一般等价物，即世界货币。

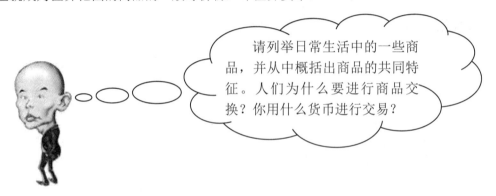

请列举日常生活中的一些商品，并从中概括出商品的共同特征。人们为什么要进行商品交换？你用什么货币进行交易？

3.2　电子货币概述

3.2.1　什么是电子货币

1. 起源

电子货币的起源就是为了电子商务，便利、速度、几乎没有成本及数字品质不变等网络特性为 21 世纪带来最大的革命，从实质市场、电子商务，到 Amazon、Yahoo、eBay、阿里巴巴等成功的例子，网络创业、网络购物创造许许多多网络虚拟商店！电子货币就是因这股网络购物风潮而崛起的。在网络购物中一般最常用的是信用卡，但网络骇客的新闻不断，吓走很多网络消费者，而且信用卡收费成本太高，目前信用卡公司每次交易常规收费 USD0.25，还要加上转账金额 2%～3%。

电子货币就是在这样的背景下蓬勃发展的，简单来说电子货币就是现实生活中的钱，只是它能"百毒不侵"的原因在于"匿名数字货币"的发明，它有一种特殊的加密功能，使消费者能安全地在网络上消费。消费者只要在计算机前面，通过网络电子货币银行即可将钱转到在线商家的账户，所需时间不到五秒钟。而且更令人兴奋的是，如果买卖双方电子货币银行是同一家，彼此间的转账手续费比一般传统银行还低，到目前为止同行转账还不需要收手续费。

2．定义

电子货币（Electronic Money）是指用一定金额的现金或存款从发行者处兑换并获得代表相同金额的数据，通过使用某些电子化方法将该数据直接转移给支付对象，从而能够清偿债务。此种电子数据便称为电子货币。

3．特点

1）电子货币是一种虚拟货币

它是在银行电子化技术高度发达的基础上出现的一种无形货币，它采用数字脉冲代替金属、纸张等载体进行传输和显示资金，通过芯片进行处理和存储，因而没有传统货币的物理形态、大小、重量和印记，持有者得不到持有的实际感觉。

2）电子货币是一种在线货币

电子货币通常在专用网络上传输，通过 POS 机、ATM 进行处理，也就是说，电子货币是在现有的银行、支票和纸币之外，通过网络在线大量流通的钱。电子货币保管需要有存储设备，交换需要有通信手段，保持其安全需要加密和解密用的计算机。

3）电子货币是一种信息货币

电子货币说到底只不过是观念化的货币信息，它实际上是由一组含有用户的身份、密码、金额、使用范围等内容的数字构成的特殊信息。人们使用电子货币交易时，实际上交换的是相关信息，这些信息传输到开设这种业务的银行后，银行就可以为双方交易结算，从而使消费者和企业能够通过比现实银行系统更省钱、更方便和更快捷的方式相互收付资金。

4．属性

电子货币具有以下几个属性。

（1）传统货币具有一定的物理形态、大小、重量和印记，而电子货币是一种虚拟货币。

（2）传统货币只能由中央银行或特定机构发行，中央银行承担其发行的成本，享受其收益。而电子货币的发行机制有所不同，从目前来看电子货币的发行既有中央银行，也有一般的金融机构，甚至非金融机构，而且更多的是后者。

（3）传统货币是以中央银行和国家信誉为担保的法定货币，而目前的电子货币大部分是不同的机构自行开发设计的带有个性特征的产品，其担保主要依赖于各个发行者自身的信誉和资产，风险并不一致。

（4）传统货币的匿名性比较强，而电子货币要么是非匿名的要么是匿名的。

（5）传统货币的防伪可以依赖于物理设置，而电子货币防伪只能采取电子技术上的加密算法或认证技术来实现。

3.2.2 电子货币的表现形式

电子货币的表现形式是多种多样的。

1. 电子支票

1）电子支票传输过程

电子支票与电子资金传输是同义词。电子支票系统从 20 世纪 60 年代就开始使用了。电子支票系统通过剔除纸面支票，最大限度地开发了现有银行系统的潜力。

电子支票是一个十分多样的系统，例如：

（1）通过银行自动提款机（ATM）网络系统进行普通费用的支付。

（2）通过跨省市的电子汇兑、清算，实现全国范围内的资金传输。

（3）大额资金在海外银行之间的资金传输。

（4）每月从银行账户中扣除电话费等。

电子支票包含三个实体——购买方、销售方及金融中介。其运作过程如图 3-8 所示。

首先，购买方从金融中介那里获得一个唯一的电子凭证，即电子支票，当购买方和销售方进行交易时，销售方要求购买方付款，则购买方把这个付款证明（电子支票）交给销售方。销售方再交给金融中介，然后兑换成现金，从而完成整个交易支付。如果购买方和销售方没有使用同一家金融中介，则可使用金融中介之间的数据交换来完成，跟银行之间互通一样，这里的金融中介通常由国家中央银行（国内贸易）或国际金融机构（国际事务）来协同承担完成。

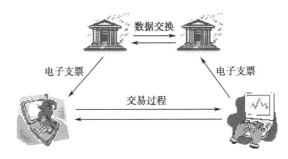

图 3-8 电子支票的运作过程

2）电子支票的优点

以电子支票方式付款可以脱离现金和纸张。购买方通过计算机或 POS 机获得一个电子支票证明，而不是寄支票或直接到柜台前付款。使用这种方式可以减少事务费用，加快处理速度。与传统的纸面支票相比，电子支票具有许多优点：

（1）节省时间。

（2）减少纸张传递的费用。

（3）没有退票。

（4）灵活性强。

目前电子支票系统一般是专用网络系统。国际金融机构通过自己的专用网络、设备、软件及一套完整的用户识别、标准报文、数据验证等规范化协议完成数据传输。系统今后将逐步过渡到公共互联网上。

电子支票的整个事务处理过程要经过银行系统，而银行系统又有义务出文证明第一笔经它处理的业务细节。因此，电子支票的一个最大的问题就是隐私问题。

2. 信用卡系统

信用卡是目前应用最为广泛的电子货币，它要求在线连接使用。信用卡、银行卡支付是金融服务的常见方式，可在商场、饭店及其他场所中使用。银行发行最多的是信用卡，它可采用联网设备在线刷卡记账、POS 机结账、ATM 提取现金等方式进行支付。电子商务中更先进的方式是在 Internet 环境下通过 SET 协议进行网络直接支付，具体方式是消费者在网上发送信用卡卡号和密码，加密发送到银行进行支付。当然，支付过程中要进行消费者、商家及付款要求的合法性验证。

1）信用卡运作过程

银行卡是由银行发行的，是银行提供电子支付服务的一种手段。信用卡（credit card）是一种常见的银行卡。信用卡具有购物消费、信用借款、转账结算、汇兑储蓄等多项功能。信用卡可在商场、饭店等许多场合使用。可采用刷卡记账、POS 机结账、ATM 提取现金等多种支付方式。其运作过程如图 3-9 所示。

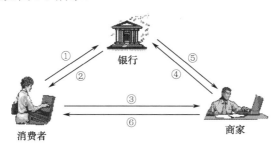

图 3-9　信用卡的运作过程

从图 3-9 中可知，信用卡的运作过程如下：

（1）消费者到银行开立一个信用卡账户。

（2）消费者从开户行得到一张信用卡。

（3）消费者要购买某种商品时，就把自己的信用卡卡号和密码提供给商家，申请购物。

（4）商家得到购物申请后，与发卡银行取得联系，请求发卡银行进行支付确认。

（5）发卡银行在确认持卡人的身份之后，给商家返回一个确认信息批准交易。

（6）商家供货给持卡人，银行则把相应的货款由持卡人的账户转到商家的账户上。

这样就完成了整个交易。

2）使用信用卡的优点

从上面的交易过程可以看出，与普通现金相比，使用信用卡交易有以下几个优点。

（1）携带方便，不易损坏。信用卡一般用塑料制成，小巧轻薄，便于携带，而且不容易损坏。而普通现金一般由纸制成，容易污损；此外，如果所需数量较多，携带也不方便。

（2）安全性好。信用卡有账户和密码，丢失后可以挂失，而且还有密码这层保护，而普通现金丢失后，就很难找回了。

（3）可以进行电子购物。使用信用卡支付可以通过电话或网络进行，普通现金没有这样的功能。

当然，使用信用卡也存在一些问题，其中最主要的就是安全问题，盗用信用卡的事件也常有发生。如果在 SET 协议的规范下进行安全电子交易，在一定程度上可以避免这样的事情发生。

信用卡与其他银行卡（借记卡、灵通卡、专用卡等）相比，一个重要的差别在于信用卡不仅是一种支付工具，同时也是一种信用工具。使用信用卡可以透支消费，给消费者带来了方便，但这同时也给银行带来了恶意透支的风险。

3．电子现金

电子现金是一种数字化形式的现金货币，其发行方式包括存储性的预付卡和纯电子系统形式的用户号码数据文件等。它具有金钱价值、互通性、可取得性和安全性。电子现金以数字签名的密码系统为基础。电子现金的主要好处就是它可以提高效率，方便使用。

电子现金有以下四个属性。

1）货币价值

电子现金必须由一定的现金、银行授权的信用或银行证明的现金支票进行支持。当电子现金由一家银行产生并被另一家银行接受时不能存在任何不兼容性问题。如果失去了银行的支持，电子现金会有一定风险，可能存在支持资金不足的问题。

2）可交换性

电子现金可以与纸币、商品（包括服务）、网上信用卡、银行账户存储金额、支票或负债等进行互换。一般倾向于电子现金在一家银行使用。事实上，不是所有的消费者都会使用同一家银行的电子现金，他们甚至不使用同一个国家的银行的电子现金。因而，电子现金就面临多个银行之间的广泛使用问题。

3）可存储性

可存储性将允许消费者在家庭、办公室或途中对存储在一个计算机的外存、IC 卡，或者更易于传输的标准或特殊用途的设备中的电子现金进行存储和检索。电子现金的存储是从银行账户中提取一定数量的电子现金存入上述设备中。由于在计算机上产生或存储现金，因此伪造现金非常容易，最好将现金存入一个不可修改的专用设备。这种设备应该有一个友好的用户界面以有助于通过 Password（密码）或其他方式的身份验证，以及对卡内信息的浏览显示。

4）重复性

必须防止电子现金的复制和重复使用。因为买方可能用同一个电子现金在不同国家、地区的网上商店同时购物，这就造成电子现金的重复使用。一般的电子现金系统会建立事后检测和惩罚机制。

电子货币是一种虚拟货币，是一种在线货币，也是一种信息货币，它是看不见摸不着的！

3.3　银行卡

3.3.1　什么是银行卡

1. 概念

银行卡是由商业银行（含邮政金融机构）向社会发行的具有消费信用、转账结算、存取现金等全部或部分功能的信用支付工具。银行卡的产生和发展推动了包括 ATM、POS 在内的自助银行系统的产生和发展，同时也成为电子商务中网上支付的主要方式。

2. 分类

银行卡按照清偿方式划分，可分为信用卡和借记卡。信用卡按是否向发卡银行交存备用金分为贷记卡、准贷记卡两类。贷记卡是指发卡银行给予持卡人一定的信用额度，持卡人可在信用额度内先消费、后还款的信用卡。准贷记卡是指持卡人须先按发卡银行的要求交存一定金额的备用金，当备用金余额不足以支付时，可在发卡银行规定的信用额度内透支的信用卡，利息从透支之日起算。贷记卡账户的存款不计利息，准贷记卡账户的存款计利息。目前国内银行发行的信用卡基本上都是贷记卡。

借记卡与信用卡的区别其实就在于"借记"与"信用"的差别。"信用"意味着"未来支付"，持卡人可用自己的信誉获得发卡行一定期限的循环信贷；而"借记"意味着"扣除"，持卡人消费或取现的款项从自己的银行账户中扣除，持卡人花的是自己账户中的钱，不存在信贷消费，也就是通常所说的不能透支。借记卡按功能不同，又分为转账卡、专用卡、储值卡。

1）贷记卡

贷记卡是指发卡银行给予持卡人一定的信用额度，持卡人可在信用额度内先消费、后还款的信用卡。贷记卡内的存款根据《银行卡业务管理办法》的规定是不计付利息的，它是真正意义上的与国际接轨的标准信用卡。其具备的功能主要有信用贷款功能、消费支付功能、转账结算功能、消费信贷功能、自动存取款功能与其他拓展功能等，贷记卡并不具备其他银行卡具备的定期、活期储蓄存款功能。

2）准贷记卡

准贷记卡是指持卡人须先按发卡银行要求交存一定金额的备用金，当备用金账户余额不足以支付时，可在发卡银行规定的信用额度内透支的信用卡。准贷记卡给予持卡人的透支额较小，且规定透支款项只能用于消费。准贷记卡具备的功能主要有信用贷款、存取款、消费支付、转账结算、自动存取款与其他拓展功能等。

3）转账卡

转账卡是实时扣账的借记卡，具有转账结算、存取现金和消费功能。国内各家银行发行的储蓄卡、借记卡等均属转账卡范畴。转账卡在使用时，其支付或消费金额不得超出银行卡存款账户的存款余额，但持卡人如在转账卡账户中开立有定期账户，可向发卡银行申请办理消费信贷或小额抵押贷款。目前国内转账卡由于业务发展的需要，其存取款功能已由简单的活期通存通兑业务延伸到了一卡多户、一卡多币种等业务，在转账卡上不仅可以开立活期账户，还可以开立定期账户、外币活期账户和外币定期账户等。转账卡除了没有信用贷款的功能外，银行卡的其他功能均具备，如存取款、消费支付、转账结算、自动存取款与其他拓展功能等。

4）专用卡

专用卡是具有专门用途、在特定区域使用的借记卡，具有转账结算、存取现金功能。中国人民银行规定的专门用途是指在百货、餐饮、饭店、娱乐行业消费以外的用途。专用卡内的存款按照活期利率计付利息。

5）储值卡

储值卡是发卡银行根据持卡人要求将其资金转至卡内存储，交易时直接从卡内扣款的预付钱包式借记卡。根据中国人民银行的有关规定，储值卡内的存款不计付利息。储值卡的功能比其他卡种单一，只有消费支付这一种功能。

目前，银行已经很少有此类产品，但是在公交、零售等领域，储值卡的使用却越来越广泛。如香港的"八达通"就是一种电子钱包，不仅能在公交系统使用，还能在便利店等场所使用，且能方便地实现与银行卡资金的划转。

6）联名卡

联名卡是商业银行与一家或一类机构合作发行的银行卡附属产品，其所依附的银行卡品种必须是已获中国人民银行批准的品种，并应当遵守相应品种的业务章程或管理办法。发卡银行和联名单位应当为联名卡的持卡人在联名单位信用卡提供一定比例的折扣优惠或特殊服务；持卡人领用联名卡表示对联名单位事业的支持。由于依附的银行卡品种不一样，其功能也不尽相同，但基本功能应有存取款、转账结算、消费支付与代收代付等。联名卡由于往往能使持卡人在联名单位享受优惠产品或特殊服务，因此得到各家银行的大力推广。

3.3.2　银行卡的特点与功能

1．特点

不同的人对银行卡的特点有不同的看法，不过概括而言，其具代表性的词有：时尚、现代、信息、高科技、快捷、便利等，更重要的是，银行卡中的信用卡还将个人的信用用货币来衡量。此外还具有以下几个特点。

（1）它是集金融业务与计算机技术于一体的高科技产物。

（2）它是当今发展最快的金融业务之一。

（3）它是一种可在一定范围内替代传统现金流通的电子货币。

（4）它同时具有支付和信贷两种功能。拥有它可购买商品或享受服务，还可通过使用信用卡从发卡机构获得一定的贷款。

2．功能

银行卡具有以下几个功能。

1）存取款功能

持卡人凭卡可以在发卡行或与其签约代理行的营业机构办理通存通兑现金业务，这是银行储蓄功能的拓展。

根据中国人民银行的相关规定，持卡人在异地存取现金应收取一定的手续费。发卡行利用银行卡的存取款功能吸收了存款，方便了银行卡持卡人及时还付款项和避免大额携现的不便，增加了资金来源，也增加了手续费收入。同时，银行对于信用卡以外的活期存款应按照活期储蓄存款利率计付利息，对于在银行卡上开立的定期账户，应按照国家规定以相应档次的利率支付利息。

2）消费支付功能

持卡人凭借银行发行的银行卡，可以在发卡行与信息结算中心发展的全部或部分指定特约商户（国际卡可在所加入国际组织的特约商户处）直接购物消费，即持卡人在购物、用餐、住宿、旅游等进行账务结算时，可以凭银行卡在特约商户处直接刷卡结算，而不需支付现金，特约商户事后凭单向发卡银行或收单银行收取结算金额，并按规定的手续费率向银行支付消费结算的手续费。

根据中国人民银行的规定，借记卡不许透支，因此，其消费时的最大消费额不得（当然也不可能）超出其存款额；而准贷记卡在客户的存款支付消费金额完毕后，可酌情给予一定的消费透支；贷记卡则规定持卡人必须在限定的信用消费额度内使用。根据国际银行卡惯例，银行卡持卡人消费时，特约商户不得向持卡人收取消费金额以外的手续费，持卡人不应支付消费金额以外的手续费用。也就是说，付给银行的回佣收入，买单的应该是特约商户。

3）转账结算功能

持卡人凭借银行发行的银行卡可以在特约商户处办理大额购货转账结算，也可在发卡行的营业机构办理同城转账、异地电汇、信汇等业务。持卡人通过办理转账结算业务，减少了携带现金办理业务的不便，有效地支持了商品流通和商品交换，方便了持卡人与特约商户。根据中国人民银行的规定，在办理转账结算业务时，转账金额应为其实际存款额，并可根据中国人民银行规定的转账结算收费标准收取一定的手续费和工本费。

4）代收付功能

随着竞争的不断加剧，银行为了拓展业务领域，扩大银行卡的服务范围，纷纷开办了利用银行卡为企事业单位员工办理代发工资、奖金的代发业务，为满足持卡人缴交电话费、水费、电费等日常生活需要而开办的代缴费业务，利用银行卡作为结算账户为持卡人办理的股票转账交易结算业务等，这些崭新的中间业务实际上是银行转账结算功能的延伸。银行卡通过代收代付业务的办理，拓展了自身的服务领域和范畴，扩大了客户群，还可以增加一定的代办手续费收入，可谓是一举多得。

5）消费信贷功能

信用卡由于事先对持卡人进行了信用评估，因此能给予持卡人一定的透支消费额度，甚至可以取现，以满足持卡人的不时之需。信用卡透支实际上就是一种短期信贷业务。

6）自动存取款功能

目前国内绝大多数银行都具有自动柜员机业务，通过银联的牵线，各银行发行的转账卡均可以在带有银联标志的 ATM 机上存取现金。部分银行也开放了信用卡在自动柜员机存取款服务的功能。自动柜员机的使用方便了持卡人 24 小时办理现金业务。持卡人凭卡就可以在自动柜员机上自助操作，办理现金存取、转账、查询余额、更改密码等业务。

7）网上支付功能

网上支付是电子支付的一种形式，它是通过第三方提供的与银行之间的支付接口进行的即时支付方式，这种方式的好处在于可以直接把资金从用户的银行卡中转账到网站账户中，汇款马上到账，不需要人工确认。例如，支付宝支付、微信支付、手机支付等都具有网上支付的功能。

8）自助服务功能

各种银行自助机的发展，自助缴费机和电话银行服务的日渐普及，使银行卡具备了主动缴费和查询交易明细的功能。而银行卡与其他移动工具（如手机、计算机等）结合起来，催生了移动理财、家居理财服务等更新的自助服务功能。

3.3.3　银行卡的授权与清算

1．银行卡信息交换总中心

银行卡信息交换总中心是由中国人民银行和工商银行、农业银行、中国银行、建设银行、交通银行等十家发卡银行（含邮政储汇局）共同发起成立的会员制事业法人机构，于 1997 年 10 月 30 日正式成立，接受中国人民银行的领导和监督。

2．银行卡授权过程

授权是指由特约商户或代办银行向发卡银行征求是否可以支付的过程，其过程如图 3-10 所示。

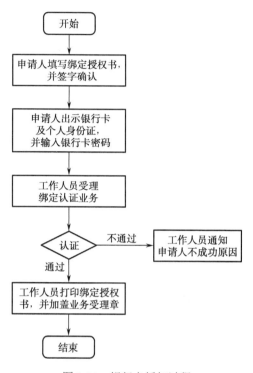

图 3-10 银行卡授权过程

例如，中国华电集团财务有限公司通过中国工商银行的银企直通业务，实现对成员单位开在中国银行的全部账户的查询、转账功能。

授权操作流程：

（1）集团公司成员单位向中国华电集团财务有限公司提供账户的开户行名称、当地账户 19 位账号、企业联系人和联系电话。

（2）由中国华电集团财务有限公司根据企业报送资料填写相应申请表，然后提交中国工商银行北京新街口支行。

（3）当地开户行接受中国工商银行北京电子银行部的指令，打印《中国工商银行电子银行企业客户账户查询、转账授权书》（该授权书由中国工商银行北京电子银行部在网上银行产生并发送到当地中国工商银行电子银行系统"网上银行内部管理"中的"企业客户管理"项下的"账号审核授权"中），交由企业在授权书上签字、盖章（由成员单位加盖公章及法定代表人签字或盖章）后返回当地开户行。

（4）当地银行要在网上银行的电子授权书上进行确认。

3．银行卡清算

1）资金清算概念

清算是指根据清分结果对交易数据进行净额轧差和提交并完成资金划拨的全过程。一般意义的清算指在某些银行业务中银行代垫头寸后，收、付款人和银行结算该笔业务的款项。

2）资金结算概念

结算是指企事业单位及集体和个人之间，由于商品交易、劳务供应和资金调拨等经济活动而发生的货币收付行为。

3）资金清算和资金结算的区别

结算就是本行系统内的一种账务结算，它只限于本系统。而清算则是相对于本系统或者是为本系统服务的相关机构，通常它是介于两个独立结算系统之外的第三方有偿清算服务。

4．清算原则

清算原则：全国银行卡跨行业务资金清算，以信息交换中心的清算数据为依据。

（1）总中心清算，通过总中心转接的银行卡异地跨行交易的资金清算，以总中心清算数据为准，采用两级清算模式。

（2）区域中心清算，只通过区域中心转接的跨行交易清算，以区域中心的清算数据为准，提交当地人民银行营业部门实施清算。

（3）记账，资金清算采用日终轧差、净额清算的办法，由人民银行营业部门根据信息交换中心提交的清算数据和凭证借记或贷记联网成员指定的备付金存款账户。

5．银行卡清算过程

银行卡清算过程如图 3-11 所示。

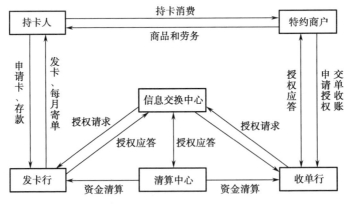

图 3-11　银行卡清算过程

（1）持卡人到发卡行申领银行卡；
（2）收单行与特约商户签订协议；
（3）持卡人到特约商户购物；

（4）特约商户通过不同的方式（如电话、POS 机终端等）向收单行发出授权请求；

（5）收单行把授权请求送往信息交换中心；

（6）信息交换中心把授权请求转送到发卡行；

（7）发卡行把授权答复送回信息交换中心；

（8）信息交换中心把授权答复送回收单行；

（9）收单行把授权答复送回特约商户；

（10）特约商户把已授权的交易提交收单行；

（11）收单行把交易金额记入特约商户账户；

（12）收单行把交易数据档案送往信息交换中心；

（13）信息交换中心对所有交易数据进行清分和结算；

（14）信息交换中心把所有交易数据送往交易所属的发卡行；

（15）发卡行向持卡人发出账单，并从持卡人账户扣回交易金额；

（16）信息交换中心把清算净额数据送往清算中心；

（17）清算中心为发卡行及收单行进行资金调拨。

3.3.4　银行卡实务

1．银联标准卡

银联标准卡就是按照中国银联的业务、技术标准发行，卡面带有"银联"标识，发卡行识别码（BIN）经中国银联分配和确认的银行卡。目前，由中国银联各成员机构发行的银联标准卡 BIN 的范围是 622126～622925，都是"62"字头的，所以也称"62"字头银联标准卡。

2．银联标识卡

银联标识卡是由国内各发卡金融机构发行的、卡面加贴"银联"标识的银行卡，可以跨行跨地区使用。目前国内的银联标识卡有以下几种类型。

（1）62 字头卡。采用银联国际标准，目前发行这种卡片的有农业银行、招商银行、浦发银行、邮政储汇等 86 家发卡机构。

（2）60 字头卡。原为发卡机构自行或通过其他银行卡组织代为向国际标准化组织（ISO）申请的 BIN 号，发卡机构拥有自主知识产权。目前，银联通过和这部分发卡机构签订《关于使用独立向 ISO 申请的 BIN 的银行卡视同银联标准卡管理的协议》，正式把 60 卡纳入银联标准管理。发行这种 60 卡的机构有交通银行、北京银行、大连市商业银行、温州市商业银行、无锡市商业银行等。

（3）9 字头卡。2000 年，中国人民银行为推进联网通用工作，发布了《银行卡发卡行标识代码及卡号》等银行卡业务规范和技术标准，要求在国内发行的各种人民币卡全部使用 9 字头 BIN 号，因此大多数发卡机构都发行了 9 字头的人民币卡。

此外，还有一些其他数字开头的卡片粘贴了"银联"标识，同样属于银联标识卡。

3. 银联标准卡和银联标识卡的区别

银联标准卡是人民币单币种卡，卡正面右下角带有"银联"标识、卡号前 6 位为 622126～622925 之一的银行卡。根据央行规定，带有人民币账户的银行卡在境内进行跨行交易，必须使用银联网络转接，并且在卡上加贴"银联"标识。因此，VISA、万事达、运通、JCB 等国际卡组织与国内银行发行的双币信用卡都有银联标识。

银行卡之间的区别首先在于首位卡号不同。卡号 4 打头的是 VISA 的卡，5 打头的多是万事达的卡，还有一些国内银行发行的借记卡以 9 打头，也带有银联标识，但都不是银联标准卡，只能在国内使用。而 62 打头的才是真正的银联标准卡。

据悉，银联标准卡已经在 25 个国家或地区实现受理，覆盖了 98%以上中国人的出境目的地，只要是贴有"银联"标识的 ATM 机和 POS 机，都可以进行刷卡消费或查询、取现等。

据介绍，银联标识卡只有银联标识，而没有 VISA 或万事达等标识。相比之下，银联标准卡的年费成本更低，境外刷卡免手续费，境外取款价格也更低。银联人士提醒，办理信用卡时可主动选择 62 打头的银联标准卡。

4. 银联新标识

银联新标识以红、蓝、绿三种不同颜色银行卡的平行排列为背景，衬托出白颜色的"UnionPay"英文和"银联"中文造型，它是在维持银联老标识基本形象不变的基础上产生的。与银联老标识相比，银联新标识主要是增加了英文"UnionPay"，并对三色块的面积、倾斜度等局部要素做了微调，充分体现了银联新标识的国际化特征，以及新老标识的延续性和继承性，银联新标识于 2005 年 10 月 10 日开始启用，如图 3-12 所示。

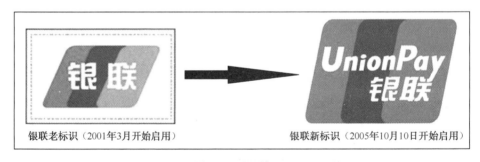

银联老标识（2001年3月开始启用）　　　银联新标识（2005年10月10日开始启用）

图 3-12　银联标识

5. 案例 1——境外刷卡消费也要注意技巧

银联和 VISA 哪个好？刷本币还是刷外币？

消费者在境外刷卡时往往只考虑刷 VISA 还是刷银联，其实在选择 VISA 或银联以前还有关键一步，就是选择外币交易还是本币交易。然而关于这一点，并不为多数人所了解。

所谓外币交易或本币交易，对于持有中国信用卡的人来说，就是选择用什么钱买东西。选择本币交易，就是用人民币来购买，而选择外币交易，就是用当地货币购买。例如，在欧洲就用欧元购买，在美国就用美元购买等。

目前，美元、英镑、欧元、日元是最主要的国际流通货币，可以与任何货币进行自由兑换，而人民币的流通性就相对较差。因此，目前在境外，中国消费者可以使用本币交易的可能性并不多，除了在人民币相对受欢迎的地区，绝大多数时候中国游客只能选择外币交易。

如果可以选择本币交易，那么消费者就可以省去选择刷 VISA 还是刷银联的烦恼，因为本币交易不需要再经过 VISA 或银联的结算通道，消费者只需直接还人民币即可。然而虽然省去了结算环节，且和外币交易相比省去了多次货币转换，但实际上，使用本币交易往往不是最划算的方式，因为本币交易和外币交易一样，同样存在货币转换的汇率问题，而这个汇率则由商家和收单机构来定。也就是说，商家会按照各自的汇率将当地货币折算成人民币价格来进行刷卡。而据一些知情人士介绍，在使用本币交易时，商家或收单机构的汇率往往与银行或银行卡组织汇率差很多，其差额甚至有可能达 5%，而 VISA 收取 1%～2% 的货币转换费。因此，通常情况下，最好不要选择本币交易（Home Currency Transaction），而应该要求商户刷当地货币。当然这并非绝对的，消费者最好在选择时先向商户了解清楚汇率情况。

6. 案例 2——境外刷卡常规技巧

1）针对性选择双币卡

这样可节约一笔汇兑费用，消费者可根据自身需求办理，如日元信用卡对于经常去日本的客户来说可节约汇兑成本。

2）购汇还款要适当多存款

由于人民币汇率随时波动，假如在计算购汇额时算得过于精准，可能出现打入账户的人民币不足以偿还外币的现象，导致有几分钱的外币欠款余额没还清的情况，也会影响信用记录，所以在购汇还款时有必要多存入一些。

3）信用卡退税必须是国际信用卡

境外购物一般分三种退税方法，第一种是退现金（在境外或回国），第二种是退支票（邮寄回国），第三种是退到信用卡里。如果选择信用卡退税，你提交的信用卡必须是国际信用卡，比如 VISA 和 Master Card。

7. 案例 3——境外刷卡“省钱”技巧

理财专业人士提醒，在境外使用信用卡支付也是有技巧的，用好、用足信用卡的功能不但让旅行更舒心还可以“省钱”。

（1）能刷卡尽量刷卡。旅游携带大量现金既不安全也很不方便，如果在境外的 ATM 机提取现金的话，费用非常高。用信用卡在境外提取现金，一般都按 3% 收取手续费，而且还按日收取高额利息，很不划算。

（2）选择恰当的交易线路。银行卡国际结算有许多公司，常见的银联是国内银行联合组织，中国银联的结算平台遍布东南亚、日韩、欧洲、美洲和港澳地区，使用银联结算在任何国家和地区都不收费用，以人民币直接入账。

（3）选择适当币种的信用卡。目前市场上常见的信用卡基本都是双币卡，即美元和人民币的双币卡。这种卡结算很方便，但是在非美元区结算会产生交易金额 2%左右的货币转换费（也称线路接入费），不是很划算。所以，在出行之前最好选择能够以更低成本结算的信用卡，目前有的银行已推出了欧元卡和澳元卡。

> 银行卡有银联标准卡和银联标识卡两种，银联标准卡在镜外消费可以"省钱"哦！

3.4　电子钱包

3.4.1　什么是电子钱包

1．概念

电子钱包是消费者在电子商务购物活动中常用的一种支付工具。英国西敏寺（National-Westminster）银行开发的电子钱包 Mondex 是世界上最早的电子钱包系统，于 1995 年 7 月首先在有"英国的硅谷"之称的斯温顿（Swindon）市试用。

在电子钱包内只能装电子货币，即装入电子现金、电子零钱、安全零钱、电子信用卡、在线货币、数字化币等。并且在电子商务服务系统中设有电子钱包管理器（Wallet Administ）。

目前世界上有 VISA Cash 和 Mondex 两大电子钱包服务系统，其他电子钱包服务系统还有 Master Card Cash、EuroPay 的 Clip 和比利时的 Proton 等。

在电子商务服务系统中设有电子货币和电子钱包的功能管理模块，称为电子钱包管理器，消费者可以用它来改变保密密码或保密方式，用它来查看自己银行账号上收付往来的电子货币账目、清单和数据。电子商务服务系统中还有电子交易记录器，消费者通过查询记录器，可以了解自己都买了些什么物品，购买了多少，也可以把查询结果打印出来。

2．定义

电子钱包是电子商务购物活动中常用的一种支付工具，是适用于小额购物或购买小商品时常用的新式钱包。在电子钱包内存放的电子货币包括电子现金、电子零钱、电子信用卡等。

3．电子钱包功能

电子钱包具有以下几个功能。

1）个人资料管理

消费者成功申请电子钱包后，系统将在电子钱包服务器为其开立一个属于个人的电子钱包档案，消费者可在此档案中增加、修改、删除个人资料。

2）网上付款

消费者在网上选择商品后，登录到电子钱包，选择入网银行卡，向"金融联"支付网关发出付款指令来进行支付。

3）交易记录查询

消费者可对通过"金融联"电子钱包完成支付的所有历史交易记录进行查询。

4）银行卡余额查询

消费者可通过"金融联"电子钱包查询个人银行卡余额。

5）商户站点链接

"金融联"电子钱包内设有众多商户站点链接，消费者可通过链接直接登录商户站点进行购物。

4．电子钱包特点

电子钱包具有以下几个特点。

1）安全

电子钱包里的个人资料存储在服务器端，通过技术手段确保安全，不在个人计算机上存储任何个人资料，从而避免了资料泄露的危险。

2）电子档案如影随形

消费者在申请钱包成功后，即在服务器端拥有了自己的档案，当外出旅游或公务时，不用再随身携带电子钱包资料，即可进行网上支付。

3）方便

电子钱包内设众多商户站点链接，消费者可通过链接直接进入商户站点进行购物。

4）快速

通过电子钱包，完成一笔支付指令的正常处理，只需 10～20 秒（视网络及通信情况而定）。

3.4.2 电子钱包支付流程

1．流程图

电子钱包支付流程图如图 3-13 所示。

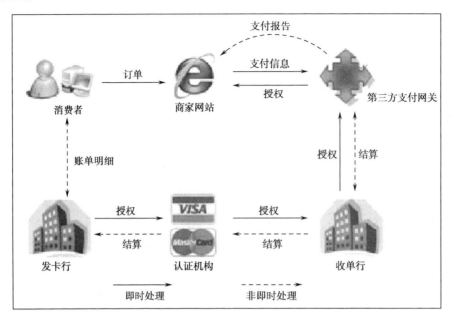

图 3-13　电子钱包支付流程

2．电子钱包支付过程

（1）消费者使用浏览器在商家的 Web 主页上查看在线商品目录浏览商品，选择要购买的商品。

（2）消费者填写订单，包括项目列表、价格、总价、运费、搬运费、税费。

（3）订单可通过电子化方式从商家传过来，或由消费者的电子购物软件建立，有些在线商场可以让消费者与商家协商物品的价格（如出示自己是老客户的证明，或给出竞争对手的价格信息）。

（4）消费者确认后，选定用电子钱包付钱。将电子钱包装入系统，单击电子钱包的相应项或电子钱包图标，电子钱包立即打开，然后输入自己的保密密码，在确认是自己的电子钱包后，从中取出一张电子信用卡来付款。

（5）电子商务服务器对此信用卡号码采用某种保密算法算好并加密后，发送到相应的银行，同时销售商家也收到了经过加密的购货账单，销售商家将自己的客户编码加入电子购货账单后，再转送到电子商务服务器上。这里，商家是看不见消费者电子信用卡上的号码的，不可能也不应该知道，商家无权也无法处理信用卡中的钱款。因此，只能把信用卡送到电子商务服务器上去处理。经过电子商务服务器确认这是一位合法的消费者后，将其同时送到信用卡公司和商业银行。在信用卡公司和商业银行之间要进行应收款项和账务往来的电子数据交换和结算处理。信用卡公司将处理请求再送到商业银行请示确认并授权，商业银行确认并授权后送回信用卡公司。

（6）如果经商业银行确认后拒绝并且不予授权，则说明消费者的这张电子信用卡上的钱数不够用了或者是没有钱了，或者已经透支。商业银行拒绝后，消费者可以再单击电子钱包的相应项再打开电子钱包，取出另一张电子信用卡，重复上述操作。

（7）经商业银行证明这张信用卡有效并授权后，商家就可交货了。与此同时，商家留下整个交易过程中发生往来的财务数据，并且出示一份电子收据发送给消费者。

（8）上述交易成交后，商家就按照消费者提供的电子订货单将货物发送给消费者或其指定的人。

3.4.3　微信钱包实务

1. 微信钱包概念

微信钱包就是消费者只需在微信中关联一张银行卡，并完成身份认证，即可将装有微信的智能手机变成一个全能钱包，之后即可购买合作商家的商品或服务，消费者在支付时只需在自己的智能手机上输入密码，无须任何刷卡步骤即可完成支付，整个过程简便流畅。

2. 微信钱包的使用

微信钱包怎么用？在微信商店里购物后付款就得用微信支付了，现在微信新增加了微信钱包的功能，可以非常方便地实现微信支付。

（1）打开微信，选择"我"选项，如图 3-14 所示。

图 3-14　我的微信页面

（2）选择"钱包"功能，出现如图 3-15 所示的页面。

（3）进入"我的钱包"后，你就可以看到钱包里有多少零钱，绑定了什么银行卡。要往微信钱包里充钱，需要绑定银行卡才可以。如果还没有绑定银行卡，可以选择添加银行卡，如图 3-16 所示。

图 3-15　"我的钱包"页面

图 3-16　添加银行卡

（4）添加银行卡需要验证支付密码，如图 3-17 所示。如果第一次使用微信支付，会提示设置支付密码。

（5）输入持卡人姓名、银行卡卡号，然后单击"下一步"按钮，如图 3-18 所示。如果是信用卡，还需要输入有效日期和卡背面的 CVS 码。

图 3-17　验证支付密码

图 3-18　添加银行卡

（6）输入留在银行的手机号码，然后单击"下一步"按钮，如图 3-19 所示。

要注意的是，因为使用的是快捷支付，一定要验证持卡人留在银行的手机号码，如果没有留有手机号码，可以去银行柜台办理。

（7）银行卡绑定完成后，单击"零钱"按钮，如图 3-20 所示。

图 3-19　验证手机号

图 3-20　银行卡绑定

（8）如果想把零钱转回银行卡，可以选择"提现"；如果想往钱包里充钱，可以选择"充值"，如图 3-21 所示。

（9）填上充值的金额，如图 3-22 所示。

图 3-21　选择"充值"

图 3-22　零钱充值

（10）如果添加了多张银行卡，可以选择支付的银行卡，如图 3-23 所示。

（11）输入支付密码，如图 3-24 所示。如果想更改支付的银行卡，可以选择更改支付方式。

图 3-23　选择支付的银行卡

图 3-24　输入支付密码

（12）零钱充值成功了，如图 3-25 所示。

图 3-25　零钱充值成功

微信钱包可以在线上购物，也可以在线下支付，还可以用来支付"打的"费，方便得很哦！

1. 你知道货币的起源吗？

2. 你知道在境外使用什么样的银行卡最好吗？

3. 你在"打的"时使用微信钱包了吗？

能力训练3　网络虚拟货币应用分析

一、能力训练前的准备

（1）查看本地计算机是否已与 Internet 连接成功。

（2）查看本地计算机的浏览器是否是最新版本的。

（3）建立自己的子目录以备后用，以后可以将 Internet 上搜索到的资料下载到该子目录中。建议最好将自己的子目录创建在除 C 盘以外的硬盘中，待用完后再将其相应的资料内容复制到自己的软磁盘或 U 盘中。

二、能力训练目的要求

（1）了解现有的虚拟货币种类及应用现状。

（2）明确中国人民银行对虚拟货币的管理条例，掌握网络虚拟货币与现实货币在使用中的不同点及相互的影响。

三、能力训练内容

1．实训内容

（1）对多个平台提供的虚拟货币进行分析，明确其功能。
（2）了解虚拟货币的应用现状。
（3）查找中国人民银行对虚拟货币管理的相关条例。

2．实训步骤

（1）找出 4～5 种虚拟货币，并对其功能服务进行分析。
（2）查找近几年虚拟货币应用情况的相关数据，并进行分析。
（3）查找中国人民银行对虚拟货币管理的相关条例，了解网络虚拟货币与现实货币在使用中的不同点；明确虚拟货币与实际货币之间的冲突问题。
（4）分析虚拟货币应用存在的问题，并提出解决方案。

3．实训要求

（1）学生遵循实训目的及操作步骤进行练习，及时记录实训过程和数据。
（2）实训过程中不迟到、不早退。
（3）实训结束后，总结实训过程并写出实训报告。报告应分析实训结果，讨论实训中的问题。其字数不少于 2000 字。

四、能力训练报告

能力训练报告的格式如下。

1．训练过程

目的要求：
训练内容：
训练步骤：

2．训练结果

训练结果分析：
可以使用表格方式，也可以使用文字方式。

3．总结

通过能力训练，总结自己掌握的程度，分析出错原因，提出改进措施。

习题 3

一、填空题

1. 商品是_____的劳动产品。它具有以下两个特征：①是_____；②是用于交换，_____不可。

2. 广义的商品除了可以是_____产品外，还可以是_____服务，如"保险产品"、_____、"软件"、_____、_____ 等。商品的基本属性是_____ 和商品_____。

3. 货币产生发展的过程：_____交换、_____交换、以一般等价物为媒介的商品交换、_____的商品交换四个阶段。

4. 货币的含义：①货币是商品，_____；②_____；③货币固定地_____。

5. 电子货币（Electronic Money）是指用_____的现金或_____从发行者处兑换并获得_____的数据，通过_____电子化方法将该数据直接_____对象，从而能够_____。此种电子数据便称为电子货币。

6. 电子货币的表现形式是多种多样的，有_____、_____、_____、_____。

7. 银行卡是由_____（含邮政金融机构）向社会发行的_____、转账结算、_____等全部或部分功能的_____。

8. 电子钱包是_____购物活动中常用的一种_____，是适合用于_____或购买_____时常用的新式钱包。在_____内存放的电子货币包括_____、_____、电子信用卡等。

二、判断题

1. 商品并非是用于交换的劳动产品。（　　）

2. 商品的价值，是凝结在商品中的无差别的人类劳动力或抽象的劳动力。（　　）

3. 货币的职能是货币本质的体现，是指货币在人民的经济生活中所起的作用。（　　）

4. 货币具有世界货币和储藏手段的基本职能。（　　）

5. 电子货币也是一种线下货币。（　　）

6. 清算是指根据清分结果对交易数据进行净额轧差和提交并完成资金划拨的全过程。（　　）

7. 联名卡是商业银行与一家或一类机构合作发行的银行卡附属产品。（　　）

8. 借记卡与信用卡的区别其实就在于"借款"与"贷款"的差别。（　　）

三、简答题

1. 简述商品的狭义定义。

2. 简述商品的基本属性。

3．简述货币的含义。

4．简述电子货币的定义。

5．简述专用卡的含义。

6．简述资金清算的概念。

7．简述银联标准卡的定义。

8．简述电子钱包的定义。

 阅读材料 3——银行卡风险防范技巧

（http://news.sina.com.cn/c/2004-08-31/15244189352.shtml）

银行卡作为常用的金融工具，给人们的生活带来了许多方便。但如果使用不当，也会给持卡人造成不小的麻烦和损失。那么，如何才能安全地使用银行卡呢？下面的文章会告诉你哦！

　　个体户老赵是个忠实的持卡者，经营资金的存取均是通过银行卡。但经历了去年的事后，老赵明白了银行卡好用也容易"丢钱"，一不小心卡里的存款就不翼而飞了。

　　去年夏天，老赵收到一封来自沿海某城市的贺喜信，信中说他年初在商场购物时中大奖了，奖品价值 5000 多元。老赵记得年初到那座城市旅游时，自己买了不少东西，现在居然意外地中大奖了。他激动也好奇地拨通了信中的手机号码想核实一下情况。电话里，负责兑奖的经理很肯定地说，老赵的确中了奖，若是不要奖品，商场可将奖品折成 4000 元现金，通过银行存给老赵，要求老赵告知银行卡账号和具体的开户银行，以及生日、电话号码、结婚纪念日等，以便汇寄奖金、填写中奖人的资料表。信以为真的老赵按对方的要求，一五一十地"有问必答"。

　　此后的第五天，老赵以为 4000 元的奖金入账了，可一刷卡，却发现银行卡里的 3600 多元的存款没了。通过银行查询，得知两天前，银行卡里的钱被人在沿海城市"通取"了。老赵不解，银行卡始终在自己手里，密码又没告诉别人，钱怎么可能被冒取呢？后据银行分析，不法分子肯定是利用高科技手段"克隆"了一张同卡号的银行卡，然后利用老赵所提供的生日等信息，套试出了老赵的银行卡密码（老赵银行卡的密码又正是自己的生日），冒取了存款。

　　技巧

　　要防范银行卡的风险，首先必须了解银行卡使用中有哪些风险点，然后才能采取措施防范风险。

　　ATM 机前的防范，ATM 机是银行卡频繁使用之处，因此其风险就高且风险的花样多，必须多加防范。

　　防范之一：假告示。这是持卡人使用银行卡初期最容易上当的诈骗方法。不法分子一般以 ATM 机所属银行的名义，张贴告示。最为常见的是，"因我行进行程序调试，取款方式有所改变。储户取款时，须先将款项转账到我行指定的银行卡账号里（账号为××××××××××××），然后按照屏幕的提示进行取款操作。"有的人信以为真，将钱转入到假告示所写的银行卡里。

　　防范方法：不要轻信 ATM 机前的告示，最好不要去理睬告示。若确实需要按张贴的告示中的方法进行操作时，一定要先咨询银行，问清是否属实。不过，银行一般不会要求储户将资金转入某一账户的。

　　防范之二：假吞卡。这是不法分子获取银行卡和密码的重要手段。从目前案发的情况来看，不法分子一般是在 ATM 机插卡口处安装外接吞卡装置吞吃银行卡。一旦吞卡成功，不法分子将采取如下 4 种方式套取银行卡密码，一是窥视，站在持卡人背后或是用望远镜窥视持卡人操作，获取密码；二是在 ATM 机上安装带无线电发射装置的摄像探头窃取密码；三是在 ATM 机旁张贴告示，告知银行卡被吞后，持卡人应按告示上的电话与"银行值班员"取得联系，而持卡人一旦拨通电话，就会被诱骗说出银行卡密码；四是将装有集成电路的假键盘粘盖在真键盘上，一旦持卡人进行操作，相关信息便被记录下来。

　　防范方法：使用 ATM 机前，应先对周围的环境进行观察，看看身后及旁边是否有可疑的人，ATM 机一旁或上方是否有摄像头等多余装置，ATM 机的键盘是否真实，ATM 机取款是否正常。若有可疑现象，则应立即停止操作。而一旦银行卡被吞了，千万不要离开现场，目光要紧盯吞卡处（以防一转身银行卡就被不法分子抽走了），然后拨打银行储蓄网点的电话，告知吞卡情况（不必告知密码）。

　　防范之三：假工作人员。不法分子采取手段让 ATM 机出现故障，然后扮成银行工作人员（着装与 ATM 机所属银行的工作人员一样），谎称维修 ATM 机，并帮助持卡人调试银行卡，但最终的结果还是不能取款。然后，不法分子会告诉你到别处取款。但经这一番"热心的服务"，不法分子已窃取了持卡人的卡号、密码等资料，然后用克隆仿制的银行卡在 ATM 机冒取存款，或是通过电子银行将持卡人的存款转走。

　　防范方法：在 ATM 机前不要轻信他人，更不能将自己的银行卡交给他人操作。ATM 机取不出钱时，宁愿多走几步路，更换别处取款，切不可在该 ATM 机前执着地试卡。

第 **4** 章

电子支付安全

知识要点

❖ 电子支付安全概念

❖ 电子支付面临的挑战

❖ 身份认证方法

❖ 数字证书和认证中心

❖ 密码体制分类和设计原则

❖ 传统密钥密码技术

❖ 生物特征身份认证

能力要点

❖ 掌握传统密钥密码技术

❖ 学会数字证书的申请方法

引例 4——电子支付安全案例分析

> 随着经济的发展，电子商务以其快捷、便利、通用等优点越来越受到社会的认可和信赖，电子支付作为电子商务的核心技术也在商业交易中得到广泛应用，但电子支付方式由于其对客户的分布式和开放性的特点，存在体系性的安全问题。

22 次消费及转账记录、借记卡和白金卡均未幸免，先后两次报案，2015 年 6 月，朱女士银行账户上近 11 万元在几天之内化为乌有，几经投诉之后，最终换得的仅仅是银行出具的一纸"网上银行不存在系统安全问题"的回复。

然而，还有比朱女士的遭遇更令人生气的。2015 年 8 月，一位支付宝用户的密码被盗，她的信用卡在一夜之间被人在网上连刷了 4 次，损失数千元。这位用户很快便拨打了银行热线，冻结了信用卡。信用卡中心在查卡后，告之钱还在支付宝中，未被取走。但几天之后，她还是眼睁睁地看着资金被人通过支付宝提了现……

实际上，这绝非个案。2014 年，单是上海市公安机关接到的关于银行卡的犯罪报案就达 625 起，涉及金额 1365 万元。而在北京、广东、江苏等经济发达地区，同类受害者数量达到上万人。在网上支付带给人们便利，并逐渐"飞进寻常百姓家"的同时，它的种种隐患同样暴露得十分彻底。

案例评析：

这是关于支付安全的，主要是密码安全。网银账户被盗，用户的理由不外乎"我的钱放在银行，银行就有责任保证它的安全"，而银行方面则认为："银行系统不存在问题，问题出在客户端。"谁都很无辜，但谁都不肯为消失的钱买单。这样一来会有更多的人，因为担心网上安全问题而不敢使用网上银行进行支付，最终受到最大影响的将是中国的电子商务的发展。安全隐患不仅存在网上，实体中也是个大问题。所以，出现安全隐患问题时，不应该互相推卸责任，而是找出原因解决问题。现在木马病毒盛行，窃取账号的技术越来越高明。从 Google 调研全球数以十亿计的网站中抽取的 450 个网页的分析测试中发现，至少有 45 万个页面中含有恶意脚本。在安全防范方面：银行要尽力改进系统，有效防止木马病毒的入侵；个人也要对密码的保密性进行设置，如设置一个带"数字+符号+字母"的密码，也就是说密码不能过于简单，当然难度高的同时也要求便于自己记忆。而且密码最好不要与手机号、身份证号相符，那样是很不安全的，很容易泄露出去。

4.1 电子支付安全概述

4.1.1 电子支付信息安全的重要性

1. 电子支付信息安全要素

电子支付信息安全要素有以下几个方面。

1）机密性

机密性是指确保信息不暴露给未授权的实体或进程。传统的贸易大多是通过书信或者可靠的通信渠道来发送商业文档的，虽然速度和效率都不高，但却能达到保密的目的。而电子支付是在开放的网络环境下进行的，因此要预防非法的信息存取和信息在传输过程中被非法窃取，保证电子支付信息的机密性就变得非常重要了。

2）完整性

完整性是指未经授权的人不能修改数据，只有得到允许的人才能修改数据，并且能够分辨出被篡改的数据。电子支付极大地简化了传统贸易过程，减少了许多人为的干预。由于数据录入时合法或非法的行为，可能导致贸易数据的差异；信息在传输的过程中也有可能造成信息的丢失、重复或次序的差异，因此要预防对信息的各种非法操作，保证数据在传送过程中的完整性。

3）认证性

网络环境是一个虚拟的环境，而电子支付就是在这个虚拟平台上进行的，贸易双方一般都不见面，需要一些技术和策略来进行身份确认。当个人或实体声称身份时，电子支付服务需要提供一种方式来进行身份认证。

4）有效性

在交易的过程中贸易双方需要确定很多信息，电子支付以电子形式取代了纸张来确认这些信息，保证信息的有效性是开展电子支付的前提，因此要对网络故障、硬件故障、系统软件错误及计算机病毒所产生的潜在威胁加以控制和预防，以保证贸易数据在确定的时刻和地点是有效的。

2. 我国电子支付安全的现状

1）基础技术相对薄弱

国外有关电子支付的安全技术，其结构或加密算法等都不错，但由于受到本国密码政策的限制，公开的算法对于他们来说几乎不能保密了，潜在安全隐患极大。比较遗憾的是，我国至今还没有自己研发成功的较为成熟的算法。

2）体系结构不完整

电子支付安全以前大都担当着"救火队"的角色，"头痛医头，脚痛医脚"。这种"治标不治本"的做法，问题总是层出不穷。近年来，人们已经开始着手从体系结构来解决问题，应当说在理论上已取得了明显进展，但到实践运用还需要更大的努力。

3）支持产品不过硬

目前，市场上有关电子支付安全的产品数量不少，但真正通过认证的相当少。主要是因为不少安全措施是从网上"移植"来的。另外，不少电子支付安全技术的厂商对网络技术很熟悉，但对安全技术普遍了解得不够，很难开发出真正实用的、足够的安全技术和产品。目前构成我国信息基础设施的网络、硬件、软件等产品几乎完全建立在以美国为首的少数几个发达国家的核心信息技术之上。

4）多种"威胁"纷杂交织、频频发生

电子支付面临的安全威胁主要来源于三个方面：一是非人为、自然力造成的数据丢失、设备失效、线路阻断；二是人为但属于操作人员无意的失误造成的数据丢失；三是来自外部和内部人员的恶意攻击和入侵。最后一种是当前电子支付所面临的最大威胁，极大地影响了电子支付的顺利发展，因此它是电子支付安全对策最需要解决的问题。

4.1.2 电子支付面临的挑战

由于 Internet 本身的开放性及目前网络技术发展的局限性，使电子支付面临着种种挑战，具体有以下几种。

1. 身份识别的挑战

在传统的交易中，交易的双方往往是面对面进行活动的，这样很容易确认对方的身份，即使开始不熟悉，不能确信对方，也可以通过对方的签名、印章、证书等一系列有形的身份凭证来鉴别身份。然而，在进行网上交易时，情况就大不一样了，因为网上交易的双方可能素昧平生，相隔千里，并且在整个交易过程中都可能不见一面。如果不采取任何专门的保护措施，要比传统的商务更容易引起假冒、诈骗等违法活动。因此，电子交易的首要安全需求就是要保证身份的可认证性。这就意味着在双方进行交易前，首先要能确认对方的身份，要求交易双方的身份不能被假冒或伪装。例如，新中国成立以来涉案金额最大的网络赌博案，在短短的 4 个月，投注赌博的累计金额达 52.5 亿元。

2. 技术安全的挑战

从技术角度分析，电子支付应具有机密性、完整性、可认证性和抗抵赖性。对这些特性的破坏更多的是从技术环节挑战电子支付的安全，包括：①信息窃取；②信息篡改；③信息假冒；④交易抵赖等。

3. 隐私权的挑战

信息技术的进步、因特网的发展和相应的全球信息流动量的增长，正为社会、企业和个人提供着明显的好处。它们包括：消费者更多的选择和便利；信息的全球性和可接入性；增加了竞争、速度和效率；政府管理信息的公开化，使公众感到政府办公效率的提高和政府形象的改善等。

然而，这些进步也在保护个人隐私方面提出了新的挑战。数据隐私，即个人信息的保护，是消费者、公司和政府部门日益关注的问题。电子合同交易记录涉及信息（数据）不被非法获悉和公开这一问题。消费者担心他们在电子合同交易中和使用的产品中会泄露有关他们财产、信用和消费的信息。而且，随着电子合同和网上银行使用得更加广泛，这种顾虑可能会日益增加。因此，为了从这种信息流动中获益，并同时对个人信息给予适当的保护，就需要一种平衡的办法。调查显示，对于不同的人来说，对隐私的需要和想法有明显的不同，因而得到的服务也不相同。

4. 电子签名的挑战

电子支付要求人们能够在线形成具有法律效力的契约。对于物理文件的手工签字通常认为对签字人有约束力。虽然签字可能被伪造，但是签字仍然提供了一个唯一的证据，能够由熟悉这个签字的人们所识别。在由 1 和 0 组成的世界中，图像能够很容易被复制。那么，签字的电子等效方法是什么呢？进一步讲，大多数国家没有法律承认电子方式的合同具有法律效力。

在因特网环境中，确定人的身份有时是困难的。例如，电子函件的地址信息不足以确定这些人是谁、他们在哪里。还有一个身份认证的问题，就是在给某人发送信息之前，发送人应能确定该地址是他打算将信息发给的那个人所有。反之，接收人所收到的信息确实是由声明已经将此信息发送的人发送的。

5. 电子支付的挑战

因特网的增长和浮现出的技术先进性正在创造全新的商业模式，消费者和商家可以很方便地从他们的家中和办公室里购买世界范围内的产品和服务。当消费者选择好他们希望购买的产品或服务时，就需要一种可接受、可确认的支付方法。

在物理世界中，有各种支付方式，如现金、支票、信用卡和借记卡可以使用。在线世界采纳了这些支付方法，但还存在一个更容易的方法实现资金的转移，这就是电子支付系统。

电子清算和支付系统在银行和其他金融服务机构已经投入使用，消费者也使用如旅行支票和磁条卡之类的储值支付方式很多年了。然而目前的系统还不能为从事电子支付的人提供充分的安全或选择，它面临着以下几个挑战。

（1）网上支付硬件设施落后；

（2）电子支付业务的支撑系统存在安全隐患；

（3）信用风险的恶性循环会危及银行业；

（4）技术规范和实施标准缺乏统一规划；

（5）缺乏相关法律法规；

（6）监管措施不完善会带来风险；

（7）诚信度太低和认知缺失；

（8）第三方支付平台的发展问题；

（9）国内计算机技术水平低，影响网络银行的进程；

（10）观念和习惯问题。

6．税收的挑战

货物和服务的税收是政府为了公共事业筹集资金的一种必要的功能。电子支付不对这种资金来源造成威胁，而是支持和加强它。随着越来越多的交易是通过网络实现的，对于估税和收税方法需要做些调整，使电子支付中买卖双方能够在明确的税收法律条文下纳税。

B2B 交易代表了今天最多的电子支付交易额。因为，不论哪里的企业都需要存有繁杂的账务记录，向电子方式转移将改善税金的收集效率和查账能力。随着消费者逐渐使用电子支付，税收系统要适应于动态的交易。

这时需要新的税收方法，但更重要的是制定新的税收法的出发点是什么。对是否把电子交易和网络服务作为增税或特殊税的目标，采取这样的行动是否会阻碍电子支付的发展，约束电子支付产生的、更大潜在收益的增长等问题必须要有深入的研究。

7．知识产权的挑战

近年来，随着搜索引擎、P2P 技术、博客与播客等新技术的发展，网络技术不断出现一些新的情况和问题。这些新技术在给网民带来便捷的同时，也给网络知识产权保护提出了"新课题"。然而，电子支付网是一个媒体，允许信息被完整地、便宜地复制无数次，并且广泛传播，除非在数字环境中有明确的知识产权保护法，人们将不会去创新、发明和网上交流，技术进步将受到阻碍。此外，因特网上的内容在世界各地都能得到，许多国家在知识产权方面的立法没有完善，不仅内容所有者面临非法翻印问题，他们还要防止商标被欺诈盗用。因此，为了知识产权在电子支付系统中得到实施，强有力的法律和国际间的合作是永久的解决办法。世界各国政府应当就内容所有者的权利达成普遍共识。

8．信息基础设施的挑战

电子支付要求消费者具有快速、可靠地接入因特网的多功能信息设备，如计算机、个人数字助理、蜂窝电话和机顶盒。电子支付给消费者带来的好处是信息可以比传统方式更有效地处理、分析、存储和通信。技术进步使设备处理信息速度更快，成本下降。目前，电信市场正在进一步形成竞争环境，但是在用户接入速率方面改进不大，对许多电信用户来说，并没有可提供的高速因特网接入服务。

4.1.3　电子支付面临的安全威胁

1．病毒的安全威胁

病毒是由一些不正直的程序员所编写的计算机程序，它采用了独特的设计，可以在受到某个事件触发时复制自身，并感染计算机。如果病毒可以通过某个外界来源进入网络，则网络也会感染病毒。

2．恶意破坏程序的安全威胁

恶意破坏程序是指会导致计算机或网站不同程度破坏的软件应用或者 Java 小程序。

3．攻击的安全威胁

目前已经出现了各种类型的网络攻击，它们通常被分为三类：探测式攻击、访问攻击和拒绝服务（DOS）攻击。

（1）探测式攻击实际上是信息采集活动，黑客通过这种攻击搜集网络数据，用于以后进一步进行攻击。

（2）访问攻击用于发现身份认证服务、文件传输协议（FTP）功能等网络领域的漏洞，以访问电子邮件账号、数据库和其他保密信息。

（3）DOS 攻击可以阻止用户对于部分或者全部计算机系统的访问。

4．数据阻截的安全威胁

通过任何类型的网络进行数据传输都可能会被未经授权的一方截取。犯罪分子可以利用不同的方法来阻截数据，可能会窃听通信信息，甚至更改传输的数据分组。

5．数据库的安全威胁

根据国内相关调查显示，国内的网站用 ASP+Access 或 SQLServer 的占 70%以上，PHP+MySQL 占 20%，其他的不足 10%。而数据库是一个电子支付网站的核心，因此数据库的安全威胁也成为电子支付网站安全的首要问题。

1）数据库位置和名称安全

以往许多网站设计人员会把数据库放在 Data 或 Database 等目录下，对数据库的文件名也通常采用 Data、Mydata、Database、DataShq0 等。这种做法很容易被非法用户猜解到并下载，从而使电子支付网站的所有数据具有被窃取的威胁。

2）数据库结构安全威胁

（1）数据表命名的安全威胁问题。为了安全需要，不要直接用类似 Admin、User、Product 等作为表名，可以使用 XX—Admin—XX 等形式，用字母和数字组合作为表名的前后缀，以防止 SQL 注入时被猜解出表名。

（2）数据字段命名的安全威胁问题。同样，在数据字段命名时，也不要直接用 Admin、UserName、用户名、密码 Password、Pwd、UserPwd 等作为敏感字段名，可以采用一些难以猜解的字母和数字组合来作为字段名以加强数据的安全性。

（3）数据库权限的安全威胁问题。尽量不要把数据库密码留空或使用 8 位以下的数据作为数据库密码，合理使用 10 位以上的数据库密码会进一步加强数据库的安全。

（4）数据库连接字串的安全威胁问题。这类安全问题主要是两个方面：一是在数据库连接字串中不直接出现明文密码，采用对称加密密码可以提高数据库的安全；二是数据连接文件不要用常见的 Conn、DbConn 作为文件名，避免使用.inc、.asa、.txt 作为扩展名，同时也不要把文件放在类似 Inc、Data、Conn 等目录下，以防数据库链接被非法下载。

4.1.4　电子支付安全控制要求

电子支付发展的核心和关键问题是交易的安全性。由于 Internet 本身的开放性，使网上交易面临了种种危险，也由此提出了相应的安全控制要求。

1．信息保密性

交易中的商务信息均有保密的要求。例如，信用卡的账号和用户名被人知悉，就可能被盗用；订货和付款的信息被竞争对手获悉，就可能丧失商机。因此，在电子支付的信息传播中一般均有加密的要求。

2．交易者身份的确定性

网上交易的双方很可能素昧平生，相隔千里。要使交易成功，首先要能确认对方的身份，对商家要考虑客户端不能是骗子，而客户也会担心网上的商店不是一个玩弄欺诈的黑店。因此，能方便、可靠地确认对方身份是交易的前提。

3．不可否认性

由于商情的千变万化，交易一旦达成是不能被否认的，否则必然会损害一方的利益。例如，订购黄金，订货时金价较低，但收到订单后金价上涨了，如果供货方能滞认收到订单的实际时间，甚至否认收到订单的事实，则订货方就会蒙受损失。因此，电子交易通信过程的各个环节都必须是不可否认的。

4．不可修改性

交易的文件是不能被修改的，例如，上面所举的订购黄金的例子。供货方在收到订单后，发现金价大幅上涨了，若其能改动文件内容，将订购数 1 吨改为 1 克，则可大幅受益，那么订货方可能就会因此而蒙受损失。因此，电子交易文件也要能做到不可修改，以保障交易的严肃和公正。

电子支付的安全问题并不是仅靠技术就能解决的，这是一个涉及范围极其广泛的社会问题，需要各个方面的协调和配合。

4.2 身份认证与数字证书

4.2.1 身份认证概述

1. 身份认证含义

在因特网上，为了电子支付的网络安全，需要以合法的身份进入和访问用户所需进入的场所。例如，我们进入电影院看电影要出示电影票，进入机场坐飞机要出示身份证和飞机票。为了知道用户是否合法，需要对用户进行鉴别和认证，常用的方法是通过提供用户名称或者用户标识 ID，通常可能有多种形式：用户姓名、序列号码、用户账号、用户密码等。

所谓身份认证就是计算机系统的用户在进入计算机系统时，系统确认该用户的身份是否真实、合法和唯一，一般可以分成以下几种。

1）消息认证

消息认证主要用于保证信息的完整性和抗否认性。在很多情况下，用户要确认网上信息是不是假的，信息是否被第三方修改或伪造，这些都需要消息认证。

2）身份认证

身份认证主要为了确保用户身份的真实、合法和唯一。这样，就可以防止非法人员进入系统，防止非法人员通过违法操作获取不正当利益、访问受控信息、恶意破坏系统数据的完整性。同时，在一些需要具有较高安全性的系统中，通过用户身份的唯一性，系统可以自动记录用户所做的操作，进行有效的稽核。

一个系统身份认证的方案，必须根据各种系统的不同平台和不同安全性的要求来进行设计。例如，有些公用信息查询系统可能不需要身份认证，而有些金融系统则需要很高的安全性。同时，身份认证要尽量方便、可靠，并尽可能地降低成本。在此基础上，还要考虑系统扩展的需要。

2. 身份认证的作用

身份认证是安全系统中的第一道关卡，如图 4-1 所示。用户在访问安全系统之前，首先经过身份认证系统进行身份识别，然后访问控制器，根据用户的身份和授权数据库决定用户能否对某个资源进行访问，授权数据库由安全管理员按照需要进行配置。审计系统根据审计设置，记录用户的请求和行为，同时入侵检测系统检测是否有入侵行为。

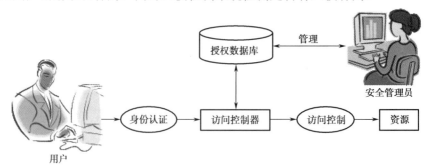

图 4-1　身份认证在安全系统中的作用

访问控制和审计系统都要依赖于身份认证系统提供的信息，即用户的身份。可见，身份认证在安全系统中的地位是极为重要的，是最基本的安全服务，其他的安全服务都依赖于它，一旦身份认证系统被攻破，那么系统的所有安全措施将会受到严峻的挑战。

3．身份认证中的几个重要术语

（1）识别：明确并区分访问者的身份。

（2）验证：对访问者声称的身份进行确认的基本方法。

（3）认证：在进行任何操作之前必须通过有效的方法来识别操作者的真实身份身份。认证又称为鉴别、确认。

（4）授权：授权是指当用户身份被确认合法后，赋予该用户操作文件和数据等的权限。赋予的权限包括读、写、执行及从属权等。

（5）审计：每一个人都应该为自己所做的操作负责，所以在事情完成后都应该有记录，以便检查责任。

4．用户访问资源的过程

用户访问资源的过程如图 4-2 所示。

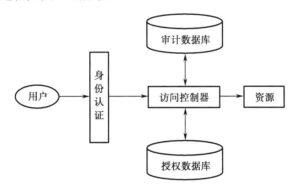

图 4-2　用户访问资源的过程

在日常生活中，人们的身份主要是通过各种证件来确认的，如身份证、教师资格证、记者证、军官证、户口簿等。在计算机网络系统中，各种资源，如文件、数据等也要求有一定的保证机制来确保其被应该使用的人使用。身份认证通常是许多应用系统中安全保护的第一道防线，它的失败可能导致整个系统的失败。

4.2.2　身份认证方法

1．基于秘密信息的身份认证方法

1）密码核对

密码核对是指每一个合法用户都有系统给的一个用户名或密码。用户进入时，系统要求输入用户名、密码，如果正确，则该用户的身份得到了验证。

这种方法的优点是简单、方便。缺点是用户设置的密码一般较短且容易猜测，容易受到

密码猜测攻击；密码的明文传输使得攻击者可以通过窃听通信信道等手段获得用户密码；加密密码还存在加密密钥的交换问题。

2）单向认证

单向认证是指通信的双方只要一方被另一方鉴别。单向认证的基本原理是：当用户需要访问系统资源时，系统提示用户输入用户名和密码。系统采用加密方式或明文方式将用户名和密码传送到认证中心，并和认证中心保存的用户信息进行比对。如果验证通过，则系统允许该用户进行随后的访问操作，否则拒绝用户进一步的访问操作。

单向认证一般用于早期的计算机系统，目前在一些比较简单的系统或安全性要求不高的系统中也有应用，如 PC 的开机密码、UNIX 系统中用户的登录、Windows 用户的登录、电话银行查询系统的账户密码等。现在的许多计算机系统是由以前的计算机系统发展而来的，沿用了原有的身份认证方法，所以，现在的系统大多数还是采用的单向认证方法。

这种方法存在着诸多的不安全因素。静态密码是用户和机器之间共同知晓的一种信息，而其他人不知道，若用户知道这个密码，则说明该用户是机器所认为的那个人。在大多数情况下，网络或系统登录控制通常使用的密码是静态的，也就是说在一定时间内是固定不变的，而且可重复使用。这样就有安全隐患了，因为，若他人知道用户的密码，则可冒用用户的身份登录系统或网络，进行非法操作，给真实用户的利益造成损害。如今，人们同密码打交道越来越多，银行账户、股票账户、信用卡、拨号上网、网上购物等无不需要输入密码。为了好记，很多人采用有规律性的数字组合，如生日、身份证号码、门牌号、电话号码等，有的为了省事，甚至一个密码一用到底。这样确实方便，但也带来了不安全因素，给不法之徒留下了便利。

3）双向认证

双向认证是指在单向认证基础上结合第二个物理认证因素，以使认证的确定性按指数递增。在此所讲的物理认证因素包括磁卡、条码卡、Memory IC 卡、指纹等。当然，双向认证也同样符合单向认证方法的特征，即用户登录系统、验证身份过程中，送入系统的验证数据是固定不变的。双向认证的基本原理如下。

（1）用户在业务终端上登录时输入 ID 和密码。

（2）业务终端通过专用设备，如磁条读写器、条码阅读器、IC 读写器、指纹仪等设备将第二个物理认证因素中的数据读入。

（3）业务终端将所有数据打包（加密）后，送到中心主机进行验证。

（4）中心主机系统将登录数据包解包（脱密）后，进行安全认证。

（5）业务终端接收中心主机返回的认证结果，并根据结果进行下一步操作。

双向认证是对单向认证的一个改进，因为有了第二个物理认证因素，使得认证的确定性得到指数递增。所以，目前很多银行的计算机业务处理系统中，柜员的身份认证大多采用双向认证，每个柜员都有一张柜员磁卡或柜员 IC 卡。双向认证是目前安全性要求较高的系统中用得最多的一种身份认证方法。

4）身份的零知识证明

通常的身份认证都要求传输密码或身份信息，但如果能够不传输这些信息也能使身份得到认证就好了。零知识证明就是这样一种技术。

例如，A 要向 B 证明自己拥有某个房间的钥匙，假设该房间只能用钥匙打开锁，而其他任何方法都打不开。这时有两个方法，第一个方法是 A 把钥匙出示给 B，B 用这把钥匙打开该房间的锁。第二个方法是 B 确定该房间内有某一物体，A 用自己拥有的钥匙打开该房间的门，然后把物体拿出来出示给 B，从而证明自己确定拥有该房间的钥匙。第二个方法就是零知识证明。好处在于在整个证明过程中，B 始终没有看到钥匙的样子，从而避免了钥匙的泄露。

2. 基于物理安全的身份认证方法

1）基于生物学的方案

基于生物学的方案包括个人特征的指纹、掌纹、面孔、声音、视网膜血管图、虹膜、基因、手写签名等。基于生物学的方案是指通过自动化技术利用人体的生理特征或行为特征进行身份鉴定。目前利用生理特征进行生物识别的方法主要有指纹、掌纹、面孔、视网膜血管图、虹膜、基因等，利用行为特征进行识别的方法主要有声音识别、手写签名、字迹识别等。

2）基于个人拥有物的身份识别

基于个人拥有物的身份识别包括身份证、护照、教师证、军官证、驾驶证、图章、IC 卡或其他有效证件。身份证是目前我国应用最广泛的身份识别证件，每个人唯一对应一个数字。当然，其他的证件也在不同行业和部门起着身份识别的作用。

3. 基于 IC 卡的身份认证方法

IC 卡是一种内置集成电路的卡片，卡片中存有与用户身份相关的数据，IC 卡由专门的厂商通过专门的设备生产，可以认为是不可复制的硬件。IC 卡由合法用户随身携带，登录时必须将 IC 卡插入专用的读卡器读取其中的信息，以验证用户的身份。

IC 卡认证是基于 "what you have" 的手段，通过 IC 卡硬件不可复制来保证用户身份不被仿冒。然而由于每次从 IC 卡中读取的数据是静态的，通过内存扫描或网络监听等技术很容易截取到用户的身份验证信息，因此静态验证的方式还是存在安全隐患。

4. 基于 USB Key 的身份认证方法

基于 USB Key 的身份认证方法是近几年发展起来的一种方便、安全、经济的身份认证技术，它采用软、硬件相结合、一次一密的强双因子认证模式，很好地解决了安全性与易用性之间的矛盾。USB Key 是一种 USB 接口的硬件设备，它内置单片机或智能卡芯片，可以存储用户的密钥或数字证书，利用 USB Key 内置的密码学算法实现对用户身份的认证。基于 USB Key 的身份认证系统主要有两种应用模式：一是基于冲击/相应的认证模式；二是基于 PKI 体系的认证模式。

由于 USB Key 具有安全可靠、便于携带、使用方便、成本低廉的优点，加上 PKI 体系完善的数据保护机制，因此使用 USB Key 存储数字证书的认证方法已经成为目前及未来最具

有前景的主要认证模式。

5．基于动态密码技术的身份认证方法

动态密码技术是一种让用户的密码按照时间或使用次数不断动态变化，每个密码只使用一次的技术。动态密码器是客户手持用来生成动态密码的终端，主流的是基于时间同步方式的，每60秒变换一次动态密码，密码一次有效，它产生6位动态数字进行一次一密的认证。用户使用时只需要将动态密码器上显示的数据输入客户端计算机，即可实现身份的确认。

由于每次使用的密码必须由动态密码器产生，只有合法用户才持有该硬件，所以只要密码验证通过就可以认为该用户的身份是可靠的。而用户每次使用的密码都不相同，即使黑客截获了一次密码，也无法利用这个密码来仿冒合法用户的身份。

4.2.3 数字证书

1．数字证书概念

电子支付涉及加密、解密，而加密和解密必然用到密钥。从密钥管理工作来说，怎样将用户的密钥安全地分发到用户端，系统可处理多少密钥，用户是否需要了解密钥管理，密钥丢失后怎么办，密钥失效后怎么办等问题很自然就被提出来了。密钥管理对策是采用数字证书。那么，什么是数字证书呢？

数字证书是由权威机构——CA证书授权（Certificate Authority）中心发行的，能提供在Internet上进行身份验证的一种权威性电子文档，人们可以在Internet上用它来证明自己的身份和识别对方的身份。

网络电子商务系统技术使在网上购物的消费者能够方便、轻松地获得商家和企业的信息，但同时也增加了对某些敏感或有价值的数据被滥用的风险。为了保证网上电子交易及支付的安全性、保密性等，防范交易及支付过程中的欺诈行为，必须在网上建立一种信任机制。这就要求参加电子商务的买方和卖方都必须拥有合法的身份，并且在网上能够有效无误地被验证。

数字证书是一种权威性的电子文档。它提供了一种在Internet上验证身份的方式，其作用类似于司机的驾驶执照或日常生活中的身份证。当然，在数字证书认证的过程中，证书认证中心（CA）作为权威的、公正的、可信赖的第三方，其作用是至关重要的。国家工业和信息化部以资质合规的方式，陆续向天威诚信数字认证中心等30家相关机构颁发了从业资质。

2．数字证书颁发过程

数字证书颁发过程如图4-3所示。

一般情况下，用户首先产生自己的密钥对，并将公共密钥及部分个人身份信息传送给认证中心。认证中心在核实身份后，将执行一些必要的步骤，以确信请求确实由用户发送而来。然后，认证中心将发给用户一个数字证书，该证书内包含用户的个人信息和公钥信息，同时还附有认证中心的签名信息。这样用户就可以使用自己的数字证书进行相关的各种活动了。数字证书由独立的证书发行机构发布。数字证书各不相同，每种证书可提供不同级别的可信度。用户可以从证书发行机构获得自己的数字证书。

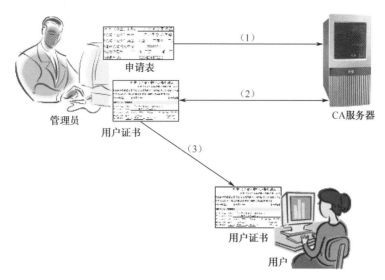

图 4-3　数字证书颁发过程

数字证书必须具有唯一性和可靠性。为了达到这一目的，需要采用很多技术来实现。通常，数字证书采用公钥体制，即利用一对互相匹配的密钥进行加密、解密。每个用户自己设定一把特定的仅为本人所有的私有密钥（私钥），用它进行解密和签名；同时设定一把公共密钥（公钥），由本人公开，为一组用户所共享，用于加密和验证签名。当发送一份保密文件时，发送方使用接收方的公钥对数据加密，而接收方则使用自己的私钥解密，这样信息就可以安全无误地到达目的地了。通过数字的手段保证加密过程是一个不可逆过程，即只有用私钥才能解密。公开密钥技术解决了密钥发布的管理问题，用户可以公开其公钥，而保留其私钥。

3．基于应用的数字证书类型

从数字证书的应用角度进行分类，数字证书可以分为以下几种。

1）个人身份证书

个人身份证书中包含个人身份信息和个人的公钥，用于标识证书持有人的个人身份。数字安全证书和对应的私钥存储于 E-key 中，用于个人在网上进行合同签订、订单、录入审核、操作权限、支付信息等活动中标明身份。

2）企业或机构身份证书

企业或机构身份证书中包含企业信息和企业的公钥，用于标识证书持有企业的身份。数字安全证书和对应的私钥存储于 E-key 或 IC 卡中，用于企业在电子商务方面的对外活动，如合同签订、网上证券交易、交易支付信息等方面。

3）支付网关证书

支付网关证书是证书签发中心针对支付网关签发的数字证书，是支付网关实现数据加、解密的主要工具，用于数字签名和信息加密。支付网关证书仅用于支付网关提供的服务

（Internet 上各种安全协议与银行现有网络数据格式的转换）。

支付网关证书只能在有效状态下使用。支付网关证书不可被申请者转让。

4）服务器证书

服务器证书安装于服务器设备上，用来证明服务器的身份和进行通信加密。服务器证书可以用来防止假冒站点。

在服务器上安装服务器证书后，客户端浏览器可以与服务器证书建立 SSL 连接，在 SSL 连接上传输的任何数据都会被加密。同时，浏览器会自动验证服务器证书是否有效，验证所访问的站点是否是假冒站点，服务器证书保护的站点多被用来进行密码登录、订单处理、网上银行交易等。全球知名的服务器证书品牌有 VeriSign、Thawte、GeoTrust 等。

超真 SSL 和超快 SSL 的主要区别在于：超快 SSL 只验证域名所有权，证书中不显示单位名称；而超真 SSL 需要验证域名所有权、营业执照和第三方数据库验证，证书中显示单位名称。二者在颁发时间上的区别不大。

5）电子邮件证书

电子邮件证书可以用来证明电子邮件发件人的真实性。它并不证明数字证书上面 CN 一项所标识的证书所有者姓名的真实性，它只证明邮件地址的真实性。

收到具有有效电子签名的电子邮件，除了能相信邮件确实由指定邮箱发出外，还可以确信该邮件从发出后没有被篡改过。

另外，使用接收的邮件证书，还可以向接收方发送加密邮件。该加密邮件可以在非安全网络传输，只有接收方的持有者才能打开该邮件。

6）企业或机构代码签名证书

代码签名证书是 CA 中心签发给软件提供商的数字证书，包含软件提供商的身份信息、公钥及 CA 的签名。软件提供商使用代码签名证书对软件进行签名后放到 Internet 上，当用户在 Internet 上下载该软件时，将会得到提示，从而可以确信软件的来源，以及软件自签名后到下载前没有遭到修改或破坏。

代码签名证书可以对.cab、.ocx、.class 等程序和文件进行签名。

4. 基于技术的数字证书类型

从数字证书的技术角度进行分类，数字证书可以分为以下几种。

1）SSL 证书

Secure Sockets Layer（SSL）协议最初由 Netscape 发展，现已成为网络上用来鉴别网站和网页浏览者身份，以及在浏览器使用者及网页服务器之间进行加密通信的全球化标准。由于 SSL 技术已建立到所有主要的浏览器和 Web 服务器程序中，因此仅需安装数字证书或服务器证书就可以激活服务器功能了。

2）SET 证书

Secure Electronic Transaction（SET）协议是由 VISA 和 MasterCard 两大信用卡公司于 1997

年 5 月联合推出的规范。SET 主要是为了解决用户、商家和银行之间通过信用卡支付的交易而设计的，以保证支付信息的机密、支付过程的完整、商户及持卡人的合法身份，以及可操作性。SET 中的核心技术主要有公匙加密、电子数字签名、电子信封、电子安全证书等。

SET 协议比 SSL 协议复杂，因为前者不仅加密两个端点间的单个会话，还可以加密和认定三方间的多个信息。

4.2.4　证书授权中心 CA

1.　CA 中心概述

数字证书由谁来签发？谁的数字证书可以信任？网上交易，互不见面，如何信任对方？没有打过交道，网上又看不见，大家谈不上互相信任，怎么办？这些问题可以通过邀请权威可信的第三方来解决，由第三方介绍交易双方互相认识。因此，证书授权中心和证书认证中心由此而诞生。

CA 机构，又称为证书授权（Certificate Authority）中心，作为电子商务交易中受信任的第三方，承担公钥体系中公钥的合法性检验的责任。CA 中心为每个使用公钥的用户发放一个数字证书，数字证书的作用是证明证书中列出的用户合法拥有证书中列出的公钥。CA 中心的数字签名使得攻击者不能伪造和篡改证书。它负责产生、分配并管理所有参与网上交易的个体所需的数字证书，因此是安全电子交易的核心环节。

为保证用户之间在网上传递信息的安全性、真实性、可靠性、完整性和不可抵赖性，不仅需要对用户身份的真实性进行验证，也需要有一个具有权威性、公正性、唯一性的机构负责向电子商务的各个主体颁发并管理符合国内、国际安全电子交易协议标准的电子商务安全证书。

2. CA 中心的功能

CA 中心主要有以下几种功能。

1）证书的颁发

CA 中心接收、验证用户（包括下级认证中心和最终用户）的数字证书的申请，将申请的内容进行备案，并根据申请的内容确定是否受理。如果 CA 中心接受该数字证书的申请，则进一步确定给用户颁发何种类型的证书。新证书用 CA 中心的私钥签名以后，发送到目录服务器供用户下载和查询。为了保证消息的完整性，返回给用户的所有应答信息都要使用 CA 中心的签名。

2）证书的更新

CA 中心可以定期更新所有用户的证书，包括个人身份认证证书，或者根据用户的请求来更新用户的证书。

3）证书的查询

证书的查询可以分为两类，其一是证书申请的查询，CA 中心根据用户的查询请求返回当前用户证书申请的处理过程；其二是用户证书的查询，这类查询由目录服务器来完成，目

录服务器根据用户的请求返回适当的证书。

4）证书的作废

当用户的私钥由于泄密等原因造成用户证书需要申请作废时，用户需要向 CA 中心提出证书作废请求，CA 中心根据用户的请求确定是否将该证书作废。

另外一种证书作废的情况是证书已经过了有效期，CA 中心自动将该证书作废。CA 中心通过维护证书作废列表（Certificate Revocation List，CRL）来完成上述功能。

5）证书的归档

证书具有一定的有效期，证书过了有效期之后将作废，但是不能将作废的证书简单地丢弃，因为有时可能需要验证以前的某个交易过程中产生的数字签名，这时就需要查询作废的证书。基于此类考虑，CA 中心还应当具备管理作废证书和作废私钥的功能。

3．数字证书中包含的内容

一个标准的 X.509 数字证书包含以下一些内容。

（1）证书的版本信息；

（2）证书的序列号，每个证书都有一个唯一的证书序列号；

（3）证书所使用的签名算法；

（4）证书的发行机构名称，命名规则一般采用 X.500 格式；

（5）证书的有效期，现在通用的证书一般采用 UTC 时间格式，它的计时范围为 1950～2049；

（6）证书所有人的名称，命名规则一般采用 X.500 格式；

（7）证书所有人的公钥；

（8）证书发行者对证书的签名。

4．数字证书的应用

1）信息安全传输

在各类应用系统中，无论是哪类网络，其网络协议均具有标准、开放、公开的特征，各类信息在标准协议下均为明文传输，泄密隐患很严重。因此，重要的敏感数据、隐私数据等信息的远程传输需要通过可靠的通信渠道，采取加密方式，达到保守机密的目的。

同时，由于各应用信息在网上交互传输过程中，不仅面临数据丢失、数据重复或数据传送的自身错误，而且会遭遇信息攻击或欺诈行为，导致最终信息收发的差异性。因此，在信息传输过程中，还需要确保发送和接收信息内容的一致性，保证信息接收结果的完整性。

应用数字证书技术保护信息传输的安全性，通常采用数字信封技术完成。通过数字信封技术，信息发送方可以指定信息接收方，并且在信息传输的过程保持机密性和完整性。

2）安全电子邮件

电子邮件是网络中最常见的应用之一。普通电子邮件基于明文协议，没有认证措施，因此非常容易被伪造，并被泄密。对于重要的电子邮件，应具有高安全保护措施，因此基于数字证书技术来实现安全邮件在实际中具有巨大需求。

应用数字证书技术提供电子邮件的安全保护，通常采用数字签名和数字信封技术。数字签名保证邮件不会被伪造，具有发送方数字签名的邮件是可信的，并且发送方的行为不可抵赖。数字信封技术可以保证只有发送方指定的接收方才能阅读邮件信息，保证邮件的机密性。

3）安全终端保护

随着计算机在电子政务、电子商务中的广泛使用，保护用户终端及其数据越来越重要。为了保证终端上敏感的信息免遭泄露、窃取、更改或破坏，一方面可基于数字证书技术实现系统登录；另一方面对重要信息进行动态加密，保护计算机系统及重要文件不被非法窃取、非法浏览。

在电子政务、电子商务中应用数字证书技术实现安全登录和信息加密，采用了数字证书的身份认证功能和数字信封功能。应用系统通过对用户数字证书的验证，可以拒绝非授权用户的访问，保证授权用户的安全使用。用户通过使用数字信封技术，对存放在业务终端上的敏感信息加密保存，保证只有具有指定证书的用户才能访问数据，保证了信息的机密性和完整性。

4）可信电子印迹

电子印迹是指电子形式的图章印记和手写笔迹。

在政府机关信息化建设中，电子公文受到广泛使用。通过电子公文来实现单位内部及单位之间流转传达各种文件，实现无纸化的公文传递、发布，可以有效提高行政办公效率。在电子商务应用中，电子合同等电子文书同样受到广泛使用。为更好地体现这些电子文档作为正式公文的权威性和严肃性，它们常常需要"加盖"电子形式的图章印记或显现电子形式的手写签名笔迹，从形式上符合传统习惯。当接收方对电子文件进行阅读和审批时，就需要确认电子文件及上面的公章图片的真实性、可靠性，防止电子印迹被冒用，造成严重事故。

应用数字证书可以提供可信电子印迹，通常是采用数字签名技术完成的。通过数字签名，可以将签名人的身份信息不可抵赖地集成在电子印迹中，从而保证了电子印迹的权威性和可靠性。

5）可信网站服务

假冒网站服务是网上常见的攻击行为，恶意假冒网站服务所带来的威胁非常严重，不仅会造成网络欺诈，带来纠纷，还会导致虚假信息发布，影响网站信誉，产生恶劣的后果。

应用数字证书技术可以提供可信网站服务，采用数字证书的身份认证功能，网站用户可以通过对网站的数字证书进行验证，从而避免遭受假冒网站服务的欺骗。

6）代码签名保护

网络因其便利而推广，也因其便利带来一些不利的影响。电子政务、电子商务的用户通过使用网络共享软件方便工作，网站通过控件等技术手段为用户带来便捷，但这些软件、控件等的安全性如何保障？软件的提供商是软件的责任单位，但是网络中可能存在的假冒行为为软件的使用带来安全隐患。

数字证书的一项重要应用就是代码签名，通过使用数字签名技术，软件的使用者可以验证供应者的身份，防止假冒软件带来的安全风险。

7）授权身份管理

授权管理系统是信息安全系统中重要的基础设施，它向应用系统提供对实体（用户、程序等）的授权服务管理，提供实体身份到应用权限的映射，提供与实际应用处理模式相应的、与具体应用系统开发和管理无关的授权和访问控制机制，简化具体应用系统的开发与维护。

授权管理的基础是身份鉴别，只有通过数字证书技术，有效地完成对系统用户的身份鉴别后才能正确授权，达到安全保护的最终目的。数字证书技术是授权管理系统的基础，授权管理系统的身份管理依赖于数字证书的身份认证技术。

8）行为责任认定

在各个业务系统中的行为，需要通过身份确认、行为审计等手段，在发生意外事故，甚至是蓄意破坏时能够有效地明确责任所在。

通过使用数字证书的身份认证和数字签名技术，可以在日常操作时正确、有效地认证执行者的身份，并在业务系统中使用数字签名对行为日志等签名进行保存，以供取证时使用。通过使用数字证书的相关技术，各项业务操作的行为审计和责任认定可以得到有效保障。

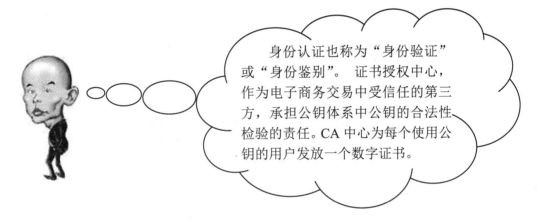

身份认证也称为"身份验证"或"身份鉴别"。 证书授权中心，作为电子商务交易中受信任的第三方，承担公钥体系中公钥的合法性检验的责任。CA 中心为每个使用公钥的用户发放一个数字证书。

4.3 电子支付密码技术

4.3.1 密码学概述

1. 古典密码学

最早的秘密书写可以追溯到公元前 5 世纪，著名的历史学家 Herodotus 记录了希腊与波斯帝国之间的战争，根据他的记载，这是秘密书写第一次登上历史舞台，并拯救了希腊，使其免于万王之王泽克西斯统治下的波斯的侵略。

当泽克西斯当上波斯帝国的国王后，两国的冲突开始加剧，当时波斯正在建造自己的新首都——波斯波利斯泽，周边国家纷纷纳贡，只有雅典和斯巴达例外，于是泽克西斯这样说道，"我们应将波斯帝国的疆域扩展到和神拥有的天空一样广阔，这样我们的领地里就不会有太阳照耀不到的地方"。他花了 5 年的时间秘密地组建了一支部队，公元前 480 年所有的部队组建完毕，泽克西斯正要发起一场奇袭。

然而，波斯的这一军事行动却被一名放逐到波斯的希腊人目睹了，他决定将这一秘密信息传递到斯巴达。为了避免他的秘密被发现，他把泽克西斯的行动雕刻在一块木板的反面，然后在上面涂上一层平整的腊。这块木板成功地骗过了波斯卫兵的检查传递到了斯巴达。

上述方法通过简单的隐藏信息达到了秘密通信的目的。Demaratus 还记录当时另外一种秘密通信的方式：把信使的头发剃光，将信息写在信使的头上。等信使的头发再次长出来后，信息自然就被覆盖了。

2. 密码学概念

"天王盖地虎，宝塔镇河妖……"大家一定在电影里看过对暗号的场面。其实，这种暗号是一种最朴素的密码。只不过这种密码过于简单，经不起密码学家的分析，非常容易破译。将密码当成一种科学来研究，就产生了密码学。

密码学是研究编制密码和破译密码的技术科学。研究密码变化的客观规律，应用于编制密码以保守通信秘密的，称为编码学；应用于破译密码以获取通信情报的，称为破译学，总称密码学。

密码是通信双方按约定的法则进行信息特殊变换的一种重要保密手段。依照这些法则，变明文为密文，称为加密变换；变密文为明文，称为脱密变换。密码在早期仅对文字或数码进行加、脱密变换，随着通信技术的发展，对语音、图像、数据等都可实施加、脱密变换。

密码学是在编码与破译的斗争实践中逐步发展起来的，并随着先进科学技术的应用，已成为一门综合性的尖端技术科学。它与语言学、数学、电子学、声学、信息论、计算机科学等有着广泛而密切的联系。它的现实研究成果，特别是各国政府现在使用的密码编制及破译手段都具有高度的机密性。

进行明密变换的法则，称为密码的体制。指示这种变换的参数，称为密钥。它们是密码编制的重要组成部分。

3. 密码体制构成

在密码学中，密码系统是指为实现信息隐藏所采用的基本工作方式，也可称为密码体制。密码系统主要包括以下几个基本要素。

（1）明文。明文是指需要秘密传送的信息，也即原始信息。例如，要传送的原始信息是"Hello World"。

（2）密文。密文是指明文经过密码变换后的信息。例如，经过某种加密机制，上述的"Hello World"信息变为"jgnnq yqtnf"，则"jgnnq yqtnf"就是密文信息。

（3）加密算法。加密算法是指通过一系列的变换、替代或其他各种方式将明文转化为密文的方法。

（4）解密算法。解密算法与加密算法相反，是加密算法相反的过程，是指通过一系列的变换、替代或其他手段将密文恢复为明文的方法。例如，"Hello World"信息隐藏为"jgnnq yqtnf"信息的过程就是由加密算法完成的；解密算法则完成由"jgnnq yqtnf"信息恢复为"Hello World"的过程。

加密算法与解密算法一般都是公开的，那么如何才能让隐藏的信息能够恢复并且只能让

那些授权的用户才能恢复呢？在这里需要知道密钥。

（5）密钥，密钥就是开启密文的钥匙。密钥的功能与保险箱中的钥匙一样，只有拥有密钥或者知道密钥信息的人才能从密文中恢复明文的信息。如果攻击者像窃取保险箱的小偷那样窃取了密钥，那么也能够获得明文的信息，因此，密钥是密码系统的一个关键要素，其安全性关系着整个密码系统的安全。例如，上述明文转变为密文时，用的一种方法就是将明文中的每一个字母往后移一位变成密文，这个字母往后移一位的信息就是"密钥"，当你拿到这个密钥时，就可以将任何一组密文转换成明文了。

4.3.2 密码体制分类

1. 处理方法分类

1）分组密码

分组密码的加密是以小组的方式进行的，就是将明文序列以固定长度进行分组，每组明文用相同的密钥和算法进行变换，得到一组密文。分组密码是以块为单位，在密钥的控制下进行一系列线性和非线性变换而得到密文的。

分组密码的加密/解密运算：输出块中的每一位是由输入块的每一位和密钥的每一位共同决定的。加密算法中重复使用替代和移位两种基本的加密变换，即使用以下两种技术。

（1）打乱技术：是指改变数据块，使输出块与输入块之间没有明显的统计关系（替代）；

（2）扩散技术：是指通过密钥位转移到密文的其他位置上（移位）。

分组密码具有良好的扩散性，对插入信息的敏感性，较强的适应性，加密/解密速度慢，差错的扩散和传播等特点。

2）序列密码

序列密码的加密方式是把报文、语音和图像等原始信息转换为明文数据序列，再将其与密钥序列进行"异或"运算，生成密文序列后发送给接收者。接收者用相同的密钥序列与密文序列再进行逐位解密（异或），恢复明文序列。

序列密码加密/解密的运算：采用一个比特流发生器，随机产生一组二进制的比特流，它与明文结合产生密文，与密文结合产生明文。

2. 密码体制数据变换的基本模式

密码体制通常采用代替法、移位法和代数法进行加密和解密，在加解密过程中，可以采用一种或几种方法结合的方式作为基本模式。下面举一个移位法的例子。

移位法也称为置换法，就是将明文中的字符位置变换并重新排列，而字符本身并不改变。例如，下面的称位法就是把文中的字母和字符倒过来写。

明文：I am a university student from the United States

密文：SETATSDETINUEHTMORFTNEDUTSYTISREVINUAMAI

3. 对称密码体制

对称密码体制也称为私钥密码体制，是一种传统的密码体制。在对称密码体制中，采用相同的加密和解密密钥，这就需要在通信时双方必须选择和保存他们共同的密钥，双方必须信任对方不会将密钥泄密出去，这样就可以实现数据的机密性和完整性。如图 4-4 所示为对称密码体制原理。

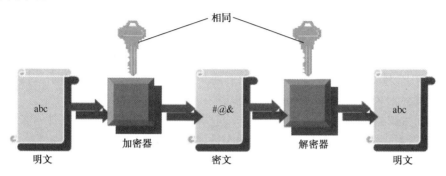

图 4-4　对称密码体制原理

对于小型网络来说，假设有 n 个用户的网络，需要 $n(n-1)/2$ 个密钥。对于大型网络，当用户群很大，也就是 n 足够大，分布足够广时，密钥的分配和保存就成了问题。

比较典型的算法有 DES（Data Encryption Standard，数据加密标准）算法及其变形 Triple DES（三重 DES）、GDES（广义 DES）；欧洲的 IDEA；日本的 FEAL N、RC5 等。

对称密码算法的优点：计算开销小，加密速度快，是目前用于信息加密的主要算法。

缺点：①双方密钥安全交换存在的问题；②若有几个贸易关系，就要维护几个专用密钥，而且无法鉴别贸易发起方或贸易最终方；③对称密码算法只能提供数据的机密性，不能用于数字签名。

由于具有以上几个缺点，因而人们迫切需要寻找新的密码体制。

4．非对称密码体制

非对称密码体制有时也称为公钥加密体制，该体制是针对私钥密码体制的缺陷而提出来的。在公钥加密体制中，加密和解密是相对独立的，加密和解密需要用两把不同的密钥。一把称为加密密钥（公钥）向公众公开的，另一把称为解密密钥（私钥）只有解密人才知道。非法使用者根据公开的加密密钥是无法推算出解密密钥的，所以称为公钥密码体制。如图 4-5 所示为非对称密码体制原理。

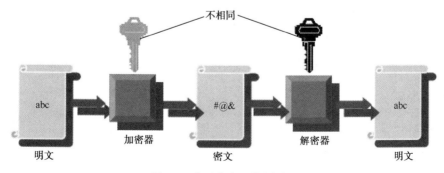

图 4-5　非对称密码体制原理

如果一个人选择并公布了他的公钥，其他任何人都可以用这一公钥来加密传送给那个人的消息。私钥是秘密保存的，只有私钥的所有者才能利用私钥对密文进行解密。

公钥密码体制的算法中最著名的是 RSA 系统，此外还有背包密码、McEliece 密码、Diffe_Hellman、Rabin、零知识证明、椭圆曲线、EIGamal 算法等。

公钥密码的管理是比较简单的，而且还可以方便地实现数字签名和验证，但算法复杂，加密数据的速率较低。公钥密码体制中不存在对称密码体制中密钥的分配和保存问题，对于具有 n 个用户的网络，仅需要 $2n$ 个密钥就够用了。公钥密码体制除了用于数据加密外，还可用于数字签名。公钥密码体制可提供以下功能：

（1）机密性，指保证非授权人员不能非法获取信息，这可以通过数据加密来实现。

（2）确认性，指保证对方属于所声称的实体，这可以通过数字签名来实现。

（3）数据完整性，指保证信息内容不被篡改，入侵者不可能用假消息来代替合法消息，这可以通过数字签名来实现。

（4）不可抵赖性，指发送者不可能事后否认他发送过消息，消息的接收者可以向中立的第三方证实所指的发送者确实发出了消息，这可以通过数字签名来实现。

因此，公钥密码体制满足信息安全的主要目标。

4.3.3　密码体制设计原则

设计的任何密码体制都必须符合一些基本的原则。

1．安全性原则

（1）混乱原则。指所设计的密码应使密钥和明文及密文之间的信赖关系相当复杂，以至于这种信赖性对密码分析者来说是无法利用的。

（2）扩散原则。指所设计的密码应使密钥的每一位数字影响密文的多位数字，以防止对密钥进行逐段破译，而且明文的每一位数字也影响密文的多位数字，以便隐藏明文数字的统计性。

2．密码算法设计原则

（1）算法公开原则。密码体制的安全性主要依赖于对密钥的保密，对于算法可以公开，这既是数据加密算法标准化必须要求的，同时也是网络保密通信赖以生存的基础。

（2）抵抗差分分析和线性分析原则。抵抗差分分析通常选取具有"本原转移概率矩阵"的 markov 型密码，通过对一个"弱密码"密钥函数进行多次迭代，而得到一个"强密码"。为使密码算法抵抗线性分析，通常要求算法中包含高度非线性密码函数。

3．实现原则

（1）抗攻击原则。指在现有的计算环境下，能够抵抗各种密码分析及攻击。例如，已知密文，如果不知道密钥，则无法从密文推导出密钥和明文。

（2）实现原则。指加密和解密过程的区别是密钥使用方式的区别，以方便同样的器件既可用来加密，又可以用来解密。

4．密钥长度的设计原则

为使密码算法能抵抗对密钥的强力攻击，必须保证密钥长度尽可能大。例如，近几年新出现的各种算法，密钥长度都已经要求至少 128bit。

5．分组密码长度原则

为阻止对分组密码进行统计分析，分组密码长度必须足够大。由于分组密码是一种简单的代换密码，而明文有一定的多余度，因此理论上可以对密文进行频率统计分析。当分组长度很大时，这种分析需要大量的密文数据，使得计算上不可行。

4.3.4　传统密钥密码技术

1．传统加密中的数据

传统加密技术的主要对象是文字信息，其内容都是基于某个字母的，如英文字母表、汉语拼音字母表等。

现代密码技术是在计算机科学和数学基础上发展起来的，数据的各种表示形式在计算机系统中都是以某种编码方式存储的。数据加密就是以这些数字化的信息为研究对象的，所以现代密码技术可以应用于所有在计算机系统中运用的数据。计算机系统普遍采用的是二进制数据，二进制数据的加密方法在计算机系统信息安全中有着广泛的应用，它也是现代密码学研究的主要应用对象。

在计算机出现前，密码学由基于字符的密码算法构成。不同的密码算法是字符之间互相代换或者是互相之间换位，好的密码算法是结合这两种方法，每次进行多次运算。现在事情变得复杂多了，但原理还是没变。重要的变化是算法对比特而不是对字母进行变换，实际上这只是字母表长度上的改变，从 26 个元素变为 2 个元素。大多数好的密码算法仍然是代换和换位的元素组合。

传统加密方法加密的对象是文字信息。文字由字母表中的字母组成，在表中字母是按顺序排列的，赋予它们相应的数字序号，即可用数学方法进行变换，如表 4-1 所示。

表 4-1　英文字母表及其序号

字母	A	B	C	D	E	F	G	H	I	J	K	L	M
序号	1	2	3	4	5	6	7	8	9	10	11	12	13
字母	N	O	P	Q	R	S	T	U	V	W	X	Y	Z
序号	14	15	16	17	18	19	20	21	22	23	24	25	26

将字母表中的字母看成是循环的，则字母的加减形成的代码可用求模运算来表示（在标准的英文字母表中，模数为 26），如 B+3=E，W+11=H(mod 26)。这是因为：

$$2+3=5 \qquad 5(\bmod 26)=5 \qquad 序号 5 对应的字母为 “E”；$$
$$23+11=34 \qquad 34(\bmod 26)=8 \qquad 序号 8 对应的字母为 “H”。$$

2．栅栏密码技术

1）加密技术

栅栏密码技术的加密算法步骤如下所示。

（1）将明文的元素按照两行的方式书写，并按照从上到下、从左到右的方式列出。

（2）按从上到下的顺序依次读出每一行的元素，所得到的组合就是密码。

例如，给定明文信息 my name wangxiaoling，按照栅栏加密算法被写成如图 4-6 所示的形式。

图 4-6　栅栏密码技术原理

按栅栏密码技术的加密算法，得到的密文信息是 mnmwnxalnyaeagioig。

2）解密技术

当接收者收到该密文信息时，可按照以下的解密算法步骤进行操作。

（1）将接收到的密文信息按照从左到右的顺序写为两行，如果密文元素的个数为偶数 n，则每一行写 $n/2$ 个元素；如果密文元素个数为奇数，则第一行排列 $(n+1)/2$ 个元素，第二行排列 $(n-1)/2$ 个元素。

（2）依次按从上到下、从左到右的规则读取各元素，所得到的字母序列就是所需的明文信息。

【例题 4.1】

给定明文信息 this is a mobile phone，请用栅栏密码技术写出加密和解密过程。

答：（1）加密过程。将明文按照两行的方式书写，并按照从上到下、从左到右的方式列出，得到如下的形式。

$$t \quad i \quad i \quad a \quad o \quad i \quad e \quad h \quad n$$
$$h \quad s \quad s \quad m \quad b \quad l \quad p \quad o \quad e$$

得到的密文信息是 tiiaoiehnhssmblpoe。

（2）解密过程。将密文信息 tiiaoiehnhssmblpoe 按照从左到右的顺序写为两行，然后依次按从上到下、从左到右的规则读取各元素，最后得到明文信息为 this is a mobile phone。

3．矩阵密码技术

栅栏密码体制非常简单，攻击者只需要将收到的密文按照几种方法重新排列组合，就能很容易破译出明文。矩阵密码技术在栅栏密码体制的基础上做了一些改进，就是将明文元素以矩阵的方式排列，假设明文可以写成 $n \times m$ 的 n 行 m 列的矩阵，n 和 m 的数字划分要根据具体明文元素的个数及密钥来确定。

1）加密技术

假设明文元素个数为 20，可以写成 4×5 的矩阵，也可以写 5×4 的矩阵，为此可以规定矩阵列的阶为该算法密钥的长度，密钥的内容为读取该矩阵列的顺序编号。例如，如果知道密钥的长度为 m，那么加密算法的操作步骤如下所示。

（1）按照 $n×m$ 的矩阵格式从左到右依次写出明文元素。

（2）根据密钥的内容指示，读出相应各列的明文元素。

（3）所有读出的元素按一行的顺序排列，得到的结果即为密文。

例如，给定明文信息 welcome back to beijing，密钥内容为 32451，该数字序列表示矩阵各列的编号，按照矩阵加密算法被写成如图 4-7 所示的 4×5 矩阵形式。

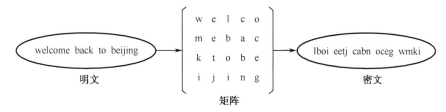

图 4-7 矩阵密码技术原理

根据密钥 32451，先读取矩阵的第 3 列 lboi，然后读取矩阵的第 2 列 eetj，以此类推，最后读取矩阵的第 1 列 wmki，得到 lboi eetj cabn oceg wmki 的密文。

按矩阵密码技术的加密算法，得到的密文信息是：lboi eetj cabn oceg wmki。

2）解密技术

当接收者收到该密文信息时，可按照以下的解密算法步骤进行操作。

（1）将所给元素序列写成 4×5 的矩阵形式。

（2）由于密钥是 32451，所以 lboi 排在第 3 列、eetj 排在第 2 列、cabn 排在第 4 列、oceg 排在第 5 列、wmki 排在第 1 列。

（3）按照从左到右，从上到下的规则，逐行读取矩阵元素内容，就能获得所需的明文。

以上所举的例子恰好满足条件，即明文所有的元素个数刚好构成了一个 4×5 的完整矩阵，如果明文元素个数不能形成一个 n 行 m 列的完整矩阵，则需要通过分组或者添加比特等方式来处理。

【例题 4.2】

给定明文信息 climb health benefits!，请用矩阵密码技术写出加密和解密过程，密钥为 42513。

答：（1）加密过程。按照矩阵加密算法写出如下矩阵形式。

$$\begin{pmatrix} c & l & i & m & b \\ h & e & a & l & t \\ h & b & e & n & e \\ f & i & t & s & ! \end{pmatrix}$$

根据密钥 42513，先读取矩阵的第 4 列 mlns，再读取矩阵的第 2 列 lebi，然后读取矩阵的第 5 列 bte!，接着读取矩阵的第 1 列 chhf，最后读取矩阵的第 3 列 iaet，得到的密文信息是 mlns lebi bte! chhf iaet。

（2）解密过程。将所给元素序列写成 4×5 的矩阵形式，由于密钥是 42513，从而得到的矩阵如上所示的形式，按照从左到右，从上到下的规则，逐行读取矩阵元素内容，最后得到的明文信息是 climb health benefits!。

4．简单替代密码

简单替代密码也称为单表替代密码。简单替代密码就是将明文的一个字母，用相应的一个密文字母代替，规则是根据密钥形成一个新的字母表，与原明文字母表有相应的对应（映射）关系。简单替代加密法有移位映射法、倒映射法和步长映射法等，如图 4-8 所示。

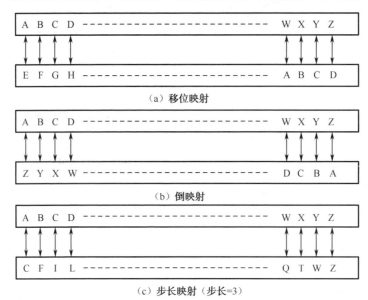

图 4-8　简单替代加密法

例如，移位映射的移动距离为+4（按字母顺序向右移动 4 个字母位置），则明文 A，B，C，…，W，X，Y，Z 可分别由 E，F，G，…，A，B，C，D 代替。如果明文是 "student"，则密文为 "wxyhirx"，其密钥 k=+4，如图 4-8（a）所示。

【例题 4.3】

给定明文信息 travel with us to beijing，请用移位映射密码技术写出加密和解密过程，密钥为 k=+3。

答：（1）加密过程。由于密钥 k=+3，因此往后移位 3 位，根据表 4-1，可得到密文信息是 wudyho zlwk xv wr ehlmlqj。

（2）解密过程。由于密钥 k=+3，因此往前移位 3 位，根据表 4-1，可得到明文信息是 travel with us to beijing。

5．多名码替代密码

多名码替代密码与简单替代密码的替代规则相似，不同之处是单个明文字母可以映射成几个密码字母。例如，A 可能对应于 5、13、25 或 56，B 可能对应于 7、19、31 或 42 等。

多名码替代密码出现在 15 世纪初，虽然它比简单替代密码更难破译，但仍不能掩盖明文字母的统计特性。用已知明文攻击破译该类密码很容易，用"唯密文攻击"法就要难一些，但在计算机上运行设计好的解密程序只需要几秒钟就可完成破译。

6．多表替代密码

单表替代密码表现出明文中单字母出现的频率分布与密文中相同，而多表替代密码使用从明文字母到密文字母的多个映射来隐藏单字母出现的频率分布，每个映射是简单替代密码中的一对映射。多表替代密码将明文字母划分为长度相同的消息单元，称为明文分组，对明文成组地进行替代，同一个字母有不同的密文，改变了单表替代密码中密文的唯一性，使密码分析更加困难。

多表替代密码的特点是使用了两个或两个以上的替代表。著名的维吉尼亚密码和希尔（Hill）密码等均是多表替代密码。

1）维吉尼亚密码

维吉尼亚密码是由法国人 Blaiesede Vigenère 发明的，是最古老且最著名的多表替代密码之一，与位移密码体制相似，但维吉尼亚密码的密钥是动态周期变化的。

该密码体制有一个参数 n。在加解密时，同样把英文字母映射为 0～25 的数字再进行运算，并按 n 个字母一组进行变换。明文空间、密文空间及密钥空间都是长度为 n 的英文字母串的集合，因此可表示加密变换定义如下。

设密钥 $k=(k_1,k_2,\cdots,k_n)$，明文 $m=(m_1,m_2,\cdots,m_n)$，加密变换为：

$$E_k(m)=(c_1,c_2,\cdots,c_n)$$

其中，$c_i(m_i+k_i)(\mathrm{mod}26)$，$i=1,2,\cdots,n$。

对密文 $c=(c_1,c_2,\cdots,c_n)$，解密变换为：

$$D_k(c)=(m_1,m_2,\cdots,m_n)$$

其中，$m_i=(c_i-k_i)(\mathrm{mod}26)$，$i=1,2,\cdots,n$。

2）希尔（Hill）密码

希尔密码是运用基本矩阵论原理产生的替换密码，其算法的基本思想是将 n 个明文字母通过线性变换，转换为 n 个密文字母。解密只需做一次逆变换即可。

7．一次一密密码

如果替代码的密钥是一个随机且不重复的字符序列，则称这种密码为一次一密密码，因为它的密钥只使用一次。该密码体制是美国电话电报公司的 Joseph Mauborgne 在 1917 年为电报通信设计的一种密码，又称为 Vernam 密码。Vernam 密码在对明文加密前首先将明文编码为(0,1)序列，然后再进行加密变换。

设 $m=(m_1\ m_2\ m_3\cdots m_i\cdots)$ 为明文，$k=(k_1\ k_2\ k_3\cdots k_i\cdots)$ 为密钥，其中 $m_i,k_i\in(0,1)$，$i\geqslant1$，则加密变换为：

$$c=(c_1\ c_2\ c_3\cdots c_i\cdots)$$

其中，$c_i = m_i \ \Å\ k_i$，$i\geqslant1$，这里为模 2 加法（或异或运算）。

解密变换为：

$$m=(m_1\ m_2\ m_3\cdots m_i\cdots)$$

其中，$m_i = c_i \ \Å\ k_i$，$i\geqslant1$，

在应用 Vernam 密码时，如果对不同的明文使用不同的随机密钥，则 Vernam 密码为一次一密密码。由于每一密钥序列都是等概率随机产生的，所以不会被人破译。但如果重复使用同一个密钥加密不同的明文，则这时的 Vernam 密码就有可能被破译。

若接收方获得了一个密文 $c=(c_1\ c_2\ c_3\cdots c_i\cdots)$ 和对应明文 $m=(m_1\ m_2\ m_3\cdots m_i\cdots)$，则可以很容易得出密钥 $k=(k_1\ k_2\ k_3\cdots k_i\cdots)$，其中 $k_i = c_i \ \Å\ m_i$，$i\geqslant1$。故若重复使用密钥，则该密码体制就很不安全。

实际上 Vernam 密码属于序列密码，加密、解密方法都使用模 2 加法，这使软、硬件实现都非常简单。虽然这种密码体制在理论上是不可破译的，然而在实际应用中，真正的一次一密系统却受到很大的限制，其主要原因如下。

（1）密钥是真正的随机序列。

（2）密钥长度大于等于明文长度。

（3）每个密钥只用一次（一次一密）。

这样，分发和存储这样的随机密钥序列，并确保密钥的安全都是很困难的；另外，如何生成真正的随机序列也是一个现实问题。因此，人们转而寻求更为可靠的密码系统。

8．移位密码

移位密码体制在加密时只对明文字母重新排序，虽然字母位置变化了，但它们没有被隐藏，移位密码加密是一种打乱原文顺序的替代法。

明文空间 M、密文空间 C 都和密钥空间 K 满足以下关系，即把 26 个英文字母与整数 0，1，2，…，25 一一对应。

加密变换，$E=\{E{:}Z26{\to}Z26,\ Ek\ (m) = m + k\ (mod26)|\ m\in M,\ k\in K\ \}$

解密变换，$D=\{D{:}Z26{\to}Z26,\ Dk\ (c) = c{-}k\ (mod26)|\ c\in C,\ k\in K\ \}$

解密后再把 Z26 中相应的元素转换英文字母即可。显然，移位密码是一般单表替代密码的一个特例。当移位密码的密钥 $k=3$ 时，就是历史上著名的恺撒密码（Caesar）。根据其加密函数的特点，移位密码也称为加法密码。

例如，把明文信息 this is a bookmark 按行写出，分为 3 行、5 列，则可写成为以下形式。

```
t h i s i
s a b o o
k m a r k
```

读出时按从列的左到右的顺序进行，可得到密文信息为 tsk ham iba sor iok，则它的密钥就是 12345，即按列读出的顺序。

如果密钥是 42315，则密文信息为 sor ham iba tsk iok。

9. 仿射密码

仿射密码也是一般单表替代密码的一个特例，是一种线性变换。仿射密码的明文空间和密文空间与移位密码相同，但密钥空间为 $K=\{(k_1, k_2)| k_1, k_2 \in Z26，\gcd(k_1, 26)=1\}$。

对任意 $m \in M$，$c \in C$，$k = (k_1, k_2) \in K$，定义加密变换为 $c = Ek (m) = k_1 \cdot m + k_2 \pmod{26}$，相应解密变换为：$m = Dk (c) = k_1 (c-k_2) \pmod{26}$，其中，$K_1 k_1 = 1 \bmod 26$。很明显，$k_1=1$ 时即为移位密码，而 $k_2=1$ 则称为乘法密码。

10. 密钥短语密码

密钥短语密码的特点是选用一个英文短语或单词串作为密钥，去掉其中重复的字母得到一个无重复字母的字符串，然后再将字母表中的其他字母依次写于此字符串后，就可构造出一个字母替代表。若明文信息为"china"，则密文信息为"yfgmk"。显然，不同的密钥可以得到不同的替换表。对于明文为英文单词或短语的情况，密钥短语密码最多可能有 26!=4×1026 个不同的替换表。

11. Playfair 密码

Playfair 密码是一种著名的双字母单表替代密码，实际上 Playfair 密码属于一种多字母替代密码，它将明文中的双字母作为一个单元，并将这些单元转换为密文字母组合。替代时基于一个 5×5 的字母矩阵。字母矩阵构造方法同密钥短语密码类似，即选用一个英文短语或单词串作为密钥，去掉其中重复的字母得到一个无重复字母的字符串，然后再将字母表中剩下的字母依次从左到右、从上往下填入矩阵中。

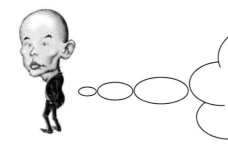

密码学是研究如何隐密地传递信息的学科。在现代特指对信息及其传输的数学性研究，常被认为是数学和计算机科学的分支，和信息论也密切相关。

4.4 生物特征身份认证

4.4.1 生物特征概述

1. 概述

网络信息化时代的一大特征就是个人身份的数字化和隐性化。如何准确鉴定一个人的身

份，保护信息安全是当今信息化时代必须解决的一个关键性社会问题。目前，我国的各种管理大部分使用证件、磁卡、IC 卡和密码，这些手段无法避免伪造或遗失，密码也很容易被窃取或遗忘。这些都给管理者和使用者带来很大的不方便。生物特征身份鉴别方法可以避免这些麻烦。因此，这一技术已成为身份鉴别领域的研究热点。

2．生物特征识别技术

所谓生物特征识别技术就是通过计算机与各种传感器和生物统计学原理等高科技手段密切结合，利用人体固有的生理特性和行为特征来进行个人身份的鉴定。生理特征与生俱来，多为先天性的；行为特征则是习惯使然，多为后天性的。将生理和行为特征统称为生物特征。

身份鉴别可利用的生物特征必须满足以下几个条件。

（1）普遍性：即必须每个人都具备这种特征。

（2）唯一性：即任意两个人的特征是不一样的。

（3）可测量性：即特征可测量。

（4）稳定性：即特征在一段时间内不改变。

（5）易采集性：即特征应该便于采集和保存。

（6）可接受性：即人们能够接受这种生物识别的方式。

当然，在应用过程中还要考虑其他的实际因素，如识别精度、识别速度、对人体无伤害、被识别者的接受性等。

生物特征的核心在于如何获取这些特征，并将其转换为数字形式存储在计算机中，并利用可靠的匹配算法来完成验证与识别个人身份的过程。生物识别系统包括采集、解码、比对和匹配几个处理过程。

传统的身份认证方法主要通过身份标识物品（如钥匙、证件、银行卡等）和身份标识知识（如用户名和密码）来证明身份。由于主要借助体外物，一旦证明身份的标识物品和标识知识被盗或遗忘，则其身份就容易被他人冒充或取代。特别是在当今信息社会，高技术犯罪的频率和危害呈现出快速上升的势头。

人的生物特征具有唯一性、终生不变性，且不会被遗忘和丢失，不易伪造或被盗，是随身"携带"的及随时随地可用等优点，比传统的身份认证方法更安全、保密和方便。

3．生物特征识别特点

与传统的自动身份认证方法相比，生物特征识别技术拥有非常突出的特点。

（1）生物特征识别技术"真正"做到了判别用户本人的身份，而传统的自动身份鉴别系统不能区分合法用户和持有合法用户的磁卡或者密码的非法入侵者。生物特征识别系统使用人的生理或行为特征来判别身份，这些特征是人本身所固有的、独特的且不容易改变的，不可以借给其他人使用的。

（2）生物特征识别技术能够提供更方便的用户服务。生物特征不会像密码或者磁卡那样容易被遗忘或者丢失，用户自身就是"通行证"。

（3）生物特征识别技术能够提供更高的安全级别。生物特征不存在密码泄密和磁卡被盗问题，并且在一个活人身上伪造另一个人的生物特征是非常困难的。

（4）生物特征识别技术能够提供主动监控技术。例如，把人脸识别系统的摄像机安装在某些重要场合，可以在人们不知道且不必主动配合的情况下发现非法入侵者。

生物特征是人体所固有的各种生理特征或者行为特征的总称。生理特征多为先天性的，不随外在条件和主观意愿发生改变，如指纹、掌纹、虹膜、脸像等；行为特征则是人们长期生活养成的行为习惯，很难改变，如笔迹、步态等。

4.4.2　生理特征身份认证

1．指纹识别

指纹识别技术是通过取像设备读取指纹图像，然后用计算机识别软件分析指纹的全局特征和指纹的局部特征，特征点如嵴、谷、终点、分叉点和分歧点等。从指纹中抽取特征值，可以非常可靠地通过指纹来确认一个人的身份，如图 4-9 所示为不同的指纹形状。

图 4-9　不同的指纹形状

指纹识别的优点表现在：研究历史较长，技术相对成熟；指纹图像提取设备小巧；同类产品中，指纹识别的成本较低。

缺点：指纹识别是物理接触式的，具有侵犯性；指纹易磨损，手指太干或太湿都不易提取图像。

2．虹膜识别

虹膜识别技术是利用虹膜终身不变性和差异性的特点来识别身份的。虹膜是一种在眼睛中瞳孔内织物状的各色环状物，每个虹膜都包含一个独一无二的基于水晶体、细丝、斑点、凹点、皱纹和条纹等特征的结构。虹膜在眼睛的内部，用外科手术很难改变其结构；由于瞳孔随光线的强弱变化，想用伪造的虹膜代替活的虹膜是不可能的。如图 4-10 所示的是虹膜在眼球中的位置。

目前世界上还没有发现虹膜特征重复的案例，就是同一个人的左眼和右眼的虹膜也有很大区别。除了白内障等原因外，即使是接受了角膜移植手术，虹膜也不会

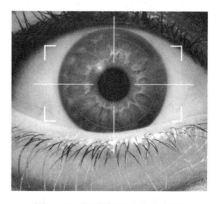

图 4-10　虹膜在眼球中的位置

改变。与常用的指纹识别相比，虹膜识别技术操作更简便，检验的精确度也更高。

虹膜识别的发展历程可以追溯至 19 世纪 80 年代。1885 年，Alphonse Bertillon 将利用生物特征识别个体的思路应用在巴黎的刑事监狱中，当时所用的生物特征包括耳朵的大小、脚的长度、虹膜等。

1987 年，眼科专家 Aran Safir 和 Leonard Flom 首次提出利用虹膜图像进行自动虹膜识别的概念。1991 年，美国洛斯阿拉莫斯国家实验室的 Johnson 研制了一个自动虹膜识别系统。1993 年，John Daugman 设计出了一个高性能的自动虹膜识别原型系统。

3．视网膜识别

人体的血管纹路也是具有独特性的，人的视网膜上面血管的图样可以利用光学方法透过人眼晶体来测定。用于生物识别的血管分布在神经视网膜周围，即视网膜四层细胞的最远处。如果视网膜不被损伤，从三岁起就会终身不变。视网膜扫描可能具有最可靠、最值得信赖的生物识别技术，但它运用起来的难度较大。视网膜识别技术要求激光照射眼球的背面以获得视网膜特征的唯一性。

视网膜技术的优点：视网膜是一种非常固定的生物特征，因为它是"隐藏"的，故而不易磨损、老化或是为疾病影响；它是非接触性的；视网膜是不可见的，故而不会被伪造。

缺点：视网膜技术未经过任何测试，可能会给使用者带来健康的损坏，这需要进一步的研究；对于消费者，视网膜技术没有吸引力；很难进一步降低它的成本。

4．面部识别

面部识别技术通过对面部特征和它们之间的关系（眼睛、鼻子和嘴的位置，以及它们之间的相对位置）来进行识别。

用于捕捉面部图像的两项技术为标准视频和热成像技术：标准视频技术通过视频摄像头摄取面部的图像；热成像技术通过分析由面部的毛细血管的血液产生的热线来产生面部图像。与视频摄像头不同，热成像技术并不需要较好的光源，即使在黑暗情况下也可以使用。

面部识别技术的优点：它是非接触性的。

缺点：要比较高级的摄像头才可有效、高速地捕捉面部图像；使用者面部的位置与周围的光环境都可能影响系统的精确性，而且面部识别也是最容易被欺骗的；另外，对于因人体面部的，如头发、饰物、变老及其他的变化可能需要通过人工智能技术来得到补偿；对于采集图像的设备会比其他技术昂贵得多。这些因素限制了面部识别技术的广泛运用。

5．红外温谱图

人的身体各个部位都在向外散发热量，而这种散发热量的模式就是一种每个人都不同的生物特征。通过红外设备可以获得反映身体各个部位的发热强度的图像，这种图像称为温谱图。

拍摄温谱图的方法和拍摄普通照片的方法类似，因此可以用人体的各个部位来进行鉴别，如可对面部或手背静脉结构进行鉴别来区分不同的身份。

温谱图的数据采集方式决定了利用温谱图的方法可以鉴定隐蔽的身份。除了用来进行身份鉴别外，温谱图的另一个应用是吸毒检测，因为人体服用某种毒品后，其温谱图会显示特定的结构。

温谱图的方法具有可接受性，因为数据的获取是非接触式的，具有非侵犯性。但是，人体的温谱值受外界环境影响很大，对于每个人来说不是完全固定的。目前，已经有温谱图身份鉴别的产品，但是由于红外测温设备的昂贵价格，使得该技术不能得到广泛的应用。

6．人耳识别

人耳识别技术是 20 世纪 90 年代末开始兴起的一种生物特征识别技术。人耳具有独特的生理特征和观测角度的优势，使人耳识别技术具有相当的理论研究价值和实际应用前景。

从生理解剖学上，人的外耳分耳郭和外耳道。人耳识别的对象实际上是外耳裸露在外的耳郭，也就是人们习惯上所说的"耳朵"。一套完整的人耳自动识别系统一般包括以下几个过程：人耳图像采集、图像的预处理、人耳图像的边缘检测与分割、特征提取、人耳图像的识别。目前的人耳识别技术是在特定的人耳图像库上实现的，一般通过摄像机或数码相机采集一定数量的人耳图像，建立人耳图像库。动态的人耳图像检测与获取尚未实现。

人耳识别具有以下几个特点。

（1）与人脸识别方法相比，人耳识别方法不受面部表情、化妆品和胡须变化的影响，同时保留了面部识别图像采集方便的优点。与人脸相比，整个人耳的颜色更加一致、图像尺寸更小，数据处理量也更小。

（2）与指纹识别方法相比，人耳图像的获取是非接触的，其信息获取方式容易被人接受。

（3）与虹膜识别方法相比，人耳图像采集更为方便。并且，虹膜采集装置的成本要高于人耳采集装置。

7．味纹识别

人的身体是一种味源，人类的气味，虽然会受到饮食、情绪、环境、时间等因素的影响和干扰，其成分和含量会发生一定的变化，但作为由基因决定的那一部分气味——味纹却始终存在，而且终生不变，可以作为识别任何一个人的标记。

由于气味的性质相当稳定，如果将其密封在试管里制成气味档案，可以保存 3 年，即使是在露天空气中也能保存 18 小时。

科学家告诉人们，人的味纹从手掌中可以轻易获得。首先将手掌握过的物品，用一块经过特殊处理的棉布包裹住，放进一个密封的容器，然后通入氮气，让气流慢慢地把气味分子转移到棉布上，这块棉布就成了保持人类味纹的档案。可以利用训练有素的警犬或电子鼻来识别不同的气味。

8．基因（DNA）识别

DNA（脱氧核糖核酸）存在于一切有核的动（植）物中，生物的全部遗传信息都存储在 DNA 分子里。

DNA 识别是利用不同的人其体内的细胞中具有不同的 DNA 分子结构来进行鉴别的。人体内的 DNA 在整个人类范围内具有唯一性和永久性。

因此，除了对双胞胎个体的鉴别可能失去它应有的功能外，这种方法具有绝对的权威性和准确性。不像指纹必须从手指上提取，DNA 模式在身体的每一个细胞和组织都一样。

这种方法的准确性优于其他任何生物特征识别方法，它广泛应用于识别罪犯领域。它的主要问题是使用者的伦理问题和实际的可接受性。DNA 模式识别必须在实验室中进行，不能达到实时及抗干扰，而且耗时长。这些限制了 DNA 识别技术的使用。另外，某些特殊疾病可能改变人体 DNA 的结构，系统无法对这类人群进行识别。

4.4.3 行为特征身份认证

1. 步态识别

步态是指人们行走时的方式，这是一种复杂的行为特征。步态识别主要提取的特征是人体每个关节的运动。尽管步态不是每个人都不相同的，但是它也提供了充足的信息来识别人的身份。步态识别的输入是一段行走的视频图像序列，因此其数据采集与人脸识别类似，具有非侵犯性和可接受性。

但是，由于序列图像的数据量较大，因此步态识别的计算复杂性比较高，处理起来也比较困难。尽管生物力学中对于步态进行了大量的研究，但基于步态的身份鉴别的研究工作却是刚刚开始。

2. 击键识别

这是利用人击键时的特性（如击键的持续时间、击不同键之间的时间、出错的频率及力度大小等）来达到进行身份识别的目的。20 世纪 80 年代初期，美国国家科学基金和国家标准局研究证实，击键方式是一种可以被识别的动态特征。

3. 签名识别

签名作为身份认证的手段已经用了几百年了，而且人们都很熟悉在银行的格式表单中签名作为自己身份的标志。

将签名数字化是这样一个过程：测量图像本身及整个签名的动作——在每个字母及字母之间的不同速度、顺序和压力。签名识别易被大众接受，是一种公认的身份识别技术。但事实表明，人们的签名在不同的时期和不同的精神状态下是不一样的，这就降低了签名识别系统的可靠性。

4. 声音识别

声音识别本质上是一个模式识别问题。识别时需要说话人讲一句或几句试验短句，对它们进行某些测量，然后计算量度矢量与存储的参考矢量之间的一个（或多个）距离函数。

语音信号获取方便，并且可以通过电话进行鉴别。语音识别系统对人们在感冒时变得嘶哑的声音比较敏感；另外，同一个人的磁带录音也能欺骗语音识别系统。

由于人的生物特征具有稳定性和唯一性，因此目前最安全的身份认证技术是生物特征识别。传统的身份识别手段将被生物特征识别技术所超越和替代！

1. 你知道面临电子支付的威胁有哪些吗？

2. 你在电子支付过程中使用过数字证书吗？

3. 你在电子支付过程中使用的密码安全吗？

能力训练4 黑客攻击与防范

一、能力训练前的准备

（1）查看本地计算机是否已与 Internet 连接成功。

（2）查看本地计算机的浏览器是否是最新版本的。

（3）建立自己的子目录以备后用，以后可以将 Internet 上搜索到的资料下载到该子目录中。建议最好将自己的子目录创建在除 C 盘以外的硬盘中，待用完后再将其相应的资料内容复制到自己的软磁盘中或 U 盘中。

二、能力训练目的要求

通过实验要求学生了解黑客攻击与防范的方法，熟悉几个黑客攻击软件的操作方法，学会虚拟机系统的安装与调试。

（1）了解黑客攻击原理。

（2）掌握一种黑客攻击系统软件的使用方法。

（3）掌握一种防止黑客攻击软件的使用方法。

（4）学会虚拟机系统的安装。

三、能力训练内容

（1）安装虚拟机系统，并设置相关参数。

（2）在网上搜索几个黑客攻击软件。

（3）接收老师传来的几个文件。

（4）进入虚拟机系统。

（5）将下载的文件复制到虚拟主机的硬盘下。

（6）安装软件并执行。

（7）观看攻击前后的情况，并实时记录数据。

四、能力训练报告

能力训练报告的格式如下。

1．训练过程

目的要求：

训练内容：

训练步骤：

2．训练结果

训练结果分析：

可以使用表格方式，也可以使用文字方式。

3．总结

通过能力训练，总结自己掌握的程度，分析出错原因，提出改进措施。

习题 4

一、填空题

1．电子支付信息安全要素有_____性、_____性、_____性、_____性。

2．由于 Internet 本身的开放性及目前_____发展的_____，电子支付面临着种种挑战，具体有_____挑战、_____挑战、_____挑战、_____挑战、_____挑战、_____挑战、_____挑战、_____挑战等。

3．电子支付所面临的安全威胁有：_____威胁、_____威

胁、_____威胁、_____威胁、_____威胁等。

4．基于秘密信息的身份认证方法有：_____、_____、

_____、_____。

5．数字证书是由_____证书授权（Certificate Authority）中心发行的，能提供在 Internet 上进行_____的一种权威性_____，人们可以在 Internet 上用它来证明自己的_____和_____的身份。

6．密码系统主要包括_____、_____、_____、

_____、_____等基本要素。

7．所谓生物特征识别技术就是通过_____与各种_____和生物统计学原理等_____手段密切结合，利用人体固有的_____特性和特征来进行个人身份的鉴定。

8．指纹识别技术是通过_____设备读取_____图像，然后用计算机_____软件分析指纹的_____特征和_____的局部特征，特征点如_____、_____、_____、分叉点和分歧点等。从指纹中抽取_____，可以非常可靠地通过指纹来确认一个人的身份。

二、判断题

1．我国电子支付安全的基础技术相对雄厚。（   ）

2．电子支付业务的支撑系统存在安全隐患。（   ）

3．电子支付的诚信度很高但认知缺失。（   ）

4．电子支付发展的核心和关键问题是交易的安全性。（   ）

5．数字证书是一种权威性的电子文档。（   ）

6．CA 机构，又称为证书授权中心，是专门用来发放数字证书的。（   ）

7．进行明密变换的法则，称为密码的体制。（   ）

8．网络信息化时代的一大特征就是个人身份的数字化和隐性化。（   ）

三、简答题

1．简述电子支付安全控制要求。

2．简述身份认证的含义。

3．简述身份认证中的几个重要术语。

4．简述身份的零知识证明含义。

5．简述基于生物学的方案。

6．简述数字证书的含义。

7．简述 CA 机构的含义。

8．简述生物特征识别技术的含义。

阅读材料4——黑客攻防技术

（http://www.baike.com/wiki/黑客攻防技术）

黑客技术，简单地说，是对计算机系统和网络的缺陷和漏洞的发现，以及针对这些缺陷实施攻击的技术。这里说的缺陷，包括软件缺陷、硬件缺陷、网络协议缺陷、管理缺陷和人为的失误等。

1. 黑客技术属于科学技术的范畴

黑客技术是 Internet 上的一个客观存在，对此无须讳言。和国防科学技术一样，黑客技术既有攻击性，也有防护的作用。黑客技术促使计算机和网络产品供应商不断地改善他们的产品，对整个 Internet 的发展起着推动作用。就像人们不能因为原子弹具有强大的破坏力而否认制造原子弹是高科技一样，人们也不能因为黑客技术具有对网络的破坏力而将其屏弃于科学技术的大门之外。发现并实现黑客技术通常要求这个人对计算机和网络非常精通，发现并证实一个计算机系统漏洞可能需要做大量测试、分析大量代码和长时间的程序编写，这和一个科学家在实验室中埋头苦干没有太大的区别。发现者不同于那些在网上寻找并使用别人已经写好的黑客软件的人。这个区别就好像武器发明者和使用者之间的区别。不像一个国家可以立法禁止民间组织和个人拥有枪支，很显然，法律不能禁止个人拥有黑客技术。

2. 应该辩证地看待黑客技术

它的作用是双面的。和一切科学技术一样，黑客技术的好坏取决于使用它的人。计算机系统和网络漏洞的不断发现促使产品开发商修补产品的安全缺陷，同时也使他们在设计时更加注意安全。研究过黑客技术的管理员会把他的系统和网络配置得更安全。如果没有那些公布重大漏洞并提出修补建议的黑客，Internet 不可能像今天这样让人们受益，也不会有今天这么强壮（相对于以前而言）。

利用黑客技术从事非法破坏活动为自己谋取私利，理所当然是遭人唾弃的行为。这种人不是把精力放在对系统缺陷的发现研究与修补上，而是出于某种目的设法入侵系统，窃取资料，盗用权限和实施破坏活动。

3. 黑客技术和网络安全是分不开的

可以说黑客技术的存在导致了网络安全行业的产生。一个典型的产品安全公告产生的过程如下（这里的例子是微软的一个漏洞）。

一个黑客在测试一个程序时，发现存在不正常的现象，于是他开始对这个程序进行分析。经过应用程序分析、反编译和跟踪测试等多种技术手段，黑客发现该程序的确存在漏洞，于是针对该漏洞编写了一个能获取系统最高控制权的攻击程序，证实该漏洞的确存在。随后，这位黑客向微软写信通知其漏洞细节，并附上了攻击程序，要求微软修补该漏洞。微软开始对此不予答复。无奈，黑客在其网站上对世人公布了该漏洞，并提供攻击程序下载给访问者测试。顿时很多 Internet 上的网络安全论坛上都谈论此事，很快传遍了全网。这时微软马上对该漏洞进行分析，随后在其安全版块上公布有关的安全公告，并提供解决方案和补丁程序下载。

对于这种情况，恶意黑客会利用微软安全公告公布的漏洞去破坏系统，而网络安全专家会根据安全公告提醒用户修补系统。网络安全产品开发商则会根据该漏洞的情况开发相应的检测程序，而网络安全服务商则会为用户检测该漏洞并提供解决方案。

4. 目前 Internet 网络的基础是脆弱的

Internet 的基础是 TCP/IP 协议、网络设备和具有联网能力的操作系统。TCP/IP 协议族有一些先天的设计漏洞，很多即使是最新的版本仍然存在。有的漏洞更是和 Internet 的开放特性有关的，可以说是补无可补。最近发生的对各顶级网站的攻击方式就是利用 Internet 的开放特性和 TCP/IP 协议的漏洞进行的。

网络设备如路由器，担负着 Internet 上最复杂、繁重的吞吐和交通指挥工作，功能强大而且复杂，以目前的技术而论，没有可能完全避免漏洞。以占市场份额 70%以上的 Cisco 产品为例，其已知的漏洞有 30 多条。

各种操作系统也存在先天缺陷和由于不断增加新功能带来的漏洞。UNIX 操作系统就是一个很好的例子。UNIX 的历史可以追溯到 20 世纪 60 年代中。大多数 UNIX 操作系统的源代码都是公开的。多年来，各种各样的人不断地为 UNIX 开发操作系统和应用程序，这种协作方式是松散的，早期这些程序多是以学生完成课题的方式或由研究室的软件开发者突击完成的，它们构成了 UNIX 的框架，这个框架当初没有经过严密的论证，直到今天，商业 UNIX 操作系统，如 Solaris 和 SCO UNIX 都还是构建在这个基础之上的，除非重新改变设计思想，推翻多年来的 UNIX 操作系统的基础，否则以后还必须遵循这个标准。这种情况导致了 UNIX 操作系统存在很多致命的漏洞。最新的版本虽然改进了以往发现的安全问题，但是随着新功能的增加，又给系统带来了新的漏洞。很多软件开发人员只为完成系统的功能而工作，用户日新月异的需求和硬件的飞速发展，使生产商不可能也没有时间对每一个新产品做圆满的安全测试，一些正式的软件工业标准有利于改善这种局面，即使生产商按照这些工业标准开发测试，也难以保证十全十美，因为源代码公开的特性，使黑客有足够的条件来分析软件中可能存在的漏洞。处于温室中的作物无法适应自然环境的洗礼，目前脆弱的网络必须经历磨难，付出代价，否则必将经受不住历史的考验。

5. 全世界对黑客技术的研究显得严重不足

如果从整个社会的文明现状来看，黑客技术并非尖端科技，充其量只能说是 Internet 领域的基础课题。发现黑客技术并不要求太多底层的知识，它并不神秘，但计算机产品供应商对其一直讳莫如深，从而导致当今世上黑客组织和黑客技术研究都呈无政府状态。从长远的角度看，黑客对产品的测试和修补建议将促进产品的安全性，对客户和供应商都是有利的。现在世界上也许还没有哪一个国家真正投入人力和物力研究黑客技术，所以目前的 Internet 基础仍然薄弱。对于一个黑客来说，要制造一个令媒体关注的新闻是一件很容易的事情。这也是网络安全令世人担忧的原因之一。

6. 网络安全公司需要黑客的参与

从事网络安全技术服务的公司，如果没有研究开发黑客技术的水平，或者没有发现客户系统潜在隐患的能力，其服务质量是提不上来的。目前国际上很多从事网络安全业务的公司纷纷雇请黑客从事网络安全检测与产品开发，甚至一些政府部门也不惜重金招纳黑客为其服务。因为网络安全的防范对象是恶意黑客，所以必须有了解攻击手段的黑客参与，才能更全面地防范黑客攻击。合格的网络安全专家必须具有黑客的能力，不了解黑客技术的网络安全专家是不可想象的。

7. 一个国家的黑客技术发展是有利于国家安全的

国内的一个网络安全小组——cnns.net 的前身，在去年对日本、台湾地区和美国的网络安全状况进行了远程分析和调查，并与中国的网络安全状况做了对比，调查显示：

日本的网络安全水平和中国相似，从人员和研究力度上看，日本的网络安全和黑客技术水平比中国显得要薄弱，但在硬件设置和安全产品方面，日本对重要站点的保护措施和资金投入显得比中国做得充足，安全检测产品和防火墙使用较为普遍，很多网站都有防火墙，虽然管理不善，但这些措施对网络安全的保护起到了一定的作用，弥补了黑客技术的不足，所以总体安全水平与中国差不多。

台湾的总体网络安全状况比大陆略差，特别是政府部门的网站，安全程度不如国内的政府网站。而美国的网络安全状况比中国和日本都强了不止一筹，这和遍布美国的黑客组织和大量的网络安全产品供应商有关。另外，美国出品的操作系统产品和软件在市场上占有领先的份额，这有利于黑客技术的发展。在黑客技术的研究和网络安全产品的开发上，美国都是全球做得最好的。

Internet 开放互连的特征决定黑客技术可以跨国攻击，它既可以用于攻击，也可以用于防御。用兵之道，必须攻防兼备。所以，未来信息战的胜负有赖于一个国家的整体黑客技术水平，这是不需要讳言的。

黑客技术的发现，对有关的软件开发商和信息产业是"短痛"，从长远的角度看却是有利的。而对于信息国防安全的高度而言，黑客技术的发展更有利于国防建设的大局。它的客观存在性决定了如果人们不去了解和研究它，就会受制于它。在信息技术越来越发达的今天，人们需要开发自己的网络安全产品为信息产业保驾护航，更需要本领高强的黑客参与网络安全产品的研究开发和测试，这样产品的质量才上得去。

第5章

移动电子支付与安全

知识要点

❖ 移动电子商务概念

❖ 移动电子商务实现的技术

❖ 移动电子商务模式

❖ 移动电子支付概念

❖ 移动电子支付交易流程

❖ 微信与微店概念

❖ O2O 概念及商业模式

能力要点

❖ 掌握微信与公众平台概念

❖ 学会用手机创建微店的方法

引例 5——星巴克预付式移动支付

46%的亚太用户使用手机购买商品或服务，超过任何其他地区（欧洲为 27%，北美为 17%）。这些用户中有 42%在未来会在手机上购买更多的商品和服务，超过任何其他地区（欧洲为 24%，北美为 15%）。

移动，移动还是移动，当国内的 BAT（B=百度，A=阿里巴巴，T=腾讯）们还在大把烧钱补贴用户的时候，星巴克的"移动支付"走出了好远——尽管这看起来更像是一种预付的移动支付方式，但这种建立在流畅的产品体验、好友关系及社区便利基础之上的推广的确高效得多。也许，是到了不为移动而移动的时候了。

根据福布斯报道，美国境内有 1000 万名消费者使用星巴克开发的移动支付应用购买咖啡，每周交易量超过 500 万单。而根据 BI Intelligence 的研究报告，移动支付至少为星巴克贡献 10 亿美元的营收。星巴克的移动应用是全美最受欢迎的移动支付应用。

星巴克在移动支付领域如此凶猛，若它想涉足金融，是否可以将街头巷尾的星巴克网点变为银行网点？实际上，像 Google、沃尔玛、PayPal 等并非传统的金融机构，开始涉足除储蓄外的各类金融业务。这个现象让马库斯·乌尔森（Marcus Wohlsen）很感慨：

"在数字技术广泛介入之前，传统银行提供大部分金融业务的想法是靠谱的，因为它们与钱的距离是最近的。但现在，我们随时可以接触钱，不光是谁最终掌握着它。银行最终不会完全消失，总得有人安全地保护我们的钱。然而，在它保护我们的钱的同时，其他玩家以自己的方式进入金融业务，以更迅速、更便宜、更便利、更直觉的方式来提供其他的金融服务。"

回顾星巴克移动支付的成功，有三个因素至关重要：

（1）美国市场外带咖啡的比例占 86%，移动支付需求旺盛。

（2）星巴克的移动支付体验顺滑，吸引用户使用。

（3）星巴克十几年前就推出了预付卡式的"随行卡"体系，培养了消费者储值/刷卡消费的习惯；对于这部分消费者而言，星巴克的移动支付应用是更加方便的"随行卡"。

而"随行卡"的功能和银行所发行的借记卡相当接近。"随行卡"可以让消费者在里面储值，并在各处星巴克网点刷卡消费，它甚至允许人们帮朋友们买星巴克咖啡，于是它还具备类似"转账"一般的功能。

如果星巴克想涉足金融，那么完全可以围绕"随行卡"构建金融体系。事实上，根据最新财季财务报告，美国境内星巴克的卡内交易额达 25 亿美元。此外，它在美国境内还拥有11000 个网点。

人流量巨大的店面，社区化的经营方式，体验为先的品牌策略，都让星巴克具备很强的横向拓展性——如果消费者希望附近有一个咖啡店，能够方便地提供转账、储蓄之类的服务，那么星巴克可以顺应消费者的愿望，再次像利用高科技手段一样，打造全新的"星巴克体验"。

星巴克的创始人霍华德·舒尔茨（Howard Schultz）曾经这么总结："星巴克是一个致力于将人们联系在一起的品牌，即所谓'星巴克体验'，而非仅仅一杯咖啡。当我们看到移动互联、社交媒体已成为人们生活的一部分时，便重新定义了自己将人们联系在一起的方式，这让星巴克意识到数字营销的重要性。"

5.1　移动电子商务

5.1.1　移动电子商务概述

1．什么是移动电子商务

移动电子商务是指通过移动通信网络进行数据传输并且利用移动终端开展各种商业经营活动的一种新的电子商务模式。移动电子商务是商务活动参与主体可以在任何时间，任何地点实时获取和采集商业信息的一类电子商务模式。移动电子商务活动以应用移动通信技术和使用移动终端进行信息交互为特性。

由于移动通信的实时性，移动电子商务的用户可以通过移动通信在第一时间准确地与对象进行沟通，与商务信息数据中心进行交互，使用户摆脱固定的设备和网络环境的束缚，最大限度地驰骋于自由的商务空间。

移动电子商务也称移动办公，是指在网络技术和移动通信技术的支撑下，在手机（笔记本电脑、PDA）等移动通信终端之间，通过移动商务解决方案实现企业办公信息化（便捷的、大众化的、具有快速管理能力和资源整合增值能力）的全新方式，它是移动通信、计算机技术与互联网三者融合的最新信息化成果。如图 5-1 所示为移动电子商务环境的主要组件。

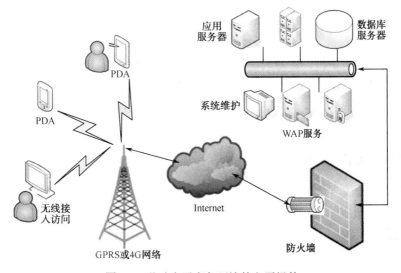

图 5-1　移动电子商务环境的主要组件

2．移动电子商务的特点

移动电子商务具有以下几个特点。

1）移动接入

移动接入是移动电子商务一个重要特性，也是基础。移动接入是移动用户使用移动终端设备通过移动网络访问 Internet 信息和服务的基本手段。移动网络的覆盖面是广域的，用户可以随时随地方便地进行电子商务交易。

2）身份鉴别

SIM 卡的卡号是全球唯一的，每一个 SIM 卡对应一个用户，这使得 SIM 卡成为移动用户天然的身份识别工具，利用可编程的 SIM 卡，还可以存储用户的银行账号、CA 证书等用于标识用户身份的有效凭证。还可以用来实现数字签名、加密算法、公钥认证等电子商务领域必备的安全手段。有了这些手段和算法，就可以开展比 Internet 领域更广阔的电子商务应用。

3）移动支付

移动支付是移动电子商务的一个重要目标，用户可以随时随地完成必要的电子支付业务。移动支付的分类方式有多种，其中比较典型的分类包括：按照支付的数额可以分为微支付、小额支付、宏支付等；按照交易对象所处的位置可以分为远程支付、面对面支付、家庭支付等；按照支付发生的时间可以分为预支付、在线即时支付、离线信用支付等。

4）信息安全

移动电子商务与 Internet 电子商务一样，需要具有 4 个基本特征（数据保密性、数据完整性、不可否认性及交易方的认证与授权）的信息安全。由于无线传输的特殊性，现有有线网络安全技术不能完全满足移动电子商务的基本需求。由于移动电子商务使用了新技术使得信息更安全、数据保密性更完好。

5）个性化

移动电子商务具有灵活、简单、方便的特点，它能完全根据用户的个性化需求和喜好定制，设备的选择及提供服务与信息的方式完全由用户自己控制。通过移动电子商务，用户可随时随地获取所需的服务、应用、信息和娱乐。可以使用智能电话或 PDA 查找、选择及购买商品和服务。

5.1.2 移动电子商务实现技术

科学技术的不断发展为移动电子商务的发展提供了坚实的基础。目前，实现移动电子商务的技术主要有以下几种。

1．无线应用协议

无线应用协议（WAP）是开展移动电子商务的核心技术之一，它是由 Motorola、Nokia、Ericsson 和 Phone.corn 公司最早倡导和开发的，它的提出和发展是基于在移动中接入 Internet 的需要，是全球性的开放标准。通过 WAP，手机可以随时随地、方便快捷地接入 Internet，真正实现不受时间和地域约束的移动电子商务。

WAP 是一种通信协议，它的提出和发展是基于在移动中接入 Internet 的需要。WAP 提供了一套开放、统一的技术平台，用户使用移动设备很容易访问和获取以统一的内容格式表示的 Internet 或企业内部网上的信息和各种服务。它定义了一套软、硬件的接口，可以使人们像使用 PC 一样使用移动电话收发电子邮件及浏览网页。同时，WAP 提供了一种应用开发和运行环境，能够支持当前最流行的嵌入式操作系统。WAP 可以支持目前使用的绝大多数无线设备，包括移动电话、FLEX 寻呼机、双向无线电通信设备等。在传输网络上，WAP 可以支持目前的各种移动网络，如 GSM、CDMA、PHS 等，它也可以支持第三代移动通信系统。目前，许多电信公司已经推出了多种 WAP 产品，包括 WAP 网关、应用开发工具和 WAP 手机，向用户提供网上资讯、机票订购、游戏、购物等服务。

2. 移动 IP 技术

移动 IP（Mobile IP）是由互联网工程任务小组（IETF）在 1996 年制定的一项开放标准。它的设计目标是能够使移动用户在移动自己位置的同时无须中断正在进行的 Internet 通信。

移动 IP 允许移动节点有两个 IP 地址。

（1）固定的归属地址。归属地址是静态的，用归属地址来标识 TCP 连接。移动节点在归属网络（Home Network）或者在外部网络（Foreign Network）都是通过归属代理（Home Agent）来接收数据的。目的地址为移动节点的归属地址（Home Address）的数据都会被归属代理拦截，由归属代理接收这些分组，然后再将它们传送到移动节点当前的接入点地址。

（2）在新的接入点的转交地址。转交地址是随接入点的改变而改变的，它可以被视为移动节点在网络拓扑范围内的地址。转交地址指示出网络号，这样可以标识出移动节点在网络拓扑中的接入点地址。

3. 通用分组无线业务

通用分组无线业务（General Packet Radio Service，GPRS）的中文含义为通用分组无线服务，是欧洲电信标准化组织（ETSI）在 GSM 系统的基础上制定的一套移动数据通信技术标准。它利用"包交换"（Packet-Switched）的概念发展出一套无线传输方式。GPRS 是 2.5 代移动通信系统。GPRS 具有"数据传输率高"、"永远在线"和"仅按数据流量计费"的特点，目前得到较广泛的使用。

4. 蓝牙技术

蓝牙（Blue Tooth）是由 Ericsson、IBM、Intel、Nokia 和 Toshiba 等公司于 1998 年 5 月联合推出的一项短程无线连接标准。该标准旨在取代有线连接，实现数字设备间的无线互联，以便确保大多数常见的计算机和通信设备之间可方便地进行通信。蓝牙作为一种低成本、低功率、小范围的无线通信技术，可以使移动电话、个人计算机、个人数字助理、便携式电脑、打印机及其他计算机设备在短距离内无须线缆即可进行通信。蓝牙支持 64Kb/s 实时话音传输和数据传输，传输距离为 10～100m，其组网原则采用主从网络。

5. 移动定位系统

移动定位是指通过特定的定位技术来获取移动手机或终端用户的位置信息（经纬度坐标），在电子地图上标出被定位对象位置的技术或服务。

定位技术有两种，一种是基于 GPS 的定位，一种是基于移动运营网基站的定位。基于 GPS 的定位方式是利用手机上的 GPS 定位模块将自己的位置信号发送到定位后台来实现移动定位的。基站定位则是利用基站对手机的测算距离来确定手机位置的。后者不需要手机具有 GPS 定位能力，但是精度很大程度依赖于基站的分布及覆盖范围的大小，有时误差会超过 1km。前者定位精度较高。此外还有利用 WiFi 在小范围内定位的方式。这项技术将会为本地旅游业、零售业、娱乐业和餐饮业的发展带来巨大商机。

6. 第四代移动通信技术（4G）

第四代移动通信技术可称为广带（Broadband）接入和分布网络，具有非对称超过 2Mb/s 的数据传输能力，对全速移动用户能提供 150Mb/s 的高质量影像服务，将首次实现三维图像的高质量传输。

它包括广带无线固定接入、广带无线局域网、移动广带系统和互操作的广播网络（基于地面和卫星系统），集成不同模式的无线通信，移动用户可以自由地从一个标准漫游到另一个标准。其广带无线局域网（WLAN）能与 B-ISDN 和 ATM 兼容，实现广带多媒体通信，形成综合广带通信网（IBCN）。它还能提供信息之外的定位定时、数据采集、远程控制等综合功能。

4G 通信技术应该具备以下特点。

1）更大的传输频宽
对大范围高速移动的用户（最高 250km/h）频宽需求为 2Mb/s，中速移动的用户（60km/h）频宽需求为 20Mb/s，低速移动或室内静止的用户频宽需求为 100Mb/s。

2）更高的存储容量
由于传输频宽增大，因此资料存储容量至少需要为 3G 系统的 10 倍以上。

3）更高的相容性
4G 通信技术必须具备向下相容、全球漫游、与网路互联、多元终端应用等，并能从 3G 通信技术平稳过渡至 4G。

4）不同系统的无缝连接
用户在移动中，特别是高速移动时，也都能顺利使用通信系统，并在不同系统间进行无缝转换（Seamless Transitions），传送高速多媒体资料等。

5）高度智慧化网络系统
4G 网络必须是高度智慧、能随状况自行调整的网络系统，它应具备良好的弹性以满足不同环境与不同用户的通信需求。

6）整合性的便利服务

4G 系统将个人通信、资讯传输、广播服务与多媒体娱乐等各项应用整合，提供更为广泛、便利、安全与个性化的服务。

5.1.3　移动电子商务模式

移动电子商务是借助于移动技术、通过移动网络向用户提供内容和服务，并从中获得利润的商务活动。而商务活动中不同的参与者、服务内容和利润来源的组合就形成了不同的商务模式。移动电子商务的主要商务模式包括通信模式、广告模式、信息服务模式、销售模式和移动工作支持模式等。

1．通信模式

移动通信是移动终端用户的基本要求，也是移动商务中最早出现、最普遍的服务。无线网络运营商为用户提供移动通信服务，用户交纳使用费，就形成了无线网络运营商通过语言或短信服务获取利润的商务模式。

这种商务模式的主要参与者就是无线网络运营商和用户，如图 5-2 所示，它的主要服务是语言和短信服务，主要的利润来源就是用户交纳的使用费。

图 5-2　通信模式

2．广告模式

广告是电子商务的重要利润来源，至今仍然是内容提供商赚取高额利润的有效途径。但是由于移动设备的屏幕小，与有线网相比就需要目的性更强的广告。如图 5-3 所示是广告模式的运作模式。从中可以看出，这种商务模式涉及广告客户、内容提供商、无线网络运营商和移动用户。当然，在广告模式运营过程中还涉及一些中间商，如无线广告代理商、内容集成商、移动门户网站和无线网络接入商等。

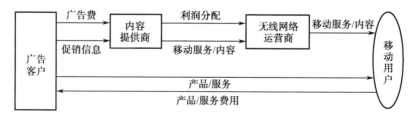

图 5-3　广告模式

在这种模式中，虽然表面上看广告客户支付给内容提供商一定的费用，内容提供商再与无线网络运营商之间进行利润分配。但实际上，移动用户才是利润的来源，移动用户通过购买产品和服务将利润过渡给广告客户，而广告客户只是将其获得利润的一部分以广告

费的形式付给内容提供商。内容提供商通过将推销信息添加到发给移动用户的内容和服务中获得广告费。而无线网络运营商通过为内容提供商提供无线传输服务而获得通信费或利润分成。

3. 信息服务模式

移动电子商务中的信息服务模式主要包括各种实时信息服务（如新闻、天气、股票信息等）、各种基于位置的信息服务（如移动用户附近酒店信息、娱乐场所信息、加油站位置信息等），以及各种紧急信息服务。

在这种商务模式中，主要的参与者是内容和应用服务提供商、无线网络运营商和用户；主要的服务是信息服务；主要的利润来源是移动用户交纳的服务预订费。如图 5-4 所示，内容提供商通过无线网络运营商向移动用户提供各种信息服务；移动用户通过交纳一定的预订费获得这些服务；无线网络运营商通过传输信息而获得通信费。另外，根据与内容提供商签订协议的情况，无线网络运营商还会以佣金的形式获得内容提供商的利润分成。

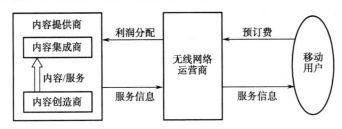

图 5-4　信息服务模式

4. 销售模式

自 Internet 诞生以来，就将其视为销售渠道之一，通过建立网上商店等形式可以降低销售成本。同样，无线网络也具有同样的功能，也已经开始成为产品和服务的另一种销售渠道。而且无线网络技术和终端设备的特性决定了这种销售模式具有不同于有线网络销售方式的特性。如图 5-5 所示，在这种商务模式中，主要的参与者有内容和应用服务提供商（产品/服务提供商）、门户/接入服务提供商、无线网络运营商、支持性服务提供商（第三方服务）和移动用户。

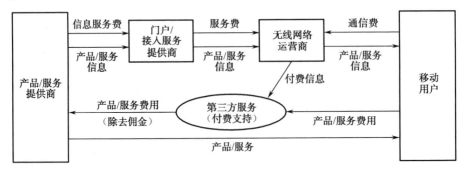

图 5-5　移动销售模式

从图 5-5 中可以看出，产品/服务提供商要向门户/接入服务提供商交纳信息服务费，这种费用可以根据信息流量或时间长度交纳，根据访问次数缴费，或按月、年付费等。而门户/接入服务提供商与无线网络运营商之间的付费方式则大多根据带宽的大小，按月/年付费，当然也有根据提供信息的数量（如按照提供多少千字节的信息付费）。有时移动用户还要向无线网络运营商提供通信费（产品/服务信息不是免费提供的情况）。第三方获得佣金的方式则可以根据交易次数收取（如每次收取一定额度的交易费），也可以根据交易金额收取（收取交易金额的一定比例）。

移动客户是利润的主要来源；产品和服务提供商通过向移动客户销售产品获得利润；门户/接入服务提供商通过向产品/服务提供商提供无线网络接入获得信息服务费；无线网络运营商通过向门户/接入服务提供商提供信息服务获得服务费，有时还会获得移动用户支付的通信费；而第三方（如信用卡公司、银行、无线网络运营商等）则是通过向产品/服务提供商提供服务支持（付费支持）而获得佣金。

5. 移动工作者支持服务模式

移动电子商务可以作为企业降低成本、提高客户满意度的手段，典型的应用包括移动支付、移动交易和移动订票等。无线网络的出现不仅能够帮助公司削减分支机构、呼叫中心、售票亭和柜台的人员数量，还有很多其他方面的作用。例如，减少传统商务模式的中间层，缩短供销链，增进了企业与客户之间的亲密感等。一个比较常见的例子就是，航空公司不需要旅行社介入，而是通过移动网络直接把票卖给客户。

企业运营过程的移动支持主要包括：移动资产管理、移动供应链管理、移动销售支持系统（售货员可以通过该系统访问企业后台数据库以检查产品的可用性，进而与客户达成更合适的发货日期）等，这个过程能够大大提高企业的生产力。

在企业移动支持中，最重要的一项就是对移动工作者提供支持服务系统。这个系统的建立能够大大提高移动工作者的工作效率。如图 5-6 所示，在这种模式中包括企业（内容提供商）、无线网络运营商和移动工作者。无线网络运营商通过向企业的移动工作者提供移动支持服务获得服务费用；移动工作者则是移动服务支持的对象；而企业则充当类似于内容提供商的角色。但不同的是，这里内容提供商并不会直接从移动工作者那里获得产品和服务费用，而是借助于移动工作者工作效率的提高，以及客户满意度和忠诚度的提高，进而提高经营效率的方式获得回报的。

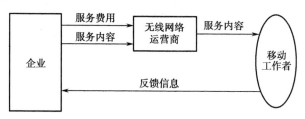

图 5-6　移动工作者支持服务模式

6. 增值服务类商业模式

增值服务类商业模式承袭固定互联网服务的商业模式，以终端用户为付费对象，通过移动互联网服务所衍生的增值服务进行收费。以手机腾讯为例，手机 QQ 服务免费，但对虚拟物品销售，包括 QQ 秀、宠物等进行收费，并已成为主要收入来源，它是互联网 QQ 业务盈利模式的顺延和扩展，如图 5-7 所示。

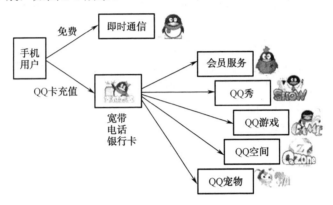

图 5-7　增值服务类商业模式

7. 内容类商业模式

内容类商业模式继承了移动数据业务的商业模式，终端用户为付费对象。它有两种收费方式：一是包月制，业务提供商按照不同的内容制定相应的费用，用户按月付费；二是按次付费，用户每下载或浏览一次，付相应的费用。以 4G 门户 GGLive 栏目为例，VIP 影视套餐收费标准为每月 10 元（促销价每月 4 元），VIP 教育套餐每月 10 元（促销价每月 4 元）。

由于 UGC（用户产生内容）类业务的产生，内容类业务出现了创新的商业模式，根据内容下载情况与内容提供者之间进行分成。某公司就推出了这样的盈利模式，我国移动视频共享网站也在向这个方向探索，如图 5-8 所示。

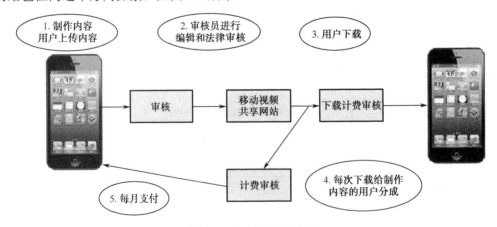

图 5-8　内容类商业模式

5.1.4　移动电子商务安全威胁

移动电子商务安全威胁包括以下几个方面。

1. 网络本身的威胁

无线通信网络不像有线网络那样受地理环境和通信电缆的限制，可以实现开放性的通信。无线信道是一个开放性的信道，它给无线用户带来通信自由和灵活性的同时，也带来了诸多不安全因素。例如，通信内容容易被窃听、通信双方的身份容易被假冒，以及通信内容容易被篡改等。在无线通信过程中，所有通信内容（如通话信息、身份信息、数据信息等）都是通过无线信道开放传送的。任何拥有一定频率接收设备的人均可以获取无线信道上传输的内容。对于无线局域网和个人网用户，其通信内容更容易被窃听，因为这些网络通信工作在全球统一开放的工业、科学和医疗频带上，任何团体和个人都不需要申请就可以免费使用该频段进行通信。无线窃听可以导致通信信息和数据的泄露，而移动用户身份和位置信息的泄露可以导致移动用户被无线追踪。这对于无线用户的信息安全、个人安全和个人隐私都构成了潜在的威胁。

2. 无线 Ad-Hoc 应用的威胁

Ad-Hoc 结构是一种省去了无线 AP 而搭建起来的对等网络结构，只要安装了无线网卡的计算机，彼此之间即可实现无线互联。无线装置给其移动性和通信媒体带来了新的安全问题。Ad-Hoc 网络和传统的移动网络有着许多不同，其中一个主要的区别就是 Ad-Hoc 网络不依赖于任何固定的网络设施，而是通过移动节点间的相互协作来进行网络互联的。Ad-Hoc 网络也正在逐步应用于商业环境中，如传感器网络、虚拟会议和家庭网络。由于其网络的结构特点，使得 Ad-Hoc 网络的安全问题尤为突出。

Ad-Hoc 网路的一个重要特点是网络决策是分散的，网络协议依赖于所有参与者之间的协作。攻击者可以基于该种假设的信任关系入侵协作的节点。例如，入侵一个节点的攻击者可以给网络散布错误的路由信息，甚至使所有的路由信息都流向被入侵的节点。同样，移动用户会漫游到许多不同的小区和安全域。通信由一个小区切换到另一个小区时，恶意的或被侵害的域可以通过恶意下载、恶意消息和拒绝服务来侵害无线装置。

3. 网路漫游的威胁

无线网络中的攻击者不需要寻找攻击目标，攻击目标会漫游到攻击者所在的小区。在终端用户不知情的情况下，信息可能被窃取和篡改。服务也可被经意或不经意地拒绝。交易会中途打断而没有重新认证的机制。由刷新引起连接的重新建立会给系统引入风险，没有再认证机制的交易和连接的重新建立是危险的。连接一旦建立，使用 SSL 和 WTLS 的多数站点不需要进行重新认证和重新检查证书。攻击者可以利用该漏洞来获利。

无线媒体为攻击者提供了很好的藏匿机会。由于无线设备没有固定的地理位置，它们可以在不同区域间进行漫游，可以随时上线或下线，很难被追踪。因此，对无线网络发起攻击会是攻击者对固定网络发起攻击的首选。

4．移动终端面临的安全威胁

移动终端的安全威胁比较复杂。由于移动终端的移动性，移动终端很容易被破坏或者丢失，势必造成安全影响，甚至安全威胁。更由于移动终端的持有者和网络终端的所有者一般情况下分属于不同的实体，因此他们尽管都属于终端的范畴，但是所面临的安全威胁是不相同的。概括起来移动终端的安全威胁主要包括以下方面：移动终端设备的物理安全；移动终端被攻击和数据破坏；SIM 卡被复制；RFID 被解密；在线终端容易被攻击等。

5．软件病毒造成的安全威胁

自从世界上第一个针对 Symbian 操作系统的手机软件病毒出现，移动终端就已经面临了严峻的安全威胁。况且，手机软件病毒眼下呈加速增长的趋势，每个星期至少有一款新的手机病毒产生，这就加剧了这种安全威胁。

6．商家欺诈行为造成的安全威胁

在移动电子商务中，消费者对于产品的了解只能通过图片和文字的简单说明去判断，这就使消费者对商品的产地、规格、原材料来源、成分等真实情况缺乏全面、深入的了解。以下几种情况可判断商家的欺诈行为。

（1）销售掺杂、掺假、以假充真、以次充好的商品。

（2）采取虚假或者其他不正当手段使销售的商品分量不足。

（3）销售"处理品"、"残次品"、"等外品"等商品而谎称是正品。

（4）以虚假的"清仓价"、"甩卖价"、"最低价"、"优惠价"或者其他欺骗性价格标示销售商品。

（5）以虚假的商品说明、商品标准、实物样品等方式销售商品。

（6）不以自己的真实名称和标记销售商品。

（7）采取雇用他人等方式进行欺骗性的销售诱导。

（8）进行虚假的现场演示和说明。

（9）利用广告对商品进行虚假宣传。

（10）骗取消费者预付款。

（11）以虚假的"有奖销售"、"还本销售"等方式销售商品。

（12）以其他虚假或者不正当手段欺诈消费者的行为。

7．移动电子商务平台运营管理漏洞造成的安全威胁

随着移动电子商务的发展，移动电子商务平台林立。大量移动电子商务平台如何管理、如何进行安全等级划分、如何确保安全运营，普遍缺少经验。移动电子商务平台设计和建设中做出的一些技术控制和程序控制的安全思考，需要在运营实践中进行修正和完善，更需要把技术性安全措施和运营管理中的安全措施、交易中的安全警示及安全思考进行整合，以形成一个整合的、增值的移动电子商务安全运营和防御战略，确保使用者免受安全威胁。

移动电子商务就是利用手机、PDA 及笔记本电脑等无线终端进行的 B2B、B2C、C2C 或 O2O 的电子商务。

5.2　移动电子支付

5.2.1　移动电子支付概述

1．什么是移动电子支付

所谓移动电子支付也称为手机支付，就是允许用户使用其移动终端（通常是手机）对所消费的商品或服务进行账务支付的一种服务方式。更准确地将移动支付定义为：以手机、PDA 等移动终端为工具，通过移动通信网络，实现资金由支付方转移到受付方的支付方式。

单位或个人通过移动设备、互联网或者近距离传感直接或间接向银行金融机构发送支付指令产生货币支付与资金转移行为，从而实现移动支付功能。移动支付将终端设备、互联网、应用提供商及金融机构相融合，为用户提供货币支付、缴费等金融业务。

2．移动支付方式

移动支付方式目前有以下几种。

1）手机钱包

手机钱包又可称为"小额移动支付"。该方式实施较容易，是目前国外较普遍采用的方式。手机钱包的特点是以用户的话费账户或关联用户的银行卡账户的移动运营商为主进行的消费购物活动。例如，用户可以通过拨打可口可乐机或地铁售票机上的特定号码，根据提示信息，按键选货，自动购买所需商品，购货成功后，用户可收到一条确认信息，所购货款会自动从话费中扣除。

2）手机银行

手机银行是通过移动通信网络将用户的手机连接至银行，通过手机界面直接完成各种金融理财业务。手机银行可以说是移动通信网上的一项电子商务业务。用户使用装有银行密钥的大容量 SIM 卡，即 STM 卡，通过移动电话的短消息系统（SMS）进行操作。用户有关银行账户、个人密码、业务代理、交易金额等信息送至相关银行，由银行处理后将结果返回至手机，从而完成手机银行的服务。手机银行使用户足不出户通过手机就能完成由银行代收的

电话费、水电费、煤气费、有线电视费等,并可查询账户余额和股票、外汇信息,完成转账、股票交易、外汇交易及其他银行业务。

3)手机支付

手机支付是在移动运营商和商业银行间加入了第三方,如中国银联。这种通过第三方构筑的转接平台,和上述两种点对点的业务模式不同,它可以实施"一点接入,多点服务"的功能。手机支付具有查询、缴费、消费、转账等主要业务项目。由于有第三方的介入,银行和电信运营商在技术、业务等方面更易协调。手机支付被认为比前两种方式更具有发展前途。

3.移动支付的特点

移动支付具有以下几个特点。

(1)支付灵活便捷。用户只要申请了移动支付功能,便可足不出户地完成整个支付与结算过程,不受时间、空间限制,随时、随地、随心所欲完成支付。

(2)交易时间成本低,可以减少往返银行的交通时间和支付处理时间。

(3)移动支付每台机器中配置一张加密卡,加一机一密,比网银支付方式更安全。

(4)利于调整价值链,优化产业资源布局。移动支付不仅可以为移动运营商带来增值收益,也可以为金融系统带来中间业务收入。

5.2.2 移动电子支付系统架构

移动电子支付从本质上讲就是买方为了获取卖方的某种商品或者服务,通过电子化的渠道,将买方的资金安全地转移给卖方的商业行为。移动电子支付系统的核心是账户间资金的安全转移,因此,移动电子支付系统架构应该围绕账户体系,结合移动电子支付的基本特点进行构建,如图5-9所示。

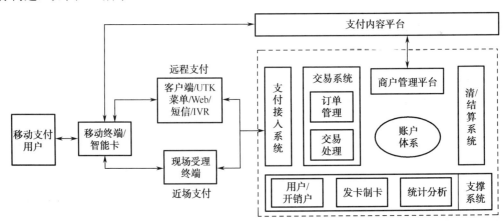

图5-9 移动电子支付系统架构

移动电子支付系统架构以账户体系为核心,由移动终端/智能卡、远程支付的客户端/UTK菜单/短信、近场支付的现场受理终端、支付接入系统、交易系统、账户体系、清/结算系统、支付内容平台、商户管理平台、支撑系统等部分组成。

1．移动终端/智能卡

移动终端/智能卡是指移动支付用户持有的设备，主要包括手机、PDA、移动 PC、RFID 智能卡等设备，用户使用移动终端/智能卡完成支付业务。移动支付与其他支付方式的不同之处在于生成及获取支付信息的源头是移动终端。

2．客户端/UTK 菜单/Web/短信/IVR

在远程支付中，用户通过手机上的支付客户端、智能卡上的 UTK 菜单、短信、IVR 等方式实现商品选购、订单支付等功能。

3．现场受理终端

在近场支付模式下，用户在商户的经营场所（超市、商场等）内选定商品后，或者在乘坐公交、观看电影时，持带有 RFID 功能的移动终端/智能卡，通过现场受理终端进行刷卡，完成支付和认证功能。

4．移动支付接入系统

用户通过移动终端或者智能卡接入移动支付平台的统一入口，完成支付环节的处理。移动支付接入系统作为用户设备和平台的一道安全屏障，保障了移动支付平台和账户资金的安全。移动支付接入系统主要包括近场支付的 POSP 接入平台、远程支付的 Web 门户服务器、短信接入服务器、IVR 语音接入服务器。

5．支付内容平台

这是在支付过程中提供内容或服务的系统，不局限于无线通信渠道。例如，用户通过 PC、互联网渠道也可以使用支付内容平台的服务。提供支付内容平台的机构可以是商城、B2C 商户、专营的第三方公司、校企服务公司、便民服务公司、公交公司等。

6．商户管理门户

商户管理门户是支付内容提供商接入移动支付平台的统一入口，也是商户访问支付平台的统一门户，通过该门户，商户可以完成账户管理、查询交易订单、申请支付接入等功能。

7．交易系统

它是完成支付交易流程的基本事务处理系统，通过接收支付接入系统的支付请求，完成订单处理和账户资金的流转等功能。

8．清/结算系统

清/结算系统主要完成交易订单的对账和资金清/结算功能。其中，对账包括与商户应用系统的对账、与金融机构的对账等。结算管理模块根据指定的分成方案和结算规则对交易日志进行结算，产生相应的结算数据。结算数据包括与商户的结算数据、与银行结算数据，根据这些结算数据运营商完成与各个部分之间的资金划拨。

9. 支撑系统

支撑系统主要包括用户的开/销户管理、RFID 智能卡制卡/发卡、业务统计等功能。

5.2.3 移动电子支付交易流程

1. 远程支付流程

在远程支付模式中，由于用户与商家不是面对面接触的，用户需要使用移动终端的客户端等接入方式在支付内容平台选购商品或服务，确认付款时，通过无线通信网络，与支付平台进行交互，由支付系统完成交易处理。其交易流程如图 5-10 所示。

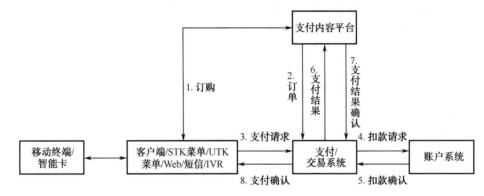

图 5-10　远程支付流程

远程支付交易流程说明如下。

（1）用户通过移动终端的客户端在支付内容平台上订购商品或服务。

（2）支付内容平台向支付交易系统提交订单。

（3）用户通过移动终端向支付交易系统发起支付请求。

（4）支付交易系统接收用户支付请求，检查用户的订单信息，向账户系统发起扣款请求。

（5）账户系统接收扣款请求，并对用户的账户信息进行鉴权，鉴权通过后，完成转账付款，并发送扣款确认信息给支付交易系统。

（6）支付交易系统将支付结果通知支付内容平台。

（7）支付内容平台向支付交易系统返回支付结果确认的应答。

（8）支付交易系统为支付客户端返回支付成功确认，完成交易流程。

2. 近场支付流程

近场支付（联机消费）是用户使用移动终端/智能卡，通过现场受理终端接入移动支付平台，在本地或接入收单网络完成支付过程的支付方式。其主要流程如图 5-11 所示。

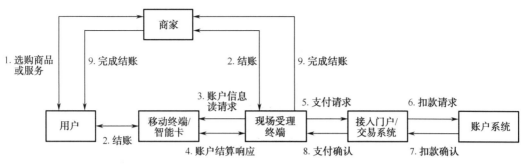

图 5-11　近场支付流程

近场支付（联机消费）流程说明如下。

（1）用户在商家的店内选择商品和服务。

（2）用户到商家的收银台结账。

（3）商家在现场受理终端（POS）上输入消费金额，通过近场通信技术，向移动终端/智能卡发起账户信息读取请求。

（4）移动终端/智能卡将账户信息发送给现场受理终端。

（5）现场受理终端发送支付请求指令给交易系统。

（6）交易系统发送账户扣款请求给账户系统。

（7）账户系统收到扣款请求后，进行用户账户鉴权，返回扣款确认信息。

（8）交易系统返回支付确认信息给现场受理终端。

（9）完成结账过程。

移动支付也称为手机支付，是允许用户使用手机对所消费的商品或服务进行账务支付的一种服务方式。

5.3　移动电子支付安全方案

5.3.1　WAP 无线应用协议

1. 什么是 WAP

WAP（Wireless Application Protocol）为无线应用协议，是一项全球性的网络通信协议。WAP 使移动网络有了一个通行的标准，其目标是将 Internet 上的丰富信息及先进的业务引入到移动电话等无线终端之中。WAP 定义可通用的平台，把目前 Internet 上的 HTML 语言的信息转换成用 WML（Wireless Markup Language）描述的信息，显示在移动电话的显示屏上。WAP 只要求移动电话和 WAP 代理服务器的支持，而不要求现有的移动通信网络协议做任何改动，因而可以广泛地应用于 GSM、CDMA、TDMA、4G 等多种网络。

2．WAP 的特点

（1）WAP 提供了一套开放、统一的技术平台，用户使用移动设备可以很容易地访问和获取以统一的内容格式表示的 Internet 或 Intranet 信息及各种服务。例如，综合新闻、天气预报、股市动态、商业报道、当前汇率和商业信息等。随着 WAP 应用的深入，电子商务、网上银行也会在 WAP 上逐步实现。用户还可以通过 WAP 随时随地获得体育比赛结果、娱乐圈趣闻及幽默故事等，为生活增添情趣；也可以利用 WAP 的网上预定功能，把生活安排得有条不紊。

（2）WAP 支持目前常用的绝大多数无线电设备，包括移动电话、FLEX 寻呼机、双向无线电通信设备等。这些设备相对于台式计算机而言，其 CPU 功能较弱，内存较少，无线环境下电力供应有限，显示屏较小，输入功能有限。另外，在传输网络上，WAP 支持目前的各种移动网络，如 GSM、CDMA、PHS 等，并可支持第三代移动通信系统。

（3）WAP 还同时定义了一套软、硬件的接口。通过这些接口的移动设备和网站服务器，人们可以像使用 PC 一样，使用移动电话收发 E-mail 和浏览 Internet。WAP 是一种通信协议，它不仅提供了应用开发和运行环境，而且对当前流行的嵌入式操作系统 Palm OS、Epoc、Windows、Flexo、Java OS 等提供了广泛的支持。

（4）WAP 标准还定义了一种应用环境 WAE（Wireless Application Environment），能够让设计人员开发独立于设备的用户界面，并可使用 WML 脚本 WMLScript 的 WAP 编程语言，把可执行的逻辑嵌入到移动终端中。这样，移动终端上就可以运行一种微型浏览器，供无线用户浏览信息。这种微型浏览器与 PC 上的 IE 或 NetScape 浏览器极为类似。

无线标记语言 WML（Wireless Markup Language）用来显示各种文字、图像等数据。WML 是一种基于扩展标记 EML（Extension Markup Language）的语言，是 XML 的子集。

而作为 WML 的脚本语言，WMLScript 可以补充 WML 的一些限制，如实现对用户输入数据的有效性进行检查等，一方面增强了 WML 的浏览和表示功能，另一方面对用户的操作也给予了更加灵活和智能的处理。

WAP 应用环境 WAE 是一种普遍意义上的应用开发框架，对在不同的无线电通信网络上开发和运行 WAP 应用服务提供了广泛支持。目前这一框架主要基于现有的 Internet 技术。

（5）WAP 应用结构与 Internet 结构非常类似。

3．WAP 协议堆栈

WAP 定义了一个分层的体系结构，为移动通信设备上的应用开发提供了一个可伸缩的和可扩充的环境，如图 5-12 所示。此外，在 WAP 标准之外的业务和应用，可以直接使用会晤层、事务层、安全层和传送层所提供的服务，从而支持在 WAP 中尚未标准化的电子邮件、日历、电话号码簿、记事本、电子商务等应用和服务。

从图 5-12 中可知以下内容。

（1）WAE 层，无线应用环境提供无线网络内容开发人员使用的工具。其中包括 WML

和 WMLScript，它们是一种与 WML 结合使用的脚本语言。其功能与 JavaScript 非常相似。

WAE	无线应用环境
WSP	无线会话协议
WTP	无线转换协议
WTLS	无线传输安全层
WDP	无线数据报协议
SMS，GPRS，CSD，USSD	网络载波方式

图 5-12　WAP 协议堆栈

（2）WSP 层，无线会话协议确定设备和网络之间的会话是面向连接还是无连接。也就是说，这是关于在会话期间设备是否需要与网络之间来回通信。在面向连接的会话中，数据在设备和网络之间双向传递；之后 WSP 会将数据包发送到无线转换协议层。如果会话是无连接的（通常在从网络向设备进行广播或流式处理时使用），则 WSP 会将数据包重定向到无线数据报协议层。

（3）WTP 层，无线转换协议像是一个交通警察，它使数据保持一种具有逻辑性的顺畅流动方式。它还决定如何分类每个事务请求：可靠双向、可靠单向、不可靠单向。WSP 和 WTP 层对应于 TCP/IP 协议组中的超文本传输协议（HTTP）。

（4）WTLS 层，无线传输安全层提供许多与 TCP/IP 的传输层安全（TLS）部分中相同的安全功能。它检查数据的完整性、提供加密并执行客户端和服务器身份验证。

（5）WDP 层，无线数据报协议与网络载波层结合使用。WDP 使得 WAP 易于适应各种载波，因为需要更改的只是在此级别保持的信息。

（6）网络载波层，也称为载体，它们可以是无线提供商使用的任何现有技术，只要是在 WDP 级别提供信息以使 WAP 通过接口与该载体连接即可。

4．WAP 的安全架构体系

基于 WAP 的安全构架体系的组成部分如图 5-13 所示。其中 WPKI 作为安全基础设施平台是安全协议能有效实行的基础，一切基于身份验证的应用都需要 WPKI 的支持。它可与 WTLS、TCP/IP、WMLScript Sign 相互结合实现身份认证、私钥签名等功能。基于数字证书和加密密钥，WPKI 提供一个在分布式网络中高度规模化、可管理的用户验证手段。网络安全协议平台包括 WTLS 协议及有线环境下位于传输层上的安全协议 TLS、SSL 和 TCP/IP。协议安全参与实体作为底层安全协议的实际应用者，相互之间的关系也由底层的安全协议决定。当该安全构架运用于实际移动电子商务时，这些安全参与实体间的关系即体现为交易方（移动终端、Web 服务器）和其他受信任方（WAP 网关、代理和无线认证中心）。

5．无线传输层安全 WTLS

WTLS 将 Internet 的安全扩展到了无线环境,对于 SSL 在 Internet 上所实现的安全在无线环境中给予了实现,从而带来了今天的移动电子商务的繁荣。WTLS 是 WAP 协议栈的可选层,工作于运输层之上,它是模块化的,使用取决于所要求的安全层次。目前 WTLS 为 WAP 提供了鉴别、加密、完整性三大安全服务。

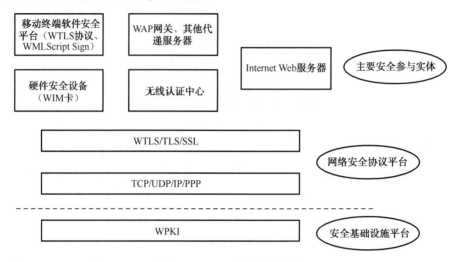

图 5-13　WAP 安全构架模型

6．应用层安全 WMLScript Sign

WMLScript 是一种能够提供编程功能的语言,它属于 WAP 的应用层,可以用在基于 WAP 的应用开发之中。它是类似于 JavaScript 的轻型脚本语言,能够支持窄带通信和瘦客户端。它可以用于移动商务在线支付过程中,用户对自己的购物清单确认无误后,使用自己的私钥对该清单数据签名,授权在线商店有权在交易完成后从用户的银行账户划转相应金额的款项。

7．无线个人身份识别模块 WIM

无线个人身份识别模块 WIM 是一个防撬设备,存储着用户个人身份、私钥和公钥证书等信息,并参与握手协议中的身份认证与密钥交换操作,以及实现所有与用户私钥有关的密码操作,如数字签名和对用公钥加密的密文进行解密等。WIM 的另外一个重要特征是它可以与手机分开,这样用户可以更换手机而不至于丢失个人信息和设置。WIM 功能可以在 SIM 卡(SIM-WIM 或 SWIM)中实现,也可以在一个单独的 WIM 卡中实现。移动网络运营商喜欢 SIM-WIM 方式,可以将 SIM 卡和 WIM 卡的功能组合在一个卡上实现;一个单独的 WIM 卡则要求手机具有两个标准智能卡插口,这种方式往往用于提供无线服务的第三方。

8．无线公共密钥系统 WPKI

无线公共密钥系统 WPKI 主要管理 WAP 网络中用户和服务器的公钥证书。WAP 规范建议用户和服务器使用两个不同的公钥：一个用于密钥交换（其证书可用于身份认证），另一个可用于数字签名。前者用于传输层的握手协议中，使用比较频繁，但对安全性要求不高；而后者仅用于某些需要提供不可否认的服务密码特性的移动电子商务应用中，使用次数有限，但对安全性要求很高。因而，WAP 规范建议签名密钥的长度比认证密钥长，这样不仅可以保护 WAP 应用，而且还可以提高 WTLS 中握手协议效率。

公钥证书是由可信赖的证书授权机构 CA 签发给使用者的，它包括使用者的姓名和公钥、证书有效期等信息，以及 CA 对这些信息的数字签名。一旦 CA 签发证书，任何人都不能更改证书的内容。这是因为证书中的签名只有 CA 才能生成，而且 CA 对整个证书信息进行签名。基于上述事实，公钥证书除了被用于证明用户公钥的正确性外，它还被用于认证用户身份的合法性。这可以从因特网安全协议 SSL 和 TSL 中得到印证。在 WAP 安全协议 WTLS 中，服务器和用户（如果服务器要求的话）分别利用其公钥证书向对方证明自己的身份。WAP 规范建议服务器证书采用 WTLS 证书格式，因为这种格式具有编码紧凑、容易实现、证书长度短等特点，便于在移动设备中验证，也易于在无线通信网络中传输。而用户证可以采用 X.509 格式，但用户有时不必传其证书给服务器，而是传其证书的 URL，服务器可以根据 URL 从证书授权机构直接调取，这样不仅可以降低无线设备的实现复杂性，而且可以提高 WTLS 中握手协议的效率。

WAP 规范建议在移动通信网络中建立 WPKI，以便于 WAP 能够迅速查询证书。此外，WPKI 的建立也便于证书的有效管理。一个简单的证书生存期包括产生、分配、验证和撤回等步骤，这些步骤都需要进行管理，而且管理过程还涉及一些安全政策问题。证书的管理及其相关的安全政策都属于 PKI 的范畴。

5.3.2　WPKI 体系

1．什么是 WPKI

WPKI（Wireless Public Key Infrastructure）即"无线公开密钥体系"，是将互联网电子商务中 PKI（Public Key Infrastructure）安全机制引入到无线网络环境中的一套遵循既定标准的密钥及证书管理平台体系，它能为移动运营商的不同无线网络上的各种应用提供加密和数字签名等密码安全服务。

WPKI 并不是一个全新的 PKI 标准，它是传统的 PKI 技术应用于无线环境的优化扩展。它同样采用证书管理公钥，通过第三方的可信任机构——CA 验证用户的身份，从而实现信息的安全传输。PKI 技术就是利用公钥理论和技术建立的提供信息安全服务的基础设施，它是国际公认的互联网电子商务的安全认证机制，它利用现代密码学中的公钥密码技术在开放的 Internet 网络环境中提供数据加密，以及数字签名服务的统一的技术框架。

公钥是目前应用最广泛的一种加密体制，在这一体系中，加密密钥与解密密钥各不相同，发送信息的人利用接收者的公钥发送加密信息，接收者再利用自己专有的私钥进行解密。这种方式既保证了信息的机密性，又能保证信息具有不可抵赖性。目前，公钥体系广泛地用于 CA 认证、数字签名和密钥交换等领域。

与 PKI 系统相似，一个完整的 WPKI 系统必须具有：PKI 客户端、注册机构（RA）、认证机构（CA）、证书库以及应用接口等基本构成部分，其构建也将围绕着这五大系统进行。

1）认证机构 （CA）

CA 系统是 PKI 的信任基础，负责分发和验证数字证书，规定证书的有效期，发布证书废除列表（CRL）。

2）注册机构（RA）

作为认证机构的校验者，在数字证书分发给请求者之前对证书进行验证。它捕获并认证用户的身份，向 CA 提出证书请求。认证的处理质量决定了证书中被设定的信任级别。

3）智能卡

智能卡将具有存储、加密及数据处理能力的集成电路芯片镶嵌于塑料基片中，具有体积小、难以破解等特点，在生产过程、访问控制方面有很强的安全保障。很多种需要客户端认证的应用都可以使用智能卡来实现。智能卡也是存储移动电子商务密钥及相关数字证书的最佳选择，卡片载有持卡人的数字证书、私钥及加密签名模块，从而实现移动电子商务中的身份识别和信息加密传输。

4）数字证书库

用于存储已签发的数字证书及公钥，用户可由此获得所需的其他用户的证书及公钥。

5）应用接口

一个完整的 WPKI 必须提供良好的应用接口系统，使各种各样的应用能够以安全、一致、可信的方式与 WPKI 交互，确保安全网络环境的完整性和易用性。

6）加密算法

加密算法越复杂，密钥越长则安全性越高，但执行运算所需的时间也越长，对芯片计算能力的要求也越高。所以，支持 RSA 算法的智能卡通常需要高性能的具有协处理器的芯片。而 ECC 使用较短的密钥就可以达到和 RSA 算法相同的加密强度。由于智能卡在 CPU 处理能力和 RAM 大小的限制，因而采用一种运算量小同时能提供高加密强度的公钥密码体制对在智能卡上实现数字签名应用是至关重要的，ECC 在这方面具有很大的优势。

目前，国际上很多国家都在研究 WPKI 技术，美国、日本和欧洲各国都已发展出自己的信息安全技术和产业，WPKI 领域的主流体系有如下几种：WAP FORUM 制定的 WAP PKI；日本 NTT 的 I-MODE 安全体系；美国 PALM 公司的安全体系；这些组织的 WPKI 体系均具备自己完整的协议体系，并且已经在无线数据业务中得到实际应用。

2. WPKI 应用

WPKI 系统的主要功能是为基于移动网络的各类移动终端用户及移动数据服务提供商的业务系统提供基于 WPKI 体系的各种安全服务，其系统架构图 5-14 所示。

WPKI 主要应用在以下几个方面。

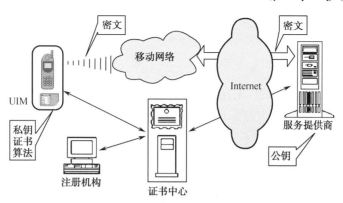

图 5-14 WPKI 系统架构

1）网上银行（无线电子支付和无线电子转账）

用户可以用移动设备通过网上银行轻松实现电话费缴纳、商场购物、缴泊车费、自动售货机买饮料、公交车付费、投注彩票等手机支付服务。如果在网上银行系统中采用了 WPKI 和数字证书认证技术，不法分子即使窃取了卡号和密码，也无法在网上银行交易中实现诈骗。从世界范围看，数字证书技术已经被广泛地应用在国内外网上银行系统中，至今尚未发现一例由于数字证书被攻破而使网上银行诈骗得逞的案件。网上银行的应用主要有如下两种：

第一种是无线电子支付：用户可以利用手机完成实时支付，在付款过程中用户通过认证后输入相应的银行卡账号，支付系统会从远程账号上自动减掉这笔账目，主要处理交易完成之后回传给用户相应信息并加以确认。

第二种是无线电子转账：用户可以通过手机连接到银行，执行登录操作后进行转账交易。此时，银行的相应服务器必须确认用户的转账交易资料，它会要求用户端做电子签章的确认，也会发给用户一份电子收据。

2）网上证券和网上缴税

网上证券和网上缴税同样是通过移动终端设备进行的，给用户带来了极大便利，减少了操作时间，提高了办事效率，但是也面临着安全性和可靠性的问题。类似于网上银行系统的实现，采用 WPKI 体系作为安全技术框架，移动用户可以通过使用个人拥有的数字证书，使信息获得更有效的、端到端的安全保障。

3）指纹识别系统

公安局可以使用附有指纹识别与网络浏览器的 PDA 装置，运用无线上网方式，连线至已经建立好的指纹、相片甚至脸型、声音特征等资料库进行即时线上查询与对比，这些资料采用 WPKI 体系加密后再传输于 PDA 与资料库之间，可以达到安全保密的效果。

4）小型超市及物流仓库的盘点

工厂仓库的盘点人员进行完盘点后，可以通过无线网络直接将相应资料以加密的方式传回到相应部门，同时可以进行数字签名，保证信息的安全和可靠性。

5.3.3 蓝牙技术

1. 什么是蓝牙

蓝牙（Bluetooth）是由东芝、爱立信、IBM、Intel 和诺基亚于 1998 年 5 月共同提出的近距离无线数据通信技术标准。它能够在 10m 的半径范围内实现单点对多点的无线数据和声音传输，其数据传输带宽可达 1Mb/s。通信介质为频率在 2.402～2.480GHz 的电磁波。

"蓝牙"取自 10 世纪丹麦国王哈拉尔德的别名。蓝牙技术是一种用于替代便携或固定电子设备上使用的电缆或连线的短距离无线连接技术。也就是说，在办公室、家庭和旅途中，无须在任何电子设备间布设专用线缆和连接器。通过蓝牙遥控装置可以形成一点到多点的连接，即在该装置周围组成一个"微网"，网内任何蓝牙收发器都可与该装置互通信号。而且，这种连接无须复杂的软件支持。蓝牙收发器的一般有效通信范围为 10m，强的可以达到 100m 左右。正如爱立信蓝牙组负责人所说，设计蓝牙的最初想法是"结束线缆噩梦"。

2. 蓝牙技术

SIG 组织于 1999 年 7 月 26 日推出了蓝牙技术规范 1.0 版本。蓝牙技术的系统结构分为三大部分：底层硬件模块、中间协议层和高层应用。底层硬件部分包括无线跳频（RF）、基带（BB）和链路管理（LM）。无线跳频层通过 2.4GHz 无须授权的 ISM 频段的微波，实现数据位流的过滤和传输，本层协议主要定义了蓝牙收发器在此频带正常工作所需满足的条件。基带负责跳频及蓝牙数据和信息帧的传输。链路管理负责连接、建立和拆除链路并进行安全控制。

蓝牙技术结合了电路交换与分组交换的特点，可以进行异步数据通信，可以支持多达 3 个同时进行的同步话音信道，还可以使用一个信道同时传送异步数据和同步话音。每个话音信道支持 64Kb/s 的同步话音链路。异步信道可以支持一端最大速率为 721Kb/s、另一端速率为 57.6Kb/s 的不对称连接，也可以支持 43.2Kb/s 的对称连接。

中间协议层包括逻辑链路控制和适应协议、服务发现协议、串口仿真协议和电话通信协议。逻辑链路控制和适应协议具有完成数据拆装、控制服务质量和复用协议的功能，该层协议是其他各层协议实现的基础。服务发现协议层为上层应用程序提供一种机制来发现网络中可用的服务及其特性。串口仿真协议层具有仿真 9 针 RS232 串口的功能。电话通信协议层则提供蓝牙设备间话音和数据的呼叫控制指令。

主机控制接口层（HCI）是蓝牙协议中软、硬件之间的接口，它提供了一个调用基带、链路管理、状态和控制寄存器等硬件的统一命令接口。蓝牙设备之间进行通信时，HCI 以上的协议软件实体在主机上运行，而 HCI 以下的功能由蓝牙设备来完成，二者之间通过一个对两端透明的传输层进行交互。

在蓝牙协议栈的最上部是各种高层应用框架。其中较典型的有拨号网络、耳机、局域网访问、文件传输等，它们分别对应一种应用模式。各种应用程序可以通过各自对应的应用模式实现无线通信。拨号网络应用可通过仿真串口访问微微网（Piconet），数据设备也可由此接入传统的局域网；用户可以通过协议栈中的 Audio（音频）层在手机和耳塞中实现音频流的无线传输；多台 PC 或笔记本电脑之间不需要任何连线，就能快速、灵活地进行文件传输和共享信息，多台设备也可由此实现同步操作。

总之，整个蓝牙协议结构简单，使用重传机制来保证链路的可靠性，在基带、链路管理和应用层中还可实行分级的多种安全机制，并且通过跳频技术可以消除网络环境中来自其他无线设备的干扰。

3．蓝牙技术的特点

蓝牙技术具有以下几个特点。

1）全球范围适用

蓝牙工作在 2.4GHz 的 ISM 频段，全球大多数国家 ISM 频段的范围是 2.4Hz～2.4835GHz，使用该频段无须向各国的无线电资源管理部门申请许可证。

2）同时可传输语音和数据

蓝牙采用电路交换和分组交换技术，支持异步数据信道、三路语音信道及异步数据与同步语音同时传输的信道。每个语音信道数据速率为 64Kb/s，语音信号编码采用脉冲编码调制（PCM）或连续可变斜率增量调制（CVSD）方法。当采用非对称信道传输数据时，速率最高为 721Kb/s，反向为 57.6Kb/s；当采用对称信道传输数据时，速率最高为 342.6Kb/s。

3）可以建立临时性的对等连接

根据蓝牙设备在网络中的角色，可分为主设备与从设备。主设备是组网连接主动发起连接请求的蓝牙设备，几个蓝牙设备连接成一个皮网时，其中只有一个主设备，其余的均为从设备。皮网是蓝牙最基本的一种网络形式，最简单的皮网是一个主设备和一个从设备组成的点对点的通信连接。

4）具有很好的抗干扰能力

工作在 ISM 频段的无线电设备有很多种，如家用微波炉、无线局域网等产品，为了很好地抵抗来自这些设备的干扰，蓝牙采用了跳频方式来扩展频谱，将 2.402～2.48GHz 频段分成 79 个频点，相邻频点间隔 1MHz。蓝牙设备在某个频点发送数据之后，再跳到另一个频点发送，而频点的排列顺序则是伪随机的，每秒钟频率改变 1600 次，每个频率持续 625μs。

5）蓝牙模块体积很小、便于集成

由于个人移动设备的体积较小，嵌入其内部的蓝牙模块体积就应该更小，如爱立信公司的蓝牙模块 ROK101008 的外形尺寸仅为 32.8mm×16.8mm×2.95mm。

6）低功耗

蓝牙设备在通信连接状态下，有四种工作模式——激活模式、呼吸模式、保持模式和休眠模式。Active 模式是正常的工作状态，另外三种模式是为了节能所规定的低功耗模式。

7）开放的接口标准

SIG 为了推广蓝牙技术的使用，将蓝牙的技术标准全部公开，全世界范围内的任何单位和个人都可以进行蓝牙产品的开发，只要最终通过 SIG 的蓝牙产品兼容性测试，就可以推向市场。

8）成本低

随着市场需求的扩大，各个供应商纷纷推出自己的蓝牙芯片和模块，蓝牙产品价格飞速下降。

4．蓝牙技术应用

蓝牙技术的应用范围相当广泛，可以广泛应用于局域网络中各类数据及语音设备，如 PC、拨号网络、笔记本电脑、打印机、传真机、数码相机、移动电话和高品质耳机等。蓝牙的无线通信方式将上述设备联成一个微微网（Piconet），多个微微网之间也可以进行互联，从而实现各类设备之间随时随地进行通信。应用蓝牙技术的典型环境有无线办公环境、汽车工业、信息家电、医疗设备及学校教育和工厂自动控制等。

1）蓝牙圆珠笔

瑞典阿诺托公司（ANOTO）推出一种"数字圆珠笔"，用这种笔在特制的"数字化纸张"上写字或绘图时，所书写、绘制的内容能够以图像的形式传送到特殊的移动电话或计算机上，然后通过互联网发送。这种笔比普通圆珠笔略粗，里面藏有微型数字照相机、图像处理装置、无线信号发送器、充电电池和油墨盒等。它所用的"数字化纸张"看上去与普通纸无异，但纸上按特定方式不均匀地印有数以百万计的微点。书写时，数字照相机不断拍摄笔尖所在区域的微点图像。在此基础上，图像处理装置计算笔尖与纸张间的相对位置，追踪笔尖的运动，从而模拟出用户所写的内容并用图像方式存储起来。使用蓝牙技术无线信号发送器，"数字圆珠笔"就可将图像传输到移动电话、计算机等设备上，进而发送到别人的移动电话或电子信箱里。

2）蓝牙数码相机

佳能公司在全球最大电信及电脑科技展 CeBIT 2001 上，展示了在 S10 数码相机上结合蓝牙技术的运用实例：首先要在相机一侧接"蓝牙"设备模块。然后将接收器连接到一台喷墨打印机上，相机中的数码图像就能够简单地通过无线电传输到打印机上。无线传输数据的范围为距离 10m 左右。当"蓝牙"模块使用在移动电话上时，数码相机就能够接收移动电话上的信息，然后再传递到另一个"蓝牙"模块。图 5-15 是一款挂在耳朵上的蓝牙数码相机。

3）蓝牙手机

蓝牙手机是指带有蓝牙功能的手机。蓝牙功能

图 5-15　挂在耳朵上的蓝牙数码相机

是一种无方向性，能穿越阻碍物的以微波无线传输数据、语音的功能。手机如果具备了蓝牙功能，可以无线的与计算机之间上传下载图片、铃声，而且还可以与笔记本电脑一起实现无线移动上网（GPRS），甚至两台蓝牙手机之间可以无线传递图片、铃声或者打游戏。

蓝牙手机还可以使用蓝牙耳机来无线接听和拨打电话，这样用户打电话的时候就不用把手机拿在手上了，在双手操作键盘或开车的时候也可以从容地接听或拨打电话。蓝牙手机还可以把手机拍摄的照片通过蓝牙图片浏览器即时无线地传递到电视机、录像机、投影机等视频设备上观看存取，或者直接传递到蓝牙打印机上即时将照片打印出来。蓝牙手机还可以与蓝牙 GPS（全球定位）一起使用，无论用户走到哪里或开车到哪一个城市，都能让其知道自己精确的方位、行进的速度及所处高度。

　　4）蓝牙手表
　　蓝牙手表是一种带蓝牙功能的手表，是多功能智能通信手表的一种。通过手表带有的蓝牙功能，可以和蓝牙手机配对连接后使用，当手机有电话打进的时候，蓝牙手表会有震动提示来电号码显示，24 小时时间显示等。

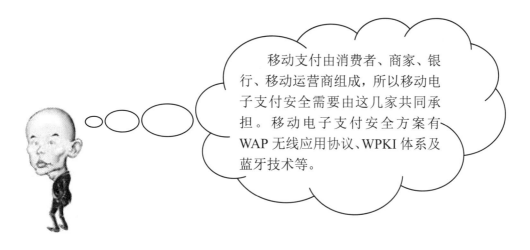

移动支付由消费者、商家、银行、移动运营商组成，所以移动电子支付安全需要由这几家共同承担。移动电子支付安全方案有WAP 无线应用协议、WPKI 体系及蓝牙技术等。

5.4　感受微信的力量

5.4.1　微信与微店概述

1. 什么是微信

　　微信（WeChat）是腾讯公司于 2011 年 1 月 21 日推出的一个为智能终端提供即时通信服务的免费应用程序。微信支持跨通信运营商、跨操作系统平台，通过网络快速发送免费（需消耗少量网络流量）语音短信、视频、图片和文字，同时也可以使用通过共享流媒体内容的资料和基于位置的社交插件"摇一摇"、"漂流瓶"、"朋友圈"、"公众平台"、"语音记事本"等服务插件。微信可以通过 QQ 号直接登录注册或者通过手机号码注册。

　　微信提供公众平台、朋友圈、消息推送等功能，用户可以通过"摇一摇"、"搜索号码"、"附近的人"、扫二维码方式添加好友和关注公众平台，同时微信将内容分享给好友，以及将用户看到的精彩内容分享到微信朋友圈。

截至 2015 年第一季度末，微信每月活跃用户达 5.49 亿，覆盖全球 200 多个国家，20 多种语言，90%以上的智能手机。如图 5-16 所示的是微信标志。

图 5-16　微信标志

2．微信功能

微信的基本功能有以下几个方面。

1）聊天

支持发送语音短信、视频、图片（包括表情）和文字，是一种聊天软件，支持多人群聊。

2）添加好友

微信支持查找微信号码（具体步骤：单击微信界面下方的"＋"→添加朋友→搜号码，输入想搜索的微信号码，然后单击查找即可）、查看 QQ 好友并添加好友、查看手机通信录和分享微信号添加好友、雷达加好友、面对面建群、扫一扫、公众号等方式。

3）实时对讲机

用户可以通过语音聊天室和一群人语音对讲，但与在群里发语音不同的是，这个聊天室的消息几乎是实时的，并且不会留下任何记录，在手机屏幕关闭的情况下也仍可进行实时聊天。

4）朋友圈

用户可以通过朋友圈发表文字和图片，同时可通过其他软件将文章或者音乐分享到朋友圈。用户可以对好友新发的照片进行评论或点赞，用户只能看相同好友的评论或点赞。

5）语音提醒

用户可以通过语音提醒打电话或查看邮件。

6）通信录安全助手

开启后可上传手机通信录至服务器，也可将之前上传的通信录下载至手机。

7）查看附近的人

微信将会根据用户的地理位置找到在其附近同样开启本功能的人。

8）微信摇一摇

这是微信推出的一个随机交友应用，通过摇手机或单击按钮模拟摇一摇，可以匹配到同一时段触发该功能的微信用户，从而增加用户间的互动和微信黏度。

3．支付功能

微信支付是集成在微信客户端的支付功能，用户可以通过手机完成快速的支付流程。微信支付向用户提供安全、快捷、高效的支付服务，以绑定银行卡的快捷支付为基础。微信支付，实现线下到线上的闭环，如图 5-17 所示。

图 5-17　微信支付功能

4．支付环境

用户只需在微信中关联一张银行卡，并完成身份认证，即可将装有微信的智能手机变成一个全能钱包，之后即可购买合作商户的商品及服务。用户在支付时只需在自己的智能手机上输入密码，无须任何刷卡步骤即可完成支付，整个过程简便流畅。

微信支付包括微信公众平台支付、App（第三方应用商城）支付、二维码扫描支付、刷卡支付，以及用户展示条码，商户扫描后，完成支付。

微信支付支持以下银行发卡的贷记卡：深圳发展银行、宁波银行。此外，微信支付还支持以下银行的借记卡及信用卡：招商银行、建设银行、光大银行、中信银行、农业银行、广发银行、平安银行、兴业银行、民生银行。

5．支付规则

（1）绑定银行卡时，需要验证持卡人本人的实名信息，即姓名、身份证号的信息。

（2）一个微信号只能绑定一个实名信息，绑定后实名信息不能更改，解卡不删除实名绑定关系。

（3）同一身份证号只能注册最多 10 个（包含 10 个）微信支付。

（4）一张银行卡（含信用卡）最多可绑定 3 个微信号。

（5）一个微信号最多可绑定 10 张银行卡（含信用卡）。

（6）一个微信号中的支付密码只能设置一个。

（7）银行卡无须开通网银（中国银行、工商银行除外），只要在银行中有预留手机号码，即可绑定微信支付。

6. 什么是微店

微店是指手机上的购物网店，可以替代官方网站、网络商城平台，也可以实现客户数据管理、在线支付、物流查询等全面的网络交易功能。

微店适用于面向终端消费者的 B2C 零售企业，也适合大型机械设备、原材料、工程建设等特殊 B2B 公司。创办于 2011 年 4 月 2 日，致力于打造国内最大的新型多功能生态化综合电子商务平台，网站是集成了购物系统、分销代理系统、社区化分享系统、微型威客系统、分享推广系统于一体化的多功能生态化电子商务平台。

开微店无须资金成本、无须寻找货源、不用自己处理物流和售后，是最适合大学生、白领、上班族的兼职创业平台。

7. 微店的盈利模式

开微店可以有以下几种盈利模式。

（1）卖别人的产品，赚自己的佣金。当你注册一个微店后，就拥有了整个云端产品库的产品销售权，即获得了一座网上百货商城。消费者进入你的微店产生了购买，你可以获得 70% 的推广佣金。分销商越多，你的佣金越多。介绍别人来开微店，他们自然就成了你的分销商，消费者在你分销商的微店产生了购买，你可以获得推广佣金的 30%。

（2）介绍别人来开微店。介绍别人开微店后，他们自然就成了你的分销商，消费者在你分销商的微店产生了购买，你可以获得推广佣金的 30%。分销越多，你得到的奖励越多。

（3）当你的分销商有 30 个以后，你可以申请成为见习认证员，每个见习认证员可以招收供应商入驻，供应商入驻以后你即可获得 700 元的提成。

8. 微店的特色

微店具有以下几个特色。

1）拥有良好的客源，经营便捷

微店是以微信为载体所推出的一种虚拟店铺，微店店主能够通过微店发布自己店铺的产品。微信使用方便，目前身边的朋友大多是通过微信交流，在朋友圈中发布自己微店的产品，往往能够获得出其不意的效果。

想要开一家微店，只需要店主的身份证号、手机号、银行卡这三项，全程注册只需要短短的几分钟，省略了复杂的流程，十分便捷高效，这一点让广大的微店店主颇为满意。"微店不微"，别看微店操作简单，手机掌控，但是其巨大的市场前景却是不可限量的。

2）操作系统简单易学

在很多人的潜意识中，开一家店铺是十分烦琐的。但是微店配合以金元宝开店这一微店神器，帮助微店用户轻松掌控店铺。金元宝是微店店主必不可少的开店好帮手，具有"免费、方便、高效、丰富、安全"等特色，通过金元宝这一手机软件，便可以时时与客户进行在线交流、轻松管理订单、将商品详细分门别类。

对于日常工作较为忙碌的微店店主来说，金元宝可详细分析店铺经营趋势、销售概况、宝贝排行，极大地减轻了微店店主的管理压力。对于时常光顾店铺的老顾客来说，一般通过金元宝"会员管理"这一项管理会员，当会员再次光顾店铺时，便可以及时使用金元宝进行打折优惠、积分兑换等。

3）免费开店无须额外费用

开一家微店店铺，不需要任何的注册费用、开店费用，可以说是人人都开得起的店铺。不少具有实体店铺的店主都会开一家微店，将自己的产品放到微店上，实现线上线下两个店铺同时经营。这样一来，极大地拓宽了自己的销路，可以收到全国各地的微信用户所下的订单。有的微信用户使用过产品后觉得不错，便会在朋友圈宣传，这无疑又免费为微店做了广告，长久下来客源就丰富起来了。

5.4.2　微信电子商务

1．什么是微商

微商是利用社交工具微信所做的一种营销，最初期很多人都是通过频繁在朋友圈发布一些硬性广告来做，也有一部分人领略到了微信的真正用途，利用它的社交属性来做营销，比如很多人说微信营销流行了"杀熟"、流行了假货之类。如图 5-18 所示为微商概念。

但是，微信营销一直存在，而且逐步会走上正轨，就是利用微信的这种社交属性，先交友，后卖东西，先打造个人品牌，树立信任，树立圈子影响力，东西自然能卖出去。

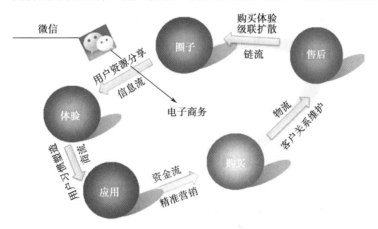

图 5-18　微商概念

2．微商平台

2014 年微信已经带来了 1007 万的就业人数，而微信将面对第三方平台开放专门的针对性的接口，以便获得商户信息的管理权。微商怎么做？微商有哪些好的平台？

从广泛意思上讲，微商平台可以指所有的社交软件，只要可以发表产品图片、分享及跟好友互动即可。QQ 空间、微博、微信朋友圈等一切社交软件，都可以成为做微商很好的平台。随着微商代理的不断发展，作为微商平台的微店开始崛起，如图 5-19 所示。

图 5-19　微店

微店作为一个微商平台，一头连接供货商，一头连接网民。微店就类似于移动端的淘宝店，主要就是利用社交分享、熟人经济进行营销。微店是提供让微商玩家入驻的平台。有点类似 PC 端建站的工具，但不同于移动电商的 App，主要利用 HTML5 技术生成店铺页面，更加轻便，商家可以直接装修店铺，上传商品信息，还可通过自主分发链接的方式与社交结合进行引流，完成交易。

3. 微商平台特征

1）精准性

由于微信公众平台需要用户主动关注，是用户主动选择的结果，因此微信公众平台店铺的粉丝是其最有潜力的消费群体，无论是进行活动推广，或者向其推荐商品，都能够实现更高的购买转化。

2）社交性

微信是一个天然的高黏性的社交平台，因此微信电商不仅局限于传统的售卖，而是集营销与电商于一身，通过微信的社交性进行品牌维护、口碑营销及产品推广。因此，这一平台对于商家来说是一个机遇，也需要商家转变思维，对于这一平台进行更好地利用。

3）打通线上线下

微信支付接口有两种，一种是线上商家帮助用户在微信内打开网页购买商品时调用，另一种是线下商家为商品生成二维码，让用户使用微信扫码支付。因此，微信电商一方面针对线上商家，一方面也可以打通线下商家，还可以实现线上与线下的互动，实现 O2O 的闭环。

微信电商想要得到更好的发展，还需要克服一些问题。微信不同于淘宝，淘宝有搜索入口及各种广告渠道，而微信相对来说是一个较为封闭的系统，微信公众平台缺乏自有的公开推广渠道，未来微信如果能为自己平台上的商家提供更多的渠道和机会，将进一步促进微信电商的发展。此外，微信公众平台的后台如果能提供一些电商所需的标准化模块供商家选择，将可能进一步降低进入门槛。

5.4.3　微商运营模式

1. 微商街运营模式

微商街是以移动互联网企业应用联盟为主导，联合微应用的研发单位、知名投资机构共同打造的微信商街平台。平台由 PC 端和移动端呈现，是连通线上与线下、企业与客户的平台。简单来说，就是微信商家，或者微信电商，类似于淘宝，只不过平台换成了微信端。

毫无疑问，微信已然是当今移动互联网的最大流量入口。微信的巨大用户规模已成为众多企业觊觎的营销市场。随着微商的不断发展，微信营销的生态发展已初见端倪，而微商街提供了连接能力，就是让商家和消费者连接起来，微商街就是一个做服务和对接的平台，如图 5-20 所示。

图 5-20　微商街

2. 微商街为商家创造价值

微商街从以下几个方面为商家创造价值：
（1）提供移动电商整体解决方案。
（2）为商家提供源源不断的潜在用户流。
（3）持续的业绩转化。

3. 微商联盟运营模式

微商联盟是在移动互联网时代微信营销的大背景下提出的新商业运作模式，这种模式以微网站为其展现形式，把营销活动作为交互方式，让微信朋友圈成为传播桥梁，为合作商家搭建起企业自媒体营销系统，同时又能将所有合作商家资源聚集起来，进行资源整合，形成了一个异业营销的平台，达到不同行业的商家之间粉丝共享、资源共享的目的。

将所有商家的粉丝集合于平台，基于微信传播的社交特征，将粉丝的作用最大化，提高粉丝的利用率，商家降低成本、提高效率、增强其市场竞争力。同时，利用平台效应可以吸引更多的商家加入，为参与的商家产生更多、更大的效益，如图 5-21 所示。

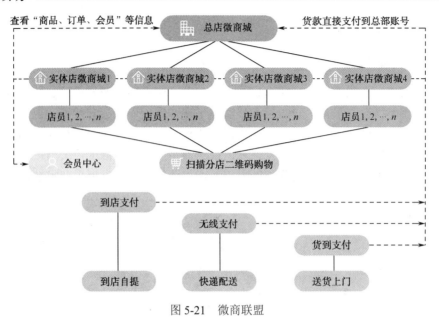

图 5-21　微商联盟

4. 三大阵营

（1）平台类型的，如微信小店、京东拍拍微店、淘宝微店、口袋购物微店。

（2）主打服务，如微盟、京拍档、各大电商平台自己推出的微店（主要服务于开放平台，一方面立足于自身的购物 App，主打中心化移动电商；另一方面借助微店，形成去中心化移动电商的布局）。

（3）主要是一些个人推出，提供一种建立微商城的工具，属于小打小闹。

5.5　微信与 O2O

5.5.1　O2O 概述

1. 什么是 O2O

O2O 即 Online To Offline（在线离线/线上到线下），是指将线下的商务机会与互联网结

合，让互联网成为线下交易的前台，这个概念最早来源于美国。

O2O 的概念非常广泛，既可涉及线上，又可涉及线下。主流商业管理课程均对 O2O 这种新型的商业模式有所介绍及关注。2013 年，O2O 进入高速发展阶段，开始了本地化及移动设备的整合，于是 O2O 商业模式横空出世，成为 O2O 模式的本地化分支，如图 5-22 所示。

图 5-22　O2O 概念

2．O2O 价值

O2O 目前有三个价值，分别是信息、预约、优惠。

1）信息

O2O 传达的信息包括商家的具体信息，可以让消费者快速、便捷地获取周围生活服务的信息；同时，O2O 网站的建设，可以让商家将自身推销出去，是一个效果超值的广告平台。

2）预约

由于 O2O 的消费模式是线上预约、线下消费。现在消费者的享受方式越来越多样化，既追求方便又要求高档次，通过预约，消费者可以避免人满为患的排队等候，提高消费满意多。

另一方面，预约对商家来说意味着收入和利润，预约越多，商家收入越多，也可以根据预约情况安排消费者消费秩序。

3）优惠

对于大家都很熟悉的团购来说，它无疑意味着"折扣"，C2C 的订单越多，商家的影响力就越大，随之而来的也是更多的消费者。对于会对比各类消费水平和档次的消费者来说，通过 O2O 模式对各商家进行对比，可获取最有用的信息，选择性增大。

目前，团购有 300 亿的市场，电商 7000 亿的市场，O2O 的市场将更大，超过万亿。不可否认，互联网是个服务型的工具，应该利用好线上商品服务的集中性与线下的便捷性，将二者结合起来，创造更多的财富。

5.5.2 O2O 的商业模式

1. 概述

O2O 将线下商务的机会与互联网结合在一起，让互联网成为线下交易的前台。这样线下服务就可以在线上揽客，消费者可以在线上筛选服务，成交后可以在线结算，很快达到规模，如图 5-23 所示。

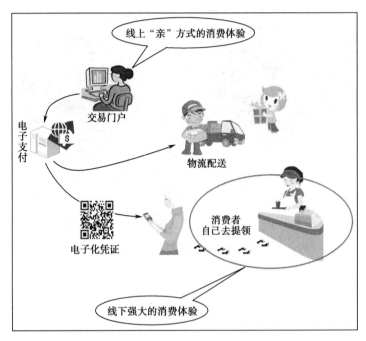

图 5-23　O2O 商业模式

首次的 O2O 模式是在 2006 年由沃尔玛公司提出的，即通过 B2C 完成订单的汇总及在线支付，消费者到 4000 多家连锁店取货，该模式就是 O2O 的模型。

中国 O2O 模式的发展现状：携程、大众点评网为国内最早的 O2O 模式。但它们仅注重信息流的传递，资金流和服务流一般在线下实现。现在所谓的团购模式，线上同时实现信息流与资金流，线下实现商业流与服务流，团购就是中国 O2O 市场的极小缩影。

2. O2O 模式的特点

O2O 模式的特点是推广效果可查，每笔交易可跟踪，目前国内很多电子商务网站都有 O2O 模式的影子。目前国内完全可以称为采用 O2O 模式运营的网站非常少，像美团、拉手、窝窝团这类传统团购网站，其模式既包含了 O2O，也包含 O2O 以外的东西。

3. O2O 服务平台的重要元素

1）共同参与
由线上与线下服务方共同参与构成服务链，划分各自的服务范围，但是之间的节点不可

以过多，步骤不宜过于复杂。

2）两端支付、凭证核销

由线上到线下的服务凭证核销，这一点能有效建立起消费者与商户之间的信任关系，必须建立起一套两端支付，信息互通，且服务凭证核销环节，保证可信、可监控的高安全性。

3）可货币化

可按服务价值清晰地确定各渠道、各方面的利益分配。

5.5.3　O2O 与电子商务

有了微信的推波助澜，一夜之间，大家都在谈论着 O2O，特别是在电子商务领域，大家都觉得这是一个颠覆传统电商的一个机会。如图 5-24 所示的是 O2O 与电子商务。

图 5-24　O2O 与电子商务

1. O2O 与 B2B 的区别

（1）O2O 是网络+实体，O2O 营销模式又称离线商务模式，是指线上营销线上购买带动线下经营和线下消费。

（2）B2B 是 Business To Business，指商家与商家建立的商业关系，是企业对企业之间的营销关系，是纯线上的。

B2B 是指进行电子商务交易的供需双方都是商家（或企业、公司），她（他）们使用了互联网技术或各种商务网络平台，完成商务交易的过程。电子商务是现代 B2B 的一种具体的表现形式，含有以下三要素。

① 买卖：B2B 网站平台为消费者提供质优价廉的商品，吸引消费者购买的同时促使更多商家的入驻。

② 合作：与物流公司建立合作关系，为消费者的购买行为提供最终保障，这是 B2B 平台的硬性条件之一。

③ 服务：物流主要是为消费者提供购买服务，从而实现再一次的交易。

2．O2O 与 B2C 的相同点

O2O 与 B2C 的相同点是两者都是一种服务形式，如果从消费零售服务角度来分，那么最大范围是零售，其中包括传统的各种零售业态（如大型超市、标准超市、便利店、专卖店、品牌店、品类店；以及有交叉分类，如连锁店、和购物中心等）；从早期的零售服务方式来分，可以有店铺销售、无店铺销售（包括电视、电话、目录、互联网等）。

具体来说，O2O 与 B2C 的相同点如下。

（1）消费者与服务者第一交互面在网上（特别包括手机）。

（2）主流程是闭合的，且都是在网上，如网上支付、客服等。

（3）需求预测管理在后台，供需链管理是 O2O 和 B2C 成功的核心。

3．O2O 与 B2C 的不同点

O2O 与 B2C 的不同点如下。

（1）O2O 更侧重服务性消费（包括餐饮、电影、美容、SPA、旅游、健身、租车、租房等）；而 B2C 更侧重购物（实物商品，如电器、服饰等）。

（2）O2O 的消费者到现场获得服务，涉及客流；B2C 的消费者待在办公室或家里，等货上门，涉及物流。

（3）O2O 中的库存是服务；B2C 中的库存是商品。

4．O2O 与 C2C 的不同点

O2O 指的是一种线上支付，线下消费，简单来说就是：本地商城门户系统就是一个 O2O 模式平台，人们在平台里面里选择商家下订单，然后下线（可以简单理解为离开了网络）拿着订单的二维码到实体店去消费，这就是 O2O。

C2C 是用户到用户，一个简单的比喻就是：假如某人现在换了一部新手机，原先使用的手机就相当于淘汰了，但是它还能用，还有点价值，于是想将它放到二手市场上去卖，在网站上发布有一部二手手机出售，有人正好需要一部这样的手机，就会联系他，商议好价格，一方收钱，另一方拿到手机，这就是用户到用户的交易（即 C2C）。

5．通俗来讲

（1）O2O 是我成立公司卖东西，你来买，但要你自己来拿。

（2）B2B 是你也成立了公司，买我公司的东西。

（3）B2C 是我成立公司卖东西，你来买。

（4）C2C 是我卖东西，你来买。

6．电商模式知识口诀

（1）O2O 有三宝：线上、线下、一起搞；

（2）B2B 有三宝：企业、中介、沟通好；

（3）B2C 有三宝：品牌、渠道、销售好；

（4）C2C 有三宝：你开、我买、支付宝；

（5）LBS 有三宝：签到、优惠、位置找；

（6）NFC 有三宝：近场、支付、安全好；

（7）SEO 有三宝：内容、外链、权重牢；

（8）EDM 有三宝：内容、受众、分析好；

（9）CPA 有三宝：行动、转化、站长喜；

（10）CPS 有三宝：佣金、销量、效果好；

（11）CPC 有三宝：单击、引导、作弊少；

（12）CPM 有三宝：展示、千人、更可靠；

（13）PHP 有三宝：开放、高效、成本少。

O2O 即 Online To Offline，是指将线下的商务机会与互联网结合，让互联网成为线下交易的前台，这个概念最早来源于美国。

5.6　微信公众平台

5.6.1　微信公众平台概述

1. 概述

2012 年 8 月 17 日晚，腾讯公司微信公众平台正式向普通用户开放。在微信的基础上新增功能模块，通过这一平台，个人和企业都可以打造一个微信的公众号，可以群发文字、图片、语音三个类别的内容。目前微信公众平台支持 PC、移动互联网网页登录，并可以绑定私人账号进行群发信息。

2. 群发功能

微信公众平台群发规则说明和群发消息的方法操作方法如下。

登录微信公众平台，选择"群发消息"功能，根据需要填写文字、语音、图片、视频、录音等内容后，选择群发对象、性别、群发地区然后发送即可，如图 5-25 所示。

图 5-25　群发功能

1）群发消息内容

目前支持群发的内容有文字、语音、图片、视频、图文消息。

① 群发内容中需添加文字+图片+视频，可先在"素材管理"中设置图文消息，然后群发时选择"图文消息"类型即可。

② 上传至素材管理中的图片、语音可多次群发，没有有效期。

③ 群发图文消息的标题上限为 64 个字节。

④ 群发内容字数上限为 1200 个字符或 600 个汉字。

⑤ 语音限制：最大 5M，最长 60s，支持 mp3、wma、wav、amr 格式。

⑥ 视频限制：最大 20M，支持 rm、rmvb、wmv、avi、mpg、mpeg、mp4 格式（上传视频后，为了便于粉丝通过手机查看，系统会自动进行压缩，请谅解）。

2）群发消息的规则

① 群发消息条数：公众订阅号（认证用户、非认证用户）在 24 小时内只能群发 1 条消息；公众服务号（认证用户、非认证用户），1 个月（按自然月）内可发送 4 条群发消息。

② 通过微信公众平台已经群发的消息内容（包括群发成功、或群发后审核中的内容），不支持修改或者删除。

③ 用户第 1 次群发时，会自动弹出签署使用协议（服务协议）提示框，签署协议以后不会再提醒，也无法查看协议。

④ 被加入黑名单的关注用户，不会接收到群发信息。

⑤ 为了保持绿色网络环境，请不要发布色情、暴力、赌博、血腥、政治等违反国家法律法规的信息，避免引起其他用户投诉，导致微信公众号无法正常使用。

3）群发人数的上限

微信公众平台群发消息的人数没有限制，只能群发给粉丝，不支持群发给非订阅用户。

4）群发消息的保存时间

微信公众平台群发的消息暂不支持删除，会永久保存。

5）群发成功，而粉丝未收到群发消息的说明

在微信公众平台消息群发成功后，而粉丝未收到群发消息，导致这种情况的原因可能是：

① 通过微信公众平台群发消息时，对群发对象、性别、群发地区进行了选择，不在选择内的粉丝则无法接收消息。

② 被加入黑名单的粉丝不会接收到群发信息，建议进入微信公众平台→用户管理→黑名单，查看是否有进行设置。

6）已发送的群发消息查看方法

登录微信公众平台→群发消息→已发送。

3．关键词自动回复功能

在微信公众平台中可以设置关键词自动回复，具体如下所示。

1）关键字自动回复设置方法

登录微信公众平台→功能→高级功能→编辑模式→设置→关键词自动回复→添加规则，即可添加相应的关键字自动回复信息，如图 5-26 所示。

图 5-26　自动回复功能

2）关键字自动回复的规则

① 字数限制：微信公众平台认证与非认证用户的关键字自动回复设置规则上限为 200 条规则（每条规则名最多可设置 60 个汉字），每条规则内最多可设置 10 条关键字（每个关键字最多可设置 30 个汉字）、5 条回复（每条回复最多可设置 300 个汉字）。

② 规则设置：可通过微信公众平台设置多个关键字，若订阅用户发送的信息中含有设置的关键字，则系统会自动回复。

同一规则中可设置 5 条回复内容，若设置了"回复全部"，则粉丝发送信息中含有设置的关键字，就会将设置的多条回复全部发送；若未设置"回复全部"，则会随机回复。

3）关键字设置

① 每个规则里可设置 10 个关键字，若设置了相同的关键字，但回复内容不同，系统会随机回复。

② 每个规则里可设置 5 条回复内容，若设置了多条回复内容（没有设置"回复全部"），则系统会随机回复。

③ 多条回复设置方法：进入编辑者模式，单击"关键字自动回复"→"添加规则"→"输入关键字匹配内容"后再添加内容，然后选择"回复全部"选项即可。

5.6.2 微信公众平台成功案例

1. 聚美优品成功案例

打开 http://jumei.com，进入聚美优品主页，如图 5-27 所示。

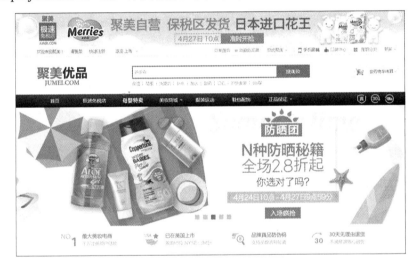

图 5-27　聚美优品主页

2012 年 12 月，聚美优品从公众平台转入微信会员卡体系后，会员群体迅速壮大，12 月当月的新增会员量环比上升 650%。

2013 年 1 月 28 日，聚美优品通过微生活平台发送"领取新春礼包"互动活动消息，活动开始 4 天内共有 28929 条用户回复，12507 名用户参与了此次活动，此次活动消息共触达用户 59961，用户参与率为 43.2%，如图 5-28 所示。

2. 金凤成祥成功案例

打开 http://www.jfcx.cn，进入金凤成祥主页，如图 5-29 所示。

金凤成祥是北京老字号品牌蛋糕烘焙店，致力于做最好吃的蛋糕，北京拥有近 300 家连锁直营店，天津拥有 20 多家，连锁店周边 1.5 公里内提供免费配送。

从 2013 年截止到 2014 年 1 月 21 日，上线共 97 天，累计开卡数 163276，累计用卡数 274736，日均开卡数 1683。

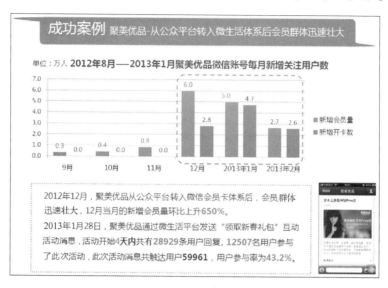

图 5-28　聚美优品成功案例

图 5-29　金凤成祥主页

2013 年 10 月 16 日到 12 月 21 日，金凤成祥开卡立减 10 元礼品上线，微信会员卡用户到店消费满 20 元即可立减 10 元（包装饮料和代销品除外）。根据金凤成祥提供的数据，此次微信会员卡上线为其带来 6 万多的线下验证数量，即所有会员中 38.5%的会员享受了此次开卡礼的优惠待遇。如果按照立减 10 元，每个会员最低消费 20 元计算，此次微信会员卡推广能为金凤成祥带来 126 万的流水，如图 5-30 所示。

3．金逸影城成功案例

打开 http://www.1905.com/special/s2011/jyshow，进入金逸影城主页，如图 5-31 所示。

成功案例 金凤成祥拉动消费流水

从2013年截止到2014年1月21日，上线共97天，累计开卡数163276，累计用卡数274736，日均开卡数1683。

2013年10月16日到12月21日，金凤成祥开卡立减10元礼包上线，微信会员卡用户到店消费满20元即可立减10元（包装饮料和代销品除外）。根据金凤成祥提供的数据，此次微信会员卡上线为其带来6万多的线下验证数量，即所有会员中38.5%的会员享受了此次开卡礼的优惠待遇。如果按照立减10元，每个会员最低消费20元计算，此次微信会员卡推广能为金凤成祥带来126万的流水。

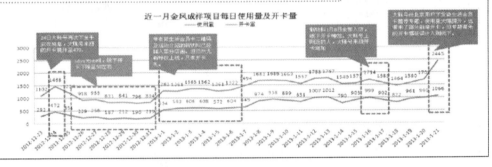

图 5-30　金凤成祥成功案例

图 5-31　金逸影城主页

2015 年 4 月 21 日至 8 月 12 日，累计开卡数 57761，累计用卡数 63757，日均开卡 502。2015 年 10 月 29 日与 2016 年 1 月 15 日分别进行了消息下发，推送的活动内容为 5 折观影与

007 零点首映。这两次活动共带来了 663 次 POS 验证。如果按照半价影票 40 元计算，此次微信会员卡推广能为金逸影城带来 26000 元的收入。

微信会员卡简、方便、快捷、实惠。根据商家反馈，在微信会员卡上做活动效果明显好于其他平台，如图 5-32 所示。

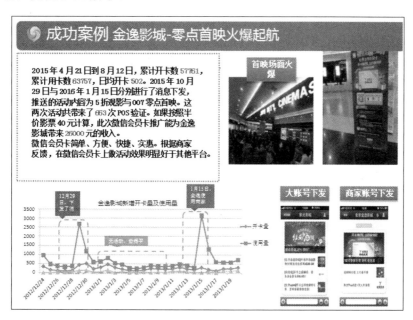

图 5-32　金逸影城成功案例

5.6.3　如何注册微信公众平台

1. 注册微信公众平台流程

注册微信公众平台流程，如图 5-33 所示。

图 5-33　注册微信公众平台流程

2. 进入注册微信公众平台页面

打开微信公共平台的官网 https://mp.weixin.qq.com/，单击"立即注册"按钮，如图 5-34 所示。

图 5-34 注册微信公众平台页面

3. 按步骤完成注册

（1）如图 5-35 所示，填写相关信息，并阅读服务协议，激活邮件后才能注册。

图 5-35 注册前填写相关信息

（2）登录邮箱并激活，如图 5-36 所示。

（3）信息登记。登记用户信息，可以选择个人或者组织。请确认微信公众账号属于政府、媒体、企业、其他组织或个人，并按照对应的类别进行信息登记，如图 5-37 所示。

（4）选择类型。有以下三种类型，如图 5-38 所示。

① 订阅号，是指为媒体和个人提供一种新的信息传播方式，构建与读者之间更好的沟通与管理的模式。该类型适用于个人和组织。

② 服务号，是指给企业和组织提供更强大的业务服务与用户管理能力，帮助企业快速实现全新的公众号服务平台。该类型不适用于个人。

③ 企业号，是指帮助企业和组织内部建立员工、上下游合作伙伴与企业 IT 系统间的连接。该类型在粉丝关注时需要验证身份，且关注有上限。

图 5-36　邮箱激活

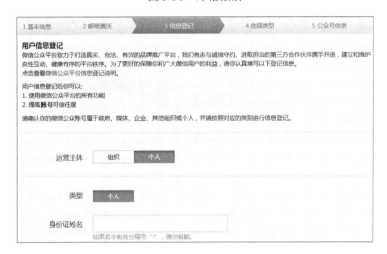

图 5-37　信息登记

图 5-38　类型选择

（5）公众号信息。在图5-39中填写相关信息后，单击"完成"按钮即可。微信会在7个工作日内进行审核，通过审核前无法申请认证，也无法使用公众平台群发功能和高级功能。

图 5-39　公众号信息

　　微信公众平台，简称WeChat。曾命名为"官号平台"和"媒体平台"，最终定位为"公众平台"，这无疑让人们看到微信对后续更大的期望。

1. 你知道在你身边有朋友是微商吗？
2. 你在日常生活中有没有使用微信支付？
3. 你知道微信公众平台是什么吗？使用它有哪些好处？

能力训练5　手机创建微店

一、能力训练前的准备

（1）查看本地计算机是否已与 Internet 连接成功。

（2）查看本地计算机的浏览器是否是最新版本的。

（3）建立自己的子目录以备后用，以后可以将 Internet 上搜索到的资料下载到该子目录中。建议最好将自己的子目录创建在除 C 盘以外的硬盘中，待用完后再将其相应的资料内容复制到自己的软磁盘中或 U 盘中。

二、能力训练目的要求

通过实训要求学生了解微店的概念，熟悉微店的一般知识，掌握手机注册微店的方法。

（1）了解微信和微店的概念。

（2）掌握微信的一般使用方法。

（3）掌握手机微店注册的方法。

（4）学会使用手机创建微店的过程。

三、能力训练内容

（1）在百度中寻找微店网站，然后打开。

（2）打开网站后，单击右上角的微店注册。

（3）填写相应的注册信息，注册完成后自动到登录页面。

（4）输入刚才注册的用户名和密码进行登录。

（5）登录后单击商户信息创建店铺，上传商品并管理店铺商品。

（6）根据自己的手机系统下载微店手机客户端并安装。

（7）启动微店手机软件，单击手机网站，查看微店的样式。

（8）根据自己的具体情况选择其中的一款。

四、能力训练报告

能力训练报告的格式如下。

1．训练过程

目的要求：

训练内容：

训练步骤：

2．训练结果

训练结果分析：

可以使用表格方式，也可以使用文字方式。

3．总结

通过能力训练，总结自己掌握的程度，分析出错原因，提出改进措施。

习题 5

一、填空题

1．移动电子商务是指通过_____网络进行_____并且利用移动终端开展各种_____活动的一种新电子商务模式。

2．移动电子商务具有的特点：_____、_____、_____、_____、_____等。

3．移动电子商务实现技术有：_____、_____、_____、_____、_____、_____等。

4．移动电子商务模式有：_____、_____、_____、_____、_____等。

5．移动商务安全的威胁有：_____、_____、_____、_____、_____、_____等几个方面。

6．所谓移动电子支付，也称为_____，就是允许用户使用其_____对所消费的商品或_____进行账务支付的一种_____方式。可更准确地将移动支付定义为：以_____、_____等移动终端为工具，通过_____网络，实现资金由_____转移到_____的支付方式。

7．蓝牙技术具有的特点：_____、_____、_____、_____、_____、_____等。

8．微信是_____公司于_____年____月____日推出的一个为_____终端提供即时_____服务的_____应用程序，微信支持跨通信运营商、平台通过网络快速发送免费的_____、_____、图片和文字。

二、判断题

1．移动电子商务的用户可以通过移动通信在第一时间准确地与对象进行沟通。（　　）

2．移动通信是移动终端用户的基本要求，也是移动电子商务中最早出现、最特殊的服务。（　　）

3．内容类商业模式继承了移动数据业务的商业模式，终端用户为付费对象。（　　）

4．无线通信网络与有线网络一样，受到地理环境和通信电缆的限制。（　　）

5．无线网路中的攻击者不需要寻找攻击目标，攻击目标会漫游到攻击者所在的小区。（　　）

6．手机钱包又可称为"小额移动支付"。该支付方式实施较容易，是目前国外较普遍采用的方式。（　　）

7. 微信是阿里巴巴公司于 2011 年 1 月 21 日推出的。（　　　）

8. 微商是利用社交工具——微信所做的一种营销。（　　　）

三、简答题

1. 简述移动电子商务的广告模式。

2. 简述移动电子商务中增值服务类的商业模式。

3. 简述电子支付的含义。

4. 简述移动支付的特点。

5. 简述蓝牙的含义。

6. 简述微信的支付环境。

7. 简述微店的含义。

8. 简述微商的含义。

 阅读材料 5——从案例看移动支付趋势

（http://www.100ec.cn/）

随着移动电子商务的发展逐渐成熟，移动电商市场的总交易额会持续增长。而移动支付作为移动电商的支付手段，无疑会对移动电商市场起到巨大的推进作用。移动电商市场与移动支付相互促进，最终达到双赢的局面。

（中国电子商务研究中心讯）首先什么是完美的支付方案：速度、方便、价值、可用，在亚洲移动支付革命中，用户想要更多。

46%的亚太用户使用手机购买商品或服务，超过任何其他地区（欧洲为 27%，北美为 17%）。这些用户中有 42%在未来会在手机上购买更多的商品和服务，超过任何其他地区（欧洲为 24%，北美为 15%）。为什么亚太地区用户对移动支付的渴求如此强烈，原因在于以下几点。

智能手机数量更多。2014 年中国新增加 4 亿智能手机，印度则是增长最快的国家。

手机的数量远多于银行卡的拥有量。在中国，手机的数量是银行卡拥有量的 3 倍。

设备文化。亚太地区人民对移动设备有天然爱好。

尽管亚太地区为移动支付提供了良好的土壤，但移动支付要崛起，仍需要：更快捷、更便利、更安全，以及更新的个性化，可行动的信息，可以获得新的服务。简而言之，用户需求增加，催生完美的支付体验。

下面来看看主要选手都在移动支付上都做了什么。

微信：北京地铁的微信购物机，如图 5-40 所示。

图 5-40　北京地铁的微信购物机

微博支付：新浪微博与阿里支付宝共同推出微博支付，将社交网络与支付工具结合，实现在微博应用内的支付，如图 5-41 所示。

图 5-41　微博支付

TransCAD（交通规划软件）：阿布扎比为用户提供可以支付出租车费用的智能手机 App。

Lanka Indian Oil Company（印度石油公司）：在加油站提供 NFC 支付功能，方便用户加油支付。

Smart Life（智能生活）：泰国 Metropolitan Electricity Authority 提供 Smart Life，方便用户监控电力使用情况和支付。

Singapore Telecom（新加坡电信）：新加坡电信的手机钱包服务，与信用卡和 NFC 结合。

CIMB Niaga（联昌国际公司）：将手机号码变成银行号，在主要的商城，用户提供手机号码，然后再输入手机接收的验证码即可完成支付。

WeChat & Didi Dache（微信与滴滴打车）：微信支付打车费用。

未来将如何？

（1）可以预见，移动支付将继续释放能量。

（2）面临更多的政府和金融机构监管。

（3）支付将更加便利，现金、银行卡、手机都将成为方便的支付工具。

（4）攻克安全问题的支付方案将获得市场信心。

（5）结盟：将成为赢得支付战争的关键，从金融机构到支付平台再到终端，线下商家，线上内容。（来源：trendwatching 编选：中国电子商务研究中心）

第 **6** 章

网络银行

知识要点

- ❖ 网络银行概念
- ❖ 网络银行网上业务
- ❖ 网络银行特征
- ❖ 网络银行风险与防范
- ❖ 手机银行概念
- ❖ 手机银行体系结构
- ❖ 手机银行应用案例分析

能力要点

- ❖ 掌握网络银行的操作
- ❖ 学会手机银行应用的方法

引例6——最新网银诈骗案例分析

2015年3月4日的这起网银诈骗案例与传统的钓鱼欺诈案例不同，受害者的主要损失并不是因为在虚假的购物网站上进行购物，而是因为他们在"交易失败"后进入了卖家提供的假退款链接而造成网银中的资金损失。

一、基本案情

徐先生在某款网络游戏中看到有人低价出售游戏币，于是通过对方留下的QQ号与对方进行了联系。对方邀请徐先生到知名的网游交易平台"5173"上进行交易，并提供了5173上的商品链接。

徐先生使用农行网银支付购买后，页面提示交易不成功。徐先生向对方询问，对方就给徐先生提供了一个5173客服QQ号码，请徐先生与客服联系，协商解决。

徐先生与客服交流后，客服要求徐先生提供姓名和身份证号码等信息进行核对。徐先生如实提供后，客服向徐先生提供了一个退款链接。但徐先生打开后，进入的却是一个授权支付的界面。

徐先生对这个页面表示不解，客服随即提出远程协助徐先生完成退款操作。随后，徐先生同意对方通过QQ对自己的计算机进行远程操作，完成授权后，徐先生感到对方的操作很可疑，随即终止了对方的远程操作。

但等徐先生查看自己的农行账户时，发现已经多了一条5900元的支付记录。其中，先前支付的900元实际上是购买了电话充值卡，但充值卡去向不明。其余5000元的去向也不明。

二、作案手法

骗子通过QQ发送钓鱼链接欺骗受害者，当他们在"交易失败"后向店家进行申诉时，被骗子的客服诱骗进入了一个称为"授权XX银行账户支付协议签约"的页面，并被告知这是内部码或内部规则，可以放心操作。当受害者按照骗子客服的指示完成操作后，实际上就已经授权了骗子使用另外一个网银账户对自己的网银进行转账或支付操作。在完成授权后的几分钟内，受害者网银账户中的资金会被大量转出。

三、法律快车提醒您

（1）不要随意单击陌生人发来的任何链接，或下载陌生人发来的文件。

（2）对于任何需要输入自己个人信息（如身份证号、银行卡号、密码等）的网页，都要保持百分之一百二的警惕。

（3）网购时尽量选择登录正规网站，尽量不从其他网页的广告中单击进入，按照网站的购物流程来下订单或付款，不要轻易使用代付、代购等模式。

（4）如果遇到交易异常，请通过官方的客服进行处理，不要相信陌生人发来的所谓 QQ 客服号码或电话客服号码。

（5）一旦网络交易出现异常，应当首先通过官方渠道联系客服，而不要轻信店家发来的客服聊天号码；不要相信所谓的卡单、掉单、解冻资金等说法，这些都是网络诈骗专用术语；网银账户应设置单日最高转账限额，并绝对不能将自己的账户授权给陌生人或陌生账户。

6.1 网络银行概述

6.1.1 什么是网络银行

1．网络银行定义

网络银行又称网上银行或在线银行，英文为 Internet bank 或 Network bank。它是指一种以信息技术和互联网技术为依托，通过互联网平台向客户开展和提供开户、销户、查询、对账、行内转账、跨行转账、信贷、网上证券、投资理财等各种金融服务的新型银行机构与服务形式，为客户提供全方位、全天候、便捷、实时的快捷金融服务系统。

2．3A 银行

网络银行又被称为 3A 银行，就是指它能够在任何时间（Anytime）、任何地方（Anywhere）、以任何方式（Anyway）为客户提供金融服务。

3．网络银行的功能及基本业务

网络银行的出现，有着非常重大的意义。一方面它改变了传统金融利用营业网点和柜台的这种服务方式，另一方面由过去通过物理性分支方式变为虚拟的电子网络方式。同时，就其业务范围来说，网络银行既包括传统银行的优点，又结合了网络信息技术，并融入了个性化的适应客户需要的金融服务。

依据网络银行应用新技术的多少，可以将网络银行的基本业务分为两个不同类别。第一类是网络银行的传统业务服务（Traditional Banking on Line），这类业务就是利用网络实现传统商业银行业务在网上进行交易，主要包括银行的交易服务、信息服务，还有与客户进行交流的服务。第二类是新兴的网络银行业务，其是在互联网独特的功能上衍生出来的，如新兴的快捷支付、在线支付等。这些新生物具有非常强大的市场竞争力，深受消费者的青睐。

4．网络银行特点

网络银行具有以下几个特点。

1）个性化

各大银行根据自己的市场定位和市场创意，将网络银行量身定制成具有自我特色的为大、中客户服务的银行，使其在竞争日益激烈的各大商业银行中独树一帜，增强竞争力，提高银行效益。

2）网络安全

（1）银行系统内部的网络与 Internet 公网完全隔离，提高了网络安全性。

（2）系统采用一级防火墙，将外部网络与银行内部网络隔离。

（3）系统采用二级防火墙，将银行内部网络与账务主机之间进行网络隔离。

（4）系统还采用硬件防火墙进行实时入侵检测。对检测到的入侵，可报警或直接与路由器联动，阻挡入侵者。

3）数据安全

（1）系统中操作员密码、客户密钥等关键数据加密存放。

（2）数据库设置了密码和用户权限。

4）支付安全

网络支付采用先进的技术，一方面，以电子印鉴的方式保证客户的资金安全；另一方面，由于支付密码器产生的支付密码具有不可抵赖性，因此保证了银行的正当权益。

5）交易安全

网络银行交易账号控制：企业在企业电子银行系统中允许做交易的账号；账号业务范围控制；每个交易账号允许做的业务范围；账户限额控制；交易账号当天转账最大限额；操作员权限控制；对操作员可操作的账号、单笔转账的最大金额与每天转账的最大金额进行控制等。

5．网络银行与传统银行的区别

网络银行与传统银行有很大区别，这种区别显示了网络银行的巨大优越性，表现如下。

（1）网络银行是以计算机网络与通信技术为依托，以金融服务业为主导的现代化银行。网络银行不仅提供丰富的信息资讯服务，而且进行实际的金融交易，使用户足不出户完成与银行间的各种业务往来，实现银行对用户的零距离服务。

（2）网络银行突破了传统银行业务在时间上的限制，实行 7×24 全天运营，使银行更加贴近用户，更加方便用户。

（3）网络银行能降低成本，提高效益，是银行竞争更加有效的手段。例如，全世界第一家网络银行——美国的"安全第一网络银行"，员工只有 10 人，1996 年的存款余额为 1400 万美元，1997 年为 4 万多亿美元。网络带来的低成本、高效益由此可见。

（4）网络银行实现交易无纸化、业务无纸化和办公无纸化。全面使用电子货币取消了纸币的使用，一切银行业务的办公文件和凭证都改用电子化文件、电子化票据和证据，签名也采用数字化签名。利用计算机和数据通信网传送，利用 EDI 进行往来结算。这些使"瞬间传递"变为现实。

（5）银行机构虚拟化，使银行的房地产投资和人员投资大幅度减少，银行的工作重点转到如何提高网络银行的高新技术含量和技术水平上。

6.1.2 网络银行分类

1．对私业务

对私业务主要包括以下几部分内容。

1）公共信息服务

主要包括：机构简介、信息发布、存款利率查询、储蓄类型代码表、最新外汇牌价、银行业务简介、投诉、建议、客户调查、理财试算工具、在线客户服务等。

2）查询服务

主要包括：账户基本信息查询、账户余额查询、交易限额查询、账户当日明细查询、账户历史明细查询、账户未登折明细查询、查询/下载对账单、电子回单查询、贷款业务查询、交易积分查询、日志查询等。

3）预约业务

主要包括：大额取款预约、贵宾接待预约等。

4）转账和汇款业务

主要包括：定活转账、行内转账、批量转账、转账结果查询、收款人名册管理、跨行同城转账、跨行异地转账、约定转账、异地汇款等。

5）通知存款

主要包括：查询通知存款、活期转通知存款、通知存款转活期、通知存款预约、取消通知存款预约等。

6）投资理财

主要包括：储蓄、银行理财产品、债券、基金、股票、期货、商品现货、外汇、房地产、保险及黄金等。

7）贷款业务

主要包括：按揭贷款查询、个人质押贷款、个人授信贷款申请、贷款预约等。

8）自助缴费业务

主要包括：缴费类交易平台、预约缴费、委托扣款、代打缴费账单凭证、缴费支付记录查询等。

9）外汇业务

主要包括：外币存款、个人结汇、个人售汇、国际汇款、进口代收、出口托收、国际结算等。

10）个人信用卡业务

主要包括：信用卡还款、信用卡账户管理（自动还款设定、催收提醒、个性化设置、额度调整、卡片激活等）、信用卡网上申请等。

11）网上支付

主要包括：网上支付功能申请、功能撤销、转账、额度设置、交易查询等。

12）保险业务

主要包括：投保申请、保费缴纳、保单查询、险种查询。

13）银信通

主要包括：短信定制等。

14）挂失业务

主要包括：借记卡挂失、信用卡挂失、存折挂失。

15）业务功能申请及取消

16）修改客户资料

17）密码修改

2．对公业务

对公业务主要包括以下几部分内容。

1）公共信息服务

主要包括：机构简介、信息发布、存款利率查询、储蓄类型代码表、最新外汇牌价、银行业务简介、投诉、建议、客户调查、理财试算工具、在线客户服务等。

2）查询服务

主要包括：账户基本信息查询、账户余额查询、交易限额查询、账户当日明细查询、账户历史明细查询、账户未登折明细查询、查询/下载对账单、电子回单查询、贷款业务查询、日志查询等。

3）转账汇款业务

主要包括：定活转账、活期与协定存款互转、活期与通知存款互转、行内转账、批量转账、转账结果查询、收款人名册管理、同城跨行转账、异地汇款、公司约定转账等。

4）代付业务

主要包括：代发工资（上传工资明细、查询工资明细、修改工资明细、增加工资条目、删除工资条目、发放工资、查询工资发放结果）、报销差旅费等。

5）代收业务

主要包括：批量扣企业、批量扣个人、扣款交易查询、客户清单查询等。

6）外汇业务

主要包括：外币存款、即期结汇、即期售汇、国际汇款、进口代收、出口托收、国际结算等。

7）商务信用卡功能管理

主要包括：信用卡还款、信用卡账户管理（自动还款设定、催收提醒、个性化设置、额度调整、卡片激活等）、信用卡网上申请等。

8）自助缴费业务

主要包括：缴费类交易平台、预约缴费、委托扣款、代打缴费账单凭证、缴费支付记录查询等。

9）银信通

主要包括：短信定制等。

10）挂失业务

11）网上支付

6.1.3 网络银行体系架构

1．网银架构

一个中等规模的网络银行体系架构如图 6-1 所示。

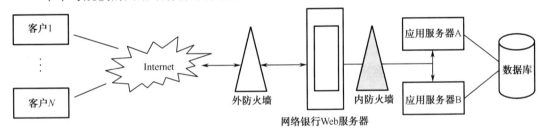

图 6-1　网络银行体系架构

该结构可以从网络银行技术架构、人员与部门组成架构、业务平台架构等方面来进行设计。

（1）网络银行的技术架构主要由网络服务系统、硬件系统、网络管理系统和数据库系统组成。中间要注意防火墙的隔离。

（2）网络银行的人员与部门组成架构可以设计为市场部、客户及后勤服务中心、信息网络部和财务部四个部门。

（3）网络银行的业务平台根据网络银行主要客户的需求变化来设置服务品种和服务流程，从而构筑网络银行的业务内容。

2．CFCA 简介

CFCA（China Financial Certification Authority）是中国金融认证中心，是由中国人民银行牵头，联合中国工商银行、中国农业银行、中国银行、中国建设银行、交通银行、中信银行、光大银行、招商银行、华夏银行、广东发展银行、深圳发展银行、民生银行、福建兴业银行、上海浦东发展银行等十多家全国性商业银行共同建立的国家级权威金融认证机构，是国内唯一一家能够全面支持电子商务安全支付业务的第三方网上专业信任服务机构。

中国金融认证中心专门负责为电子商务的各种认证需求提供数字证书服务，为参与网上交易的各方提供信息安全保障，建立彼此信任的机制，实现互联网上电子交易的保密性、真实性、完整性和不可否认性。同时，参与制定有关网上安全交易规则，确立相应技术规范和运作规范，提供网上支付，特别是网上跨行支付的相互认证等服务。

中国金融认证中心认证系统采用基于 PKI（公钥基础设施）技术的双密钥机制，在保证核心加密模块国产化的前提下，通过国际招标建立了具有世界先进水平的认证系统，并通过了国家信息安全产品测评认证中心的安全评测。CFCA 认证系统具有完善的证书管理功能，提供证书申请、审核、生成、颁发、存储、查询、废止等全程自动审计服务。

目前 CFCA 具有覆盖全国的认证服务体系，提供多种用途的证书和信息安全服务，支持金融领域及其他各界用户的应用需求，包括网上购物、网上银行、网上证券、网上保险、网上申报缴税、网上购销和其他安全业务（OA、MIS）等，CFCA 证书全面支持电子商务的各种业务运作模式。

中国金融认证中心的突出特点是其金融特色，CFCA 证书发放前须经过金融机构审批以规避交易中可能发生的支付风险，证书申请者必须具备合格的金融资信和支付能力才能获得CFCA 证书。此外，CFCA 证书实现了不同银行之间、银行与客户之间信任关系的连接与传递，为全面解决网上安全支付提供了有力支持。

目前，CFCA 证书已实现了网上银行业务的跨行身份认证，用户只需持有一张 CFCA 证书，即可在多家银行的网银系统中进行身份鉴别。不久的将来，在 CFCA 与联合共建银行的努力下，使用一张 CFCA 证书即可进行网上跨行查询、转账、支付等业务，这将极大地促进了网上银行和电子商务支付业务的蓬勃发展。

3．CFCA 体系结构

CFCA 体系结构如图 6-2 所示。

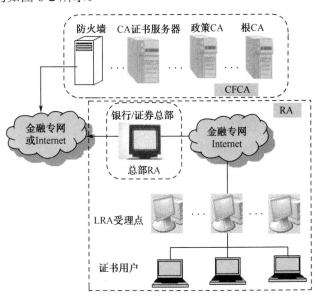

图 6-2　CFCA 体系结构

CFCA 认证系统采用国际领先的 PKI 技术，总体为三层 CA 结构，第一层为根 CA；第二层为政策 CA，可向不同行业、领域扩展信用范围；第三层为运营 CA，根据证书运作规范（CPS）发放证书。运营 CA 由 CA 系统和证书注册审批机构（RA）两大部分组成。

1）CA 系统

承担证书签发、审批、废止、查询、数字签名、证书/黑名单发布、密钥恢复与管理、证书认定和政策制定任务。CA 系统设在 CFCA 本部，不直接面对用户。

2）证书注册审批机构（RA）

直接面向用户，负责用户身份申请审核，并向 CA 申请为用户转发证书。一般设置在商业银行的总行，证券公司、保险公司总部及其他应用证书的机构总部。受理点（LRA）设置在商业银行的分/支行，证券、保险营业部及其他应用证书机构的分支机构。RA 系统可方便集成到其业务应用系统。

CFCA 认证系统在满足高安全性、开放性、实用性、高扩展性、交叉认证等需求的同时，在物理安全、环境安全、网络安全、CA 产品安全及密钥管理和操作运营管理等方面均按国际标准制定了相应的安全策略。专业化的技术队伍和完善运营服务体系，确保系统 7×24 小时安全高效、稳定运行。

网络银行比传统银行具有很大的优越性，网络银行不仅是电子商务发展的支撑点，而且是金融发展的新的增长点，是未来金融业的出路。

6.2 网络银行网上业务

6.2.1 中国工商银行网上业务

1. 中国工商银行主页

打开 http://www.icbc.com.cn/icbc/，进入中国工商银行的主页，如图 6-3 所示。

2. 个人业务

单击主页中的"个人业务"按钮，即可弹出个人业务的主菜单，在该主菜单中有：个人金融、电子银行、信用卡、私人银行、金融市场投资交易、理财、基金、外汇、债券、金融超市等。

图 6-3　中国工商银行主页

3. 企业业务

单击主页中的"企业业务"按钮，即可弹出企业业务的主菜单，在该主菜单中有：企业电子银行、公司业务、机构金融、资产托管、养老金、投资银行、交易及承销等。

4. 快捷服务

在工商银行主页下面有快捷服务，单击该按钮会出现如图 6-4 所示的快捷键。

图 6-4　快捷服务的快捷键

快捷服务的快捷键包括工银 e 支付、工银融 e 联、工银 e 缴费、工银 e 投资、手机银行注册、智能服务、网上申请等。

5. 金融信息

在中国工商银行主页下面有金融信息，单击该按钮会出现如图 6-5 所示的快捷键。

图 6-5 金融信息的快捷键

金融信息的快捷键包括外汇牌价、存款利率、贷款利率、贵金属行情、服务价目表、理账计算器、基金行情、商品交易行情、章程协议等。

6.2.2 中国银行网上业务

1. 中国银行主页

打开 http://www.boc.cn/，进入中国银行的主页，如图 6-6 所示。

图 6-6 中国银行主页

2. 个人金融

单击"个人金融"模块后弹出一个对话框，在该对话框中有：存款与账户、个人货款、个人理财、个人汇兑、个人银行、私人银行、出国金融、慧民金融、中银沪港通、公告信息、优惠活动等功能。

3．银行卡

单击"银行卡"模块后弹出一个对话框，在该对话框中有：信用卡产品、借记卡产品、服务指南、优惠活动、公告信息、特色服务、精彩海淘等功能。

4．金融市场

单击"金融市场"模块后弹出一个对话框，在该对话框中有：宏观经济研究、外汇市场分析、黄金市场分析、债券市场分析、证券市场分析、中银财富投资策略、中银分析、现财产品、基金、存/贷款利率、中国银行远期外汇牌价、中国银行债券指数等功能。

5．电子银行

单击"电子银行"模块后弹出一个对话框，在该对话框中有：个人网上银行、企业网上银行、手机银行、电话银行、服务资料、安全防护、优惠活动、公告信息、便捷服务、登录中行网银等功能。

6.2.3　中国建设银行网上业务

1．中国建设银行主页

打开 http://www.ccb.com/cn/home/index.html，进入中国建设银行主页，如图 6-7 所示。

图 6-7　中国建设银行主页

2．个人客户

单击"个人客户"模块后弹出一个对话框，在该对话框中有：电子银行、理财、保险、私人银行、外汇、基金、贵金属、信用卡、个人商城、悦生活等功能。

3．公司机构客户

单击"公司机构客户"模块后弹出一个对话框，在该对话框中有：电子银行、机构业务、房改金融、网络银行服务、公司业务、国际业务、现金管理、企业年金等功能。

4．小微企业客户

单击"小微企业客户"模块后弹出一个对话框，在该对话框中有：产品服务、成功案例、在线申请、联系我们等功能。

5．善融商务

单击"善融商务"模块后弹出一个对话框，在该对话框中有：企业商城、个人商城、房e通等功能。

6.2.4　中国农业银行网上业务

1．中国农业银行主页

打开 http://www.abchina.com/cn/，进入中国农业银行主页，如图6-8所示。

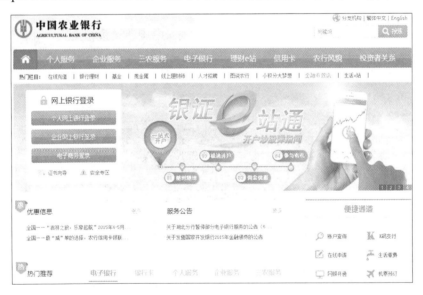

图6-8　中国农业银行主页

2．个人服务

单击"个人服务"模块后弹出一个对话框，在该对话框中有：存款、贷款、借记卡、外汇、支付结算、留学金融、投资理财、贵宾服务、私人银行、养老金等功能。

3．企业服务

单击"企业服务"模块后弹出一个对话框，在该对话框中有：存款服务、融资融信、支付结算、现金管理、交易业务、投资理财、投资银行、托管业务、银行卡、金融市场、金融同业、小微企业、国际业务、养老金等功能。

4．三农服务

单击"三农服务"模块后弹出一个对话框，在该对话框中有：最新动态、三农个人产品、三农对公产品、三农资讯等功能。

5．电子银行

单击"电子银行"模块后弹出一个对话框，在该对话框中有：个人电子银行、服务与功能、个人网上银行、掌上银行、电话银行、自助银行、安全专区等功能。

6．理财 e 站

单击"理财 e 站"模块后弹出一个对话框，在该对话框中有：银行理财、基金、贵金属、保险、外汇、债券、农银汇理、农银人寿等功能。

7．信用卡

单击"信用卡"模块后弹出一个对话框，在该对话框中有：产品推荐、品牌动态、积分计划、优惠活动、分期付款、优惠商户、增值服务、商户服务、联系我们等功能。

网络银行除了以上介绍的几家银行外还有很多，但它们的基本功能和服务与以上介绍的有相似之处，每家银行都有自己的服务特色和服务对象。

6.3　网络银行的风险与防范

6.3.1　网络银行存在的风险

相对于传统银行，网络银行具有交易虚拟化、服务个性化、经营混业化、监管国际化等特点。但同时也决定了网络银行引发风险的因素及这些风险的影响与传统银行的不同。除了传统银行经营过程中存在的信用风险、流动性风险、市场风险和利率风险外，网络银行还由于其特殊性而存在以下新的风险。

1．技术安全风险

网络银行是通过互联网与计算机来实现其功能的，因此计算机的安全问题首当其冲。计算机在运行过程中存在各种各样的风险。

1）计算机软、硬件运行风险

网络银行所依赖的计算机硬件系统停机、磁盘列阵破坏等不确定性因素都会形成网络银行的系统风险。同时，计算机系统软件或应用软件的不完善，也带来了系统的运行风险。

2）系统内外部的风险

来自网络银行系统外部的正常客户或非法入侵者在与网络银行的业务交往中，可能将各种计算机病毒带入网络银行的计算机系统。

3）不法分子的风险

随着黑客攻击技术的提高，他们可能通过互联网侵入银行专用网络或银行计算机系统，窃取银行及客户的资料，盗用他人身份接管网络银行客户的储蓄和信用账户，甚至直接非法进行电子资金转账。

2．信用风险

信用风险又称违约风险，是指借款人、证券发行人或交易对方因种种原因，不愿或无力履行合同条件而构成违约，致使银行、投资者或交易对方遭受损失的可能性。

网络银行存在的主要风险是信用风险，即交易对方不能完全履行合同的风险。这种风险不只出现在贷款中，也发生在担保、承兑和证券投资等表内、表外业务中。如果银行不能及时识别损失的资产，增加核销呆账的准备金，并在适当条件下停止利息收入确认，银行就会面临严重的风险问题。

3．法律风险

网络银行的日常经营活动或各类交易应当遵守相关的商业准则和法律原则。在这个过程中，因为无法满足或违反法律要求，导致商业银行不能履行合同发生争议/诉讼或其他法律纠纷，而可能给商业银行造成经济损失的风险，即为法律风险。由于网络银行业务是一个全新的银行业务领域，其业务的开展涉及电子商务的方方面面和参与方的各种利益，现有法律滞后于网络银行的发展。同时，由于互联网连接的是全球各地，目前尚缺乏确保电子交易统一性和确定性的各国家和地区一致认可的电子合同法律框架。因此，过去针对传统银行业务制定的法律法规及行业标准大多不适用于网络银行。

4．观念风险

观念是什么？观念（idea）源自古希腊的"观看"和"理解"。到后来，它指人们对事物的综合认识及认识过程，或是表达事物和价值的理想类型。围绕着这个词的讨论非常多，也没有定论。在这里大致认为，观念是人们用一个或者一组关键词来表达的基本思想。通过它，人们表达特定的意义，进行思考、会话和写作；通过它，人们彼此沟通，相互协调，形成社会化的复杂话语和思想体系，并借助它们去达成各种社会目标。

网络银行交易手段及交易对象的虚拟化是网络银行的优点，但同时也是其弱点。数字化、虚拟化交易要让人们从心理上接受还需要一个较长的过程。现阶段上网的人群从青年向中年甚至是老年发展，青年人比较容易接受新事物，学习能力也较强，而其他网民的观念及素质还跟不上网络技术的发展，对网络银行还有一个接受的过程。

6.3.2　网络银行风险的形成原因

1．相关法律框架不完善

2005 年颁布的《电子签名法》具有里程碑的意义，它标志着我国对电子商务及网络银行的安全性管理已经做到了有法可依；《电子支付指引》、《电子银行业务管理办法》、《电子认证服务管理办法》、《国务院办公厅关于加快电子商务发展的若干意见》及《支付清算组织管理办法（征求意见稿）》等法规都为进一步规范我国的网络银行市场奠定了良好的基础。

但在现今复杂的法律体系内，立法及执法权是由不同的机构行使的。尤其是在许多法律领域内，除法庭之外，监管者是主要的立法和执法者。尽管立法、行政、司法三权分立作为一种原则已经得到确认，但很多情况下，立法及执法权常由同一机构来行使，即监管者往往同时拥有立法权和执法权。另外，由于法制原则的约束及其他一些原因，使法律具有内在的不完备性。

2．内部欺诈行为

内部欺诈行为是指网络银行内部的有关人员，采用诈骗、盗用资产、违犯法律及内部规章制度等手段进行舞弊，致使网络银行发生资产损失的行为。在我国网络银行中，由于缺乏内部控制或内部控制失效，内部欺诈是产生风险的主要原因。

3．外部欺诈行为

外部欺诈行为是指网络银行外部的人员采用抢劫、伪造凭证或票据进行诈骗，开具空头支票或使用银行卡恶意透支，利用计算机盗取他人及银行货币资金，破坏金融行业计算机系统及采用其他的违法手段使网络银行资产造成损失的行为。在国内，外部欺诈仅次于内部欺诈，是产生网络银行风险的第二大原因。

4．执行、交割及流程管理失误

执行、交割及流程管理失误是指在网络银行的业务操作过程中，业务及管理人员由于交易数据输入错误，管理失误，不完备的法律文件，未经批准访问客户账户，合作伙伴的不当操作，以及经济纠纷等所产生的交易失败、过程管理出错、合作失败等状况，最终导致网络银行经济损失的行为。在国内，这是产生网络银行风险的第三大原因。

5．客户、产品及商业行为失误

客户、产品及商业行为失误是指由于网络银行的业务及管理人员，因违约、滥用客户的

秘密信息、进行错误的交易、参与洗钱及销售未授权的金融产品等，从而产生无法满足某一客户的特定需要、产品失效或失误、商业行为出错等现象，给银行或客户造成巨大的经济损失。

6．雇佣合同及工作状况带来的风险事件

在网络银行运行中，因网络银行不履行合同，会产生职员要求赔偿的事件；网络银行不能为职员创建良好的工作环境，就可能违反职员的健康安全规定，也可能产生职员要求赔偿的情况；网络银行在执行合同和提供良好工作条件方面的不足，可能会引起职员的消极怠工、降低责任心，甚至会发生罢工。这一方面会增加网络银行的风险，另一方面会引发更严重的操作风险案件。

7．经营中断和系统出错

这种原因主要包括网络银行计算机及网络系统的硬件、软件产生故障与问题，通信系统故障及设备老化或出现问题，发生业务中断，从而发生直接的经济损失和由此产生其他的操作风险损失。在国内，这是产生操作风险的一个原因，但不是主要原因，发生操作风险的案件占比在 5% 以内，经济损失占比不到 1%；国外的案件占比不到 2%，但经济损失占比超过 2%。这说明这类原因是预防操作风险中值得注意的一个潜在原因，应引起充分的重视。

6.3.3 网络银行风险的防范

1．环境建设

环境建设是组织文化的主要组成部分，网络银行风险控制环境的营造应从组织文化建设开始，使商业银行的风险控制人员提高控制意识，统一控制观念，使组织之间的控制活动协调一致，控制人员的责、权、利关系明确，形成有效的自发控制机制。只有这样，才能从源头上减少或消灭商业银行的操作风险。

2．实名制

结合信贷登记系统和存款实名制，建立和完善社会信用体系。积极推行"银行信贷登记咨询系统"，在建立和完善企业信贷登记制度的基础上，尽快开发和推广个人信贷登记系统，逐步实现贷款信息共享，为防范信贷风险服务。还可以以居民存款实名制为基础，开发个人信用数据库，用以提供个人信用报告网络查询服务、个人信用资信认证、信用等级评估和信用咨询服务，逐步建立个人信用体系。

3．评估机制

进行风险评估主要是分析和辨认实现预定目标发生风险的可能性，辨识和分析风险的过程是一种持续且反复进行的过程，也是一个有效控制操作风险的关键步骤。要完善网络银行风险的评估机制，就要从分析内部和外部两部分影响因素入手，针对网络银行的特点构建有效的操作风险评估机制。

4．审计监督

利用审计监督手段控制风险，内部审计是减少或避免网络银行操作风险的重要手段。通过实施内部审计，会不断揭露网络银行业务上的不足，以及管理制度上的缺陷，从而完善网络银行的内部控制制度，达到降低操作风险的目的。

5．人员素质

提高业务及管理人员的素质，市场经济的发展对网络银行的业务及管理人员提出了优化要求。目前国外网络银行职员中本科学历以上人员的比例已经超过 80%，而我国网络银行的这一比例与国外相比还相差甚远。另外，由于网络银行计算机及网络系统的普遍使用，对防止计算机犯罪和网络风险提出了更高的技术要求和人员要求。因此，提高业务及管理人员的素质是降低网络银行风险的一个重要途径。

6．技术装备

加强技术装备，提高操作技术水平。随着网络银行的普及应用，互联网、电子监控系统、PS 系统、货币检验技术等现代化的技术与管理手段相继在网络银行的运营活动中得以广泛应用，并收到了很好的效果。在市场竞争的条件下，网络银行的竞争主要是人才和技术的竞争，在人员素质基本相同的条件下，技术与装备水平在很大程度上决定着操作风险的控制程度及网络银行的竞争地位。

7．相关法律

完善相关的法律、法规及网络银行的规章制度。我国网络银行的风险案件及经济损失大约 90%来自内部及外部欺诈，主要原因是由于我国的法律、法规不健全，以及网络银行的规章制度尚未有效发生作用。因此，完善法律、法规及网络银行的规章制度是目前亟待解决的一个重要任务。随着这一对策的逐步实施，必将会起到降低风险的作用。

8．全新理念

在网络经济条件下，银行业拓展全新的服务，以此来实现以客户为中心，提高智能化、标准经、个性化的业务发展模式。因此，要求网络银行在经营管理的指导思想中只有客户这个中心，而没有其他中心，网络银行运作所有的构件都是为了客户这个中心服务的。

从国际经验看，客户导向的服务理念经历了客户至上、客户第一、客户满意、增加客户价值四个阶段。在客户至上阶段，把客户放在银行组织体系和业务流程图的上方，体现了银行的服务姿态；在客户第一阶段，把客户放在银行工作日程表的前端，银行全体人员和全部行为都围绕客户，客户的事情是银行工作的重心；在客户满意阶段，把客户的需求和利益放在前面，调动所有资源让客户感到满意，以客户的满意程度作为评价银行工作的标准；增加客户价值阶段是目前客户导向理念的最新表现，在这一阶段，把客户资产价值增加放在首位，让客户享受增值服务。

9．产品服务

网络银行不断创新金融产品，增强网络银行支付的灵活性功能。网络银行要适应客户在电子网络上进行买卖交易时的支付与结算需要，就必须创新与电子网络交易相关联的交易支付手段和金融工具产品，必将对传统的商业银行的支付手段产生深刻的影响。

网络银行新的交易支付手段主要有数字现钞、电子支票、电子信用卡及其他电子金融工具。新的产品及服务内容主要包括：线上市场销售、线上或电话客户服务（如透过网上、电话申请信用卡）、客户遥距操作及结算（如电子信用证）、线上产品资讯服务（如线上查询存款利率）、数码货币系统、电子信用卡支付系统、电子支票支付系统、网上电子现金产品（如数码现金、电子货币）等，网络银行还可以对传统的银行金融工具进行电子化改造，以提高这些业务的办理效率与质量，改善对客户的服务，降低经营管理的成本，扩大银行的收益水平。

要保证网络银行有一个良好的发展环境，就应该完善安全防范措施、完善内部环境、完善外部环境、完善监管的对策等。

6.4　手机银行

6.4.1　手机银行概述

1．什么是手机银行

手机银行是利用移动通信网络及终端办理相关银行业务的简称。手机银行是指所有的网络银行业务都可以在手机上操作完成，不用到柜台，按照提示就可以完成，收费就跟网络银行一样，另外还要加上打电话的费用。

作为一种结合了货币电子化与移动通信的崭新服务，手机银行业务不仅可以使人们在任何时间、任何地点处理多种金融业务，而且极大地丰富了银行服务的内涵，使银行能以便利、高效而又较为安全的方式为客户提供传统和创新服务。

2．手机银行的特点与优势

1）服务面广、申请简便

只要手机能收发短信，即可轻松享受手机银行的各项服务。可以通过网络银行自助注册手机银行，也可到网下银行营业网点办理注册，手续简便。

2）功能丰富、方便灵活

通过手机发送短信，即可使用账户查询、转账汇款、捐款、缴费及消费支付等八大类服务。而且，在手机银行提供更多、更新的服务功能时，无须更换手机或 SIM 卡，即可自动享受到各种新增服务和功能。手机银行交易代码均取交易名称的汉语拼音首位字母，方便记忆，还可随时发送短信"？"查询各项功能的使用方法。

3）安全可靠、多重保障

银行采用多种方式层层保障资金安全。

（1）手机银行（短信）的信息传输、处理采用国际认可的加密传输方式，实现移动通信公司与银行之间的数据安全传输和处理，防止数据被窃取或破坏。

（2）客户通过手机银行（短信）进行对外转账的金额有严格限制。

（3）将客户指定的手机号码与银行账户绑定，并设置专用支付密码。

4）7×24 小时服务、资金实时到账

无论何时、何处，只要可以收发短信，就可享受手机银行（短信）7×24 小时全天候的服务，转账、汇款资金瞬间到账，缴费、消费支付实时完成，一切尽在"掌"握。

6.4.2　手机银行安全与技术

1. 手机银行应用安全解决方案

1）需求分析

随着智能手机的普及和使用，手机银行业务规模正在飞速发展。手机银行作为一种崭新的银行服务渠道，在网络银行全网互联和高速数据交换等优势的基础上，更加突出了移动通信"随时随地、贴身、快捷、方便、时尚"的独特性，真正实现了"Whenever、Wherever"银行业务的办理，成为银行业一种更加便利、更具竞争性的服务方式。

手机银行通常将手机号码作为客户登录的安全防护手段之一，作为客户使用手机银行的一个基本安全保障，可以满足小额交易及缴费、查询等操作的安全需求。同时，手机银行还需要更强的安全防护措施，以满足大额交易的安全需求。同网络银行相比，手机银行对终端有着更高的安全需求：① 手机银行客户身份认证的安全性；② 手机银行交易信息的完整性；③ 手机银行交易信息的不可否认性；④ 手机银行业务数据的机密性。

2）方案提出

随着信息技术的发展，手机终端平台种类繁多，现有的手机银行在多终端平台的新形势下不能有效解决数字证书跨平台使用的问题。如图 6-9 所示为手机银行应用安全解决方案，它支持蓝牙 Key，可以为跨平台数字证书的使用提供技术保障，同时还有光感令牌为现有的动态密码方案提供更为方便、快捷的客户体验。

3）方案描述

手机银行的身份认证安全依靠数字证书系统和动态密码系统来实现。手机银行采用数字证书作为客户身份凭证，并采用数字签名作为交易数据完整性保护。由于使用的便利性和适用性更强，因此动态密码方案得到了广泛应用。

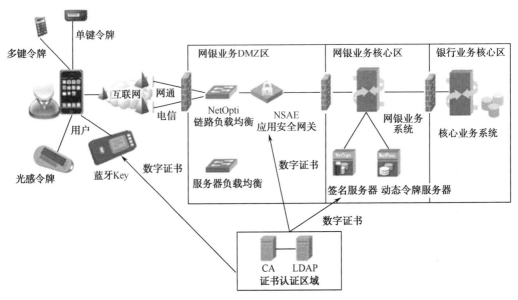

图 6-9　手机银行应用安全解决方案

4）数字证书系统

（1）系统平台。采用 NetCert CA 产品为手机银行建立认证中心系统 CA，向手机银行客户签发数字证书。客户的数字证书以 Key 的方式存储，确保数字证书私钥的安全，杜绝证书私钥被复制、盗取。

（2）数字证书终端——蓝牙 Key。当手机银行客户端采用数字证书时，由于目前手机 USB 接口标准不支持 USB Host，所以无法使用 USB Key。现有的手机银行系统采用音频接口 Key，使用能支持数字证书存储和运算的 SIM 卡，或者使用 MiniSD 卡接口的 SD Key 等。由于内置的硬件 Key 存在被恶意操作签名的可能，如 SD Key、安全 SIM 卡等，因此其安全性远不如外置的音频接口 Key、蓝牙 Key。但由于音频接口 Key 使用的音频接口本身不是专门用于数据通信的接口，存在硬件兼容性、传输速率等一系列问题，因此目前并没有得到成功推广。

5）动态密码系统

（1）系统平台。采用 NetPass 系统为手机银行建立动态密码后台服务系统。该系统可以为手机银行客户提供动态密码的管理及认证服务，支持包括一代和二代电子令牌、短信令牌、手机软令牌、卡等多种终端密码模式。

（2）动态密码——光感令牌。当手机终端采用动态密码方式时，可以采用一代电子令牌（时间型令牌）、二代电子令牌（挑战应答复合型令牌）、手机内置的软件令牌、短信令牌等方式，这几种方式均可以解决登录密码的一次一密，实现登录时高强度的身份认证，避免静态密码被窃取的风险。除此之外，采用二代电子令牌，还可以利用电子令牌输入交易元素，获得与交易数据相关联的一次性密码，使该密码具有针对交易的唯一性，利用该密码来确认交易，实现交易确认的安全性。

6）业务数据签名

客户端调用手机签名软件通过蓝牙 Key 对手机银行关键交易数据进行签名，采用信安世纪 NetSign 数字签名系统作为手机银行交易确认和事后审计的保证，确保客户交易数据的真实性，实现防伪造、防篡改、防抵赖，并可确认提交该数据的客户身份。

7）传输数据加密

手机银行系统实现加密传输，采用 NSAE 作为手机银行系统的安全门户，将客户端浏览器与 NSAE 进行 SSL 加密通信。

2．手机银行技术

1）SMS 方式

SMS（Short Message Service）即短信服务方式。该方式主要是由手机银行系统、短信中心及手机终端组成。客户使用 SIM 卡上的菜单用加密短信方式向银行系统发出短信指令，然后通过 GSM 网络发出短信；GSM 短信中心系统收到短信之后，转发给银行系统，银行系统接着对短信内容进行处理。银行主机处理客户请求后，系统将处理结果转换成短信格式再把需要的结果短信发给客户。

该方式的优点就是客户很容易接入手机银行系统，缺点则是银行业务交互性差，完成一次业务也可能需要发送多条短信。

2）STK 方式

STK（Sim Tool Kit）方式，即"用户识别应用发展工具"，可以理解为一组开发增值业务的命令，一种小型编程语言，它允许基于智能卡的用户身份识别模块 SIM 运行自己的应用软件。STK 卡不是通常使用的 SIM 卡，而是基于 Java 语言平台的 Simera 32K 卡片。

STK 是一种小型编程语言的软件，可以固化在 SIM 卡中。它能够接收和发送 GSM 的短消息数据，起到 SIM 卡与短消息之间的接口作用，同时它还允许 SIM 卡运行自己的应用软件。这些功能经常被用于可通过软件激活的电话显示屏上，用友好的文本菜单代替机械的"拨号—收听—应答"方式，从而允许用户通过按键轻松进行复杂的信息检索操作或交易。

3）WAP 方式

WAP（Wireless Application Protocol），即通过 WAP 的方式使用手机浏览器访问银行网站办理银行业务。WAP 方式是一种无线应用协议，是全球性的开放协议。手机银行客户端无须安装任何软件，绝大部分手机都内置 WAP 浏览器。使用 WAP 浏览器来处理银行业务的在线服务很早就已成为国内外手机银行的主流技术。

6.4.3　手机银行应用案例分析

1．案例描述

近期，某银行总行业务中心监测到一笔手机银行高风险交易，初次联系客户表示是向生意伙伴转账，但不知道收款方信息。后来联系所在网点并在反复提示风险后，客户详细地说出了事情经过：他接到诈骗电话及"逮捕令"，按对方要求签约了手机银行（手机号码为客户本人使用），同时将相关信息告知对方。不法分子随后利用获取的个人信息及短信验证码成功绑定了客户的手机银行并进行了转账。

2．事件手法分析

（1）不法分子利用非法途径获取客户信息，伪装成公检法人员，通过改号软件拨打客户电话，谎称客户牵涉洗钱案或毒品交易案，本案中甚至伪造了"逮捕令"来骗取客户信任。

（2）不法分子会要求客户签约手机银行，但与以往不同的是签约号码为客户本人使用，在逃避银行柜台核实的同时进一步减轻客户的怀疑。

（3）利用客户对手机银行客户端功能的不了解，骗取客户的登录密码、取款密码、授权码等信息，绑定客户的手机银行客户端，迅速进行转账交易窃取资金。

3．事件特点分析

（1）不法分子作案手法发生变化，从诱骗客户签约不法分子的手机号码逐步向诱骗客户端授权转变。

（2）手机银行客户端使用越来越普遍，部分客户不了解客户端功能，对相关风险点及防范措施缺乏认知。

（3）客户被"洗脑"严重，隐瞒事实真相，给银行的核实工作带来困难。

（4）不法分子一旦成功绑定他人手机银行客户端后，会以转账的方式在短时间内盗取资金，客户损失金额往往较大。

4．防范措施及建议

（1）做好手机银行使用功能的宣传普及工作。特别是对主动到柜台要求签约手机银行的客户，应了解客户对手机银行及客户端的熟悉程度并做出相应的风险提示。

（2）针对部分被不法分子"洗脑"严重的客户，银行会建议客户前往网点进行交易的查询。网点柜台工作人员应向客户介绍并协助完成交易核实工作。

（3）必要时或在紧急情况下，网点可寻求公安机关的支援。

手机银行业务不仅可以使人们在任何时间、任何地点处理多种金融业务，而且极大地丰富了银行服务的内涵，使银行能以便利、高效而又较为安全的方式为客户提供传统和创新的服务。

1. 你知道哪些银行有网络银行业务？

2. 你知道手机银行吗？手机银行有哪些特征？

3. 你知道网络银行还存在哪些风险？

能力训练6　网络银行

一、能力训练前的准备

（1）查看本地计算机是否已与 Internet 连接成功。

（2）查看本地计算机的浏览器是否是最新版本的。

（3）建立自己的子目录以备后用，可以将 Internet 上搜索到的资料下载到该子目录中。建议最好将自己的子目录创建在除 C 盘以外的硬盘中，待用完后再将其相应的资料内容复制到自己的软磁盘中或 U 盘中。

二、能力训练目的要求

通过实验实训要求学生了解网络银行的概念，熟悉网络银行开展的业务和操作过程，能熟练分析各银行网上业务的特点、提供的服务功能及异同。

三、能力训练内容

（1）登录中国人民银行网站（http://www.pbc.gov.cn），了解有关金融法规、货币政策、统计数据及金融服务支付结算等信息。

（2）通过列表形式（见表 6-1、表 6-2）比较分析各银行网上业务的特点、提供的服务功能及异同。

表 6-1　各银行网上个人业务的比较

银行名称	中国银行	中国工商银行	中国建设银行	中国农业银行	招商银行
银行网址	http://www.boc.cn/	http://www.icbc.com.cn/icbc/	http://www.ccb.com.cn/home/index.html	http://www.abchina.com/cn/	http://www.cmbchina.com/
网上支付安全措施	动态密码、手机登录密码	通过别名登录（一种不同于传统账号登录的自定义登录方式），登录密码和支付密码双重密码控制，以及支付额度控制等措施来确保客户安全；通过网址核对、网站证书验证（单击网页右下角"加密锁"图标）、预留信息验证等方式来识别和防范假冒银行网站。小 e 安全检测是中国工商银行为使用其网络银行的客户提供的一项免费计算机安全服务	短信服务 加强证书存储安全 动态密码卡 先进技术的保障 双密码控制，并设定了密码安全强度 交易限额控制	中国农业银行的网上支付系统采用了符合国际标准的安全认证加密体系，系统安全可靠；网上商户端无法得到客户的账户资料，账户信息由银行的支付平台负责处理，保证客户账户信息的绝对安全	招行只有登录证件文件才能登录
账务查询	个人客户如果已经办理了借记卡，可以凭卡在中国银行的网站www.boc.cn 上登录新版网银，自助开通普通查询网银。但如果还要查询信用卡、定期存款等的情况，建议到中国银行营业厅办理正式账户，领取电子令牌，并将需要查询的本人账户全部关联到开通的网银账号上，这样查询起来更方便。中行网银提供的个人资产报告功能可以使客户对当前的资产情况一目了然。 企业客户则一定要到柜台办理企业网银才能在网上查询账户变动情况	"账务查询"为客户提供查询账户基本信息、账户余额、账户当日明细、账户历史明细、账户未登折明细、缴费明细、网上购物明细、对账单、电子工资单等	储蓄账户查询 信用卡查询 公积金查询 企业年金查询 专户理财查询	只要能上网，就可以在中国农业银行的网站上查询到。页面上面有一个证书用户，**用户，还有一个卡登录用户，只要知道卡号和密码就可以查询余额和明细	可以查询在招商银行开立的存折、一卡通等账户余额及当天或历史交易明细

银行名称	中 国 银 行	中国工商银行	中国建设银行	中国农业银行	招 商 银 行
网上支付	更快速，不用排队；有时有活动，比柜台便宜；打不出回单	工银e支付	与合作商户提供网上购物服务	手机银行 网上银行	在遍布全国的招商银行特约商户网站进行网上购物、消费或接受有关服务时，均可通过一卡通的网上支付功能进行结算
转账汇款	中国银行行内跨省转账、中银系列信用卡自动还款设定功能	为客户提供人民币、外币的转账汇款服务，包括单笔转账汇款、批量转账汇款、付款记录查询、收款记录查询、批量指令查询，管理我的收款人等。本功能支持7×24小时全天候服务，正常情况下资金实时到账	**（一）方便快捷，省时又省事** 　　建设银行网上银行操作简单，只要登录建行网上银行，按照步骤提示，轻轻单击鼠标，几分钟内就能完成资金的查询、汇划、理财等操作，免去在银行排队的烦恼，实现轻松理财。 **（二）价格优惠，享受实惠理财生活** 　　建设银行网上银行转账汇款在给客户带来方便快捷的同时，也给客户提供实实在在的价格优惠。 **（三）服务全面，实现自助理财生活** 　　建设银行网上银行转账汇款服务全面，不管是对个人汇款服务，对公汇划服务，还是跨行转账服务，都能在计算机上轻松实现。客户可以根据自己的需求，实现24小时自助理财	快捷转账是指客户事先保存常用的转账信息，包括转出账户、转入账户、转入账户户名和转账金额等，以便进行快速转账，无须每次转账时选择转出账户、转入账户等信息。客户可以随时对快捷转账信息进行修改、删除。 　　转出账户为客户在网点注册的本行借记卡、准贷记卡和结算存折，转入账户包括本行及他行的个人及对公账户	提供境内和境外汇款
自助缴费	（1）缴纳通信费、水费、电费等多种日常费用； （2）查询一年内的缴费记录，每次查询跨度为3个月；	中国工商银行在线缴费频道包括电话费、电费等日常用到的各项缴费服务，客户可通过本频道实现足不出户、自助缴费、远离网	无须到柜台签约，只要在网上成功申请即可办理移动、联通电话代缴费服务	中国农业银行自助缴费机，轻松缴费不费心	客户在需要缴纳各种日常生活费用（以当地分行开通的缴费项目为准）时，可以使用招商银行的"自助缴费"业务，通过电话银

续表

银行 名称	中国银行	中国工商银行	中国建设银行	中国农业银行	招商银行
自助 缴费	（3）保存常用缴费项目，将客户缴费的商户信息自动保存为常用缴费项目	点排队烦恼，生活更轻松			行、网络银行向招商银行的特约收费单位自助缴纳各类费用
外汇 买卖	中国银行的平台是最好、最稳定的，很少出现因线路忙而无法进入系统操作的情况。缺点是只能在8点至下午2点之间进行操作，不是24小时。而且无法进行止损委托和二选一委托	"汇市通"外汇买卖	进行网上交易目前无须交费	远期结售汇 即期外汇交易 远期外汇交易 超远期外汇交易 外汇远期利率协议 外汇利率互换 货币互换 外汇期权交易 利率期权交易 信用期权交易	可以24小时进行交易，而且可以进行二选一委托和止损委托。但系统非常不稳定，经常出现持续时间内无法进入系统进行操作的现象
其他 业务	中国银行小企业金融服务特色产品——中银信贷工厂，中银e网免费服务	中国工商银行中小企业客户服务方案	证券业务：与30多家券商合作，提供证券保证金转账服务 个人理财DIY服务	中国农业银行客户服务中心	招商银行"一卡通"

表6-2　各银行网上企业业务的比较

银行名称	中国银行	中国工商银行	中国建设银行	中国农业银行	招商银行
融资结算	有	有	有	有	有
国际结算	有	有	有	有	有
资产托管	有	有	有	有	有
企业年金	有	有	有	有	有
公司理财	—	有	有	—	有
投资银行	—	有	有	—	—
存款业务	有	有	有	有	有
账务查询	有	有	有	有	有
网上支付	有	有	有	有	有
转账汇款	有	有	有	有	有
自助缴费	有	有	有	有	有
其他	有	有	有	有	有

（3）试比较以上各家银行的网上业务，哪家最多，各自有什么特点？

表 6-3　网络银行特点比较

中 国 银 行	中国工商银行	中国建设银行	中国农业银行	招 商 银 行
企业金融服务包括：存款业务、融资业务、国内支付结算、国际结算、基金业务、企业理财服务、金融机构服务、电子银行服务、资产处置、投资银行；另外还有个行情分析室，为理财做好分析；中银基金，保险和投资，航空租赁业务，中国银行网上银行转账服务，对"收款人姓名"限制为中文名	企业网上银行金融服务有：账户管理、付款业务、信贷业务、收款业务、投资理财、代理行业务；另外又增加了专业版银企互联（满足个性化需求，提高服务质量）和网银版企业互联（资金集中管理，账务工作高效、自动化），为客户提供账户信息查询、转账汇款、投资理财、缴费支付、外汇交易、异地漫游、信用卡服务、人工服务等金融业务	包括：账户查询、转账汇款、缴费支付、信用卡、个人贷款、投资理财（基金、黄金、外汇等）等传统服务，以及利用电子渠道服务的优势提供网上银行特有服务，合计有八大类、百余项服务； 企业电子银行金融服务包括：存款业务，信贷业务，机构业务，国际业务，房改金融，资金清算，中间业务，资产推介，基金托管	享受账户信息查询、电子工资单查询、转账、漫游汇款、信用卡还款、网上缴费、投资理财等服务。可以把金穗借记卡、金穗准贷记卡、活期存折、活期一本通四类农行账户注册到网银客户号下，只需轻点鼠标，就能够轻松管理各类账户	企业金融包括：点金公司金融、国内业务、国际业务、金融机构业务、离岸业务、资产托管业务、企业年金业务、企业网上银行。同时，每项业务里又细分化，使企业客户更方便，公司业务数据发布做得较好

四、能力训练报告

能力训练报告的格式如下。

1. 训练过程

目的要求：
训练内容：
训练步骤：

2. 训练结果

训练结果分析：
可以使用表格方式，也可以使用文字方式。

3. 总结

通过能力训练，总结自己掌握的程度，分析出错原因，提出改进措施。

习题 6

一、填空题

1. 网络银行又称_____或_____，英文为 Internet bank 或 Network bank。

是指一种以_____和_____为依托，通过互联网平台向客户开展和提供开户、_____、查询、_____、行内转账、_____、信贷、_____、投资理财等各种金融服务的_____机构与服务形式，为客户提供全方位、全天候、便捷、实时的_____服务系统。

2．网络银行又被称为_____银行，是指它能够在_____（Anytime）、_____（Anywhere）、以_____（Anyway）为客户提供_____。

3．网络银行具有：_____特点、_____特点、_____特点、_____特点、_____特点等。

4．网络银行对私人业务主要包括：_____、_____、_____、_____、_____、_____、_____、_____、_____、_____、_____、_____、_____等。

5．中国工商银行网络银行中的快捷服务有：_____、_____、_____、_____、_____、_____、_____等。

6．手机银行是利用_____网络及_____办理相关银行业务的简称。作为一种结合了_____与_____的崭新服务，手机银行业务不仅可以使人们在_____、_____处理_____业务，而且极大地丰富了银行服务的_____。

7．手机银行的特点有：_____、_____、_____、_____等。

8．手机银行技术有：SMS 方式，_____；STK 方式，_____；WAP 方式，_____等。

二、判断题

1．网络银行的出现，有着非常重大的意义。（　　　）

2．网络银行不能降低成本，但可以提高效益，是银行竞争更加有效的手段。（　　　）

3．CFCA（China Financial Certification Authority）是中国金融认证中心，是由中国工商银行牵头的。（　　　）

4．CA 系统设在 CFCA 本部，直接面对客户。（　　　）

5．只要手机能收发短信，即可轻松享受手机银行的各项服务。（　　　）

6．STK 即通过 WAP 的方式使用手机浏览器访问银行网站，办理银行业务。（　　　）

7．RA 系统是直接面向客户的，负责客户身份申请审核，并向 CA 申请为客户转发证书。（　　　）

8．网络银行是以计算机网络与通信技术为依托，以金融服务业为主导的现代化银行。（　　　）

三、简答题

1. 简述 3A 银行。
2. 简述网络银行与传统银行的区别。
3. 简述中国工商银行网络银行中的金融信息内容。
4. 简述中国建设银行网络业务中的善融商务内容。
5. 简述信用风险的内容。
6. 简述客户、产品及商业行为失误。
7. 简述手机银行的特点与优势。
8. 简述手机 WAP 方式。

 阅读材料 6——金融行业大数据应用案例及案例解析

（http://www.36dsj.com/archives/14424）

如今，金融行业面临众多前所未有的跨界竞争对手，市场格局、业务流程将发生巨大改变，企业更替兴衰；在未来的金融行业，业务就是 IT，IT 就是业务；金融行业将开展新一轮围绕大数据、移动化、云的 IT 建设投资。

【案例一】淘宝网掘金大数据金融市场

随着国内网购市场的迅速发展，淘宝网等众多网购网站的市场争夺战也进入白热化状态，网络购物网站也开始推出越来越多的特色产品和服务。

1. 余额宝

以余额宝为代表的互联网金融产品在 2013 年刮起一股旋风，截至目前，规模超 1000 亿元，客户近 3000 万。相比普通的货币基金，余额宝鲜明的特色即是大数据。以基金的申购、赎回预测为例，基于淘宝和支付宝的数据平台，可以及时把握申购、赎回变动信息。另外，利用历史数据的积累可把握客户的行为规律。

2. 淘宝信用贷款

淘宝网在聚划算平台推出了一个奇怪的团购"商品"——淘宝信用贷款。开团不到 10 分钟，500 位淘宝卖家就让这一团购"爆团"。他们有望分享总额约 3000 万元的淘宝信用贷款，并能享受贷款利息 7.5 折的优惠。据悉，目前已经有近 20000 名淘宝卖家申请过淘宝信用贷款，贷款总额超过 14 亿元。

淘宝信用贷款是阿里金融旗下专门针对淘宝卖家进行金融支持的贷款产品。淘宝平台通过以卖家在淘宝网上的网络行为数据做一个综合的授信评分，卖家纯凭信用拿贷款，无须抵押物，无须担保人。由于其非常吻合中小卖家的资金需求，且重视信用无担保、抵押的门槛，再加上其申请流程非常便捷，仅需要线上申请，几分钟内就能获贷，因此被不少卖家戏称为"史上最轻松的贷款"，也成为淘宝网上众多卖家进行资金周转的重要手段。

3. 阿里小贷

淘宝网的"阿里小贷"更是得益于大数据，它依托阿里巴巴（B2B）、淘宝网、支付宝等平台数据，不仅可有效识别和分散风险，提供更有针对性、多样化的服务，而且批量化、流水化的作业使得交易成本大幅下降。

每天，海量的交易和数据在阿里的平台上运行，阿里通过对商户最近100天的数据分析，就能知道哪些商户可能存在资金问题，此时的阿里贷款平台就有可能同潜在的贷款对象进行沟通。

案例解析：通常来说，数据比文字更真实，更能反映一个企业的正常运营情况。通过海量的分析得出企业的经营情况，这就是大数据的应用。在本案例中，正像淘宝信用贷款所体现的那样，这种新型微贷技术不依赖抵押、担保，而是看重企业的信用，同时通过数据的运算来评核企业的信用，不仅降低了申请贷款的门槛，也极大简化了申请贷款的流程，使其有了完全在互联网上作业的可能性。

大数据的价值已经得到互联网公司及金融机构的认可，笔者认为："谁掌握的'拼图'图块多，谁就能快速拼出客户的图谱，成为真正的王者。"然而，目前来看，谁都不愿意轻易地交出自己手上的"拼图"，于是互联网公司、银行、支付机构等各个海量数据的拥有者展开了激烈的金融数据争夺战。

【案例二】IBM用大数据预测股价走势

不久前，IBM使用大数据信息技术成功开发了"经济指标预测系统"。借助该预测系统，可通过统计分析新闻中出现的单词等信息来预测股价等走势。

IBM的"经济指标预测系统"首先从互联网上的新闻中搜索与经济指标有关的单词，然后结合其他相关经济数据的历史数据分析与股价的关系，从而得出预测结果。

在"经济指标预测系统"的开发过程中，IBM还进行了一系列的验证工作。IBM以美国"ISM制造业采购经理人指数"为对象进行了验证试验，该指数以制造业中的大约20个行业、300多家公司的采购负责人为对象，调查新订单和雇员等情况之后计算得出。实验前，首先假设"受访者受到了新闻报道的影响"，然后分别计算出约30万条财经类新闻中出现的"新订单"、"生产"及"雇员"等5个关键词的数量。追踪这些关键词在这段时期内的搜索数据变化情况，并将数据和道指的走势进行对比，从而预测该指数的未来动态。

IBM研究称，一般而言，当"股票"、"营收"等金融词汇的搜索量下降时，道指随后将上涨，而当这些金融词汇的搜索量上升时，道指在随后的几周内将下跌。

据悉，IBM的试验仅用了6小时，就计算出了分析师需要花费数日才能得出的预测值，而且预测精度几乎一样。

案例解析：从本案例可以看出，大数据不再仅仅局限在媒体与厂商之间的讨论，它犹如一场数据旋风开始席卷全球，从各行各业的IT主管到政府部门都开始重视大数据及其价值。

目前，不少信息系统企业都在使用大数据信息技术开发预测系统。例如，2011 年，英国对冲基金 Derwent Capital Markets 建立了规模为 4000 万美金的对冲基金，该基金是首家基于社交网络的对冲基金，该基金通过 Twitter 的数据内容来感知市场情绪，从而进行投资。无独有偶，美国加州大学河滨分校也公布了一项通过对 Twitter 消息进行分析从而预测股票涨跌的研究报告。

笔者认为："企业数据就是新时代还未开采的石油，具有非常高的价值。"国外一些金融机构已经开始做一些前瞻性的研究了，这种做法是非常值得国内金融机构学习和借鉴的。例如，国内大部分证券公司仍然没有摆脱交易性数据为主的特点，但很多有前瞻意识的证券公司已经开始做一些转型了，对微博、互联网等外部数据进行一些分析与预测。

【案例三】汇丰银行采用 SAS 管理风险

近日，汇丰银行选择 SAS 防欺诈管理解决方案构建其全球业务网络的防欺诈管理系统。据悉，这一解决方案是一种实时欺诈防范侦测系统。

SAS 被誉为"全球 500 强背后的管理大师"，是全球领先的商业分析软件与服务供应商。SAS 通过三部分服务（包括软件及解决方案服务、咨询服务、培训及技术支持服务）帮助客户洞察商机，成就变革，改善业绩。

凭借丰富的专业知识，SAS 的行业解决方案在各领域为行业解析蕴藏于信息之中的独特的商业问题。例如，金融服务领域的信用风险管理问题、生命科学领域加快药物上市速度和识别零售领域的交叉销售机会等问题。SAS 还提供跨职能解决方案，不分行业地帮助企业克服其面临的挑战。例如，增加客户关系价值、测量和管理风险、检测欺诈和优化 IT 网络等。

汇丰银行与 SAS 在防范信用卡和借记卡欺诈的基础上，共同扩展了 SAS 防欺诈管理解决方案的功能，为多种业务线和渠道提供完善的欺诈防范系统。这些增强功能有助于全面监控客户、账户和渠道业务活动，进一步提高分行交易、银行转账和在线付款欺诈及内部欺诈的防范能力。通过监控客户行为，汇丰银行可以优化并更加有效地利用侦测资源。

汇丰银行利用 SAS 系统，通过收集和分析大数据解决复杂问题，并获得非常精确的洞察，以加快信息获取速度，超越竞争对手。因此，汇丰银行还将继续采用 SAS 告警管理、例程和队列优先级软件，提高运营效率，以便迅速启动紧急告警。

案例解析：在当今这个海量数据的时代，如何找到大数据中蕴含的前所未有的商业价值？笔者认为高性能分析就是那把"钥匙"。在本案例中，SAS 高性能分析可以帮助客户将相关的大数据转变为真正的商业价值，采用世界顶级的分析技术来生成精确的洞察，快速获得答案来改变企业的运营模式，以及部署一个适合未来扩展的分析架构。

总之，高性能分析环境让客户可以充分利用 IT 投资，同时克服原有架构的约束，从大数据资产中产生高价值的洞察。

参 考 文 献

[1] 魏建中，屈晓娟. 网络交易理论与实践. 北京：北京师范大学出版社，2011.

[2] 刘斌斌，蔡秉坤. 网络交易主要法律问题研究. 北京：中国社会科学出版社，2013.

[3] 中国标准化委员会. 网络交易服务规范. 北京：中国质检出版社，2014.

[4] 李昌平. 网络交易实务. 北京：机械工业出版社，2012.

[5] 才书训，王雷震. 电子商务概论. 北京：科学出版社，2009.

[6] 陈孟建. 电子商务网站运营与管理. 北京：中国人民大学出版社，2015.

[7] 陈孟建. 电子商务网站建设与维护——项目教程. 北京：电子工业出版社，2013.

[8] 陈孟建. 电子商务基础（第2版）. 北京：电子工业出版社，2014.

[9] 陈孟建. 电子商务信息安全技术. 北京：机械工业出版社，2011.

[10] 陈孟建. 电子商务网络安全与防火墙技术. 北京：清华大学出版社，2011.

[11] 訾波. 电子商务概论. 北京：中国劳动社会保障出版社，2011.

[12] 温明剑. 电子商务网络技术基础. 北京：清华大学出版社，2010.

[13] 王冀鲁. 网络技术基础. 北京：清华大学出版社，2009.

[14] 王宏宇，张学兵. 电子商务网络技术. 武汉：武汉理工大学出版社，2010.

[15] 张润彤. 电子商务概论. 北京：电子工业出版社，2009.

[16] 孙若莹，王兴芬. 电子商务概论. 北京：清华大学出版社，2012.

反侵权盗版声明

电子工业出版社依法对本作品享有专有出版权。任何未经权利人书面许可，复制、销售或通过信息网络传播本作品的行为，歪曲、篡改、剽窃本作品的行为，均违反《中华人民共和国著作权法》，其行为人应承担相应的民事责任和行政责任，构成犯罪的，将被依法追究刑事责任。

为了维护市场秩序，保护权利人的合法权益，我社将依法查处和打击侵权盗版的单位和个人。欢迎社会各界人士积极举报侵权盗版行为，本社将奖励举报有功人员，并保证举报人的信息不被泄露。

举报电话：（010）88254396；（010）88258888

传　　真：（010）88254397

E-mail：　dbqq@phei.com.cn

通信地址：北京市海淀区万寿路 173 信箱
　　　　　电子工业出版社总编办公室

邮　　编：100036